Pinwei Jingdian Jiedu Rensheng
50 Benshu Jianggei Women de Gushi

品味经典 解读人生

50本书讲给我们的故事

主　编　张蕴启
副主编　李学锋
主　审　曲克敏

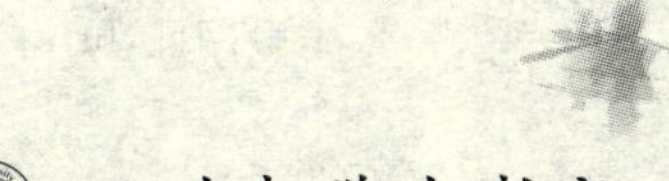

四川大学出版社

责任编辑：梁　胜
责任校对：梁　平
封面设计：米迦设计工作室
责任印制：王　炜

图书在版编目(CIP)数据

品味经典　解读人生：50 本书讲给我们的故事 / 张蕴启主编. —成都：四川大学出版社，2013.10
ISBN 978-7-5614-7189-0

Ⅰ.①品…　Ⅱ.①张…　Ⅲ.①名著-世界-青年读物
Ⅳ.①Z835-49

中国版本图书馆 CIP 数据核字（2013）第 239557 号

书名　品味经典　解读人生——50 本书讲给我们的故事

主　编	张蕴启
出　版	四川大学出版社
地　址	成都市一环路南一段 24 号 (610065)
发　行	四川大学出版社
书　号	ISBN 978-7-5614-7189-0
印　刷	郫县犀浦印刷厂
成品尺寸	170 mm×240 mm
印　张	18.5
字　数	327 千字
版　次	2013 年 10 月第 1 版
印　次	2013 年 10 月第 1 次印刷
定　价	29.80 元

◆读者邮购本书，请与本社发行科联系。电话：(028)85408408/(028)85401670/(028)85408023　邮政编码：610065
◆本社图书如有印装质量问题，请寄回出版社调换。
◆网址：http://www.scup.cn

版权所有◆侵权必究

序

捧起由成都航空职业技术学院院长张蕴启教授主编的《品味经典　解读人生——50本书讲给我们的故事》一书，深深地被这本书所编选的内容和叙述的形式所吸引。尽管这本书是为中等和高等职业学校的学生们编撰的，而我却早已过不惑之年，但本书的宗旨，即“品味经典、解读人生”，依然使我受益匪浅。因为我在阅读的过程之中，书中一个个经典的故事，都似曾相识，似乎都是对自己已经走过的人生道路的映射。过来人的回首往事，和后生们的展望未来，都不外乎跟本书所涉及的理想与境界、道德与修养、青春与励志、成才与奋斗以及情感与感恩这五个方面息息相关。这正是本书的魅力所在。

职业教育作为一种教育类型，与其他教育相比有其特殊性，由于要培养与经济发展需要紧密相关的人才，所以在职业性、专业性的要求方面更严格、更贴近、更有针对性，因而在教育活动中容易产生两个误区：一是内容的偏差，即教育的内容更多地强调职业性、专业性，而忽略了人文性；二是理解的偏差，即教育的重心对普通教育来说应更多关注的人文素养在职业教育领域只处于从属地位。

所谓人文，《辞海》中是这样写的：“人文指人类社会的各种文化现象。”特别指的是人类文化中先进的、科学的、优秀的、健康的部分。所以，人文就是先进思想的代名词，即先进的价值观及其规范。

实际上，人文素养教育，或者说博雅教育、通识教育，并不是普通教育的专利。职业教育既然是一种教育，当然要重视人文素养的教育。这是共性，但职业教育自身还有一些普通教育并不关注的“博雅”“通识”，例如，团队精神、职业道德、质量意识、责任感等。职业教育与人文教育不是对立的，要有意识地在获取职业所需要的技能和知识，也就是能力培养的过程之中，集成地有机地融入人文教育，使学生具备身心全面发展的理想人格和健康的人性。

人文教育，也并非西方人的专利。无论是古罗马人的七艺，即所谓文法、修辞学、辩证法、音乐、算术、几何学、天文学，还是中国儒家的六艺，即所谓礼、乐、射、御、书、数，都体现了一种使人性臻于完善的教育理想。

《品味经典 解读人生——50本书讲给我们的故事》一书，在人文教育方面做出了有益的尝试。这本书在理想与境界、道德与修养、青春与励志、成才与奋斗、情感与感恩五个方面精选了50本中外经典作品，不仅在讲述每篇作品时，都设置了品读之路、名家点评、作品概览、精彩摘录、故事（案例）等栏目，而且书中所涉及的人物，既有人们耳熟能详的中外著名的先哲、智者、贤人和英雄，也有学生身边近在咫尺的同伴、同学或同乡、师长，这就把经典作品与平凡人生紧密结合起来，会使学生觉得经典离自己并不遥远，英雄也并非高不可攀。

值得一提的是，这本书在编写的体例和形式上也独具匠心，从而使得作品具有很强的可读性。“品读之路”引领读者深度走进作品内涵，结合了作品的精华、时代的特点，考虑了中、高职学生的阅读习惯和兴趣兴奋点，可以大大激发学生的探知欲；“作品概览”用高度概括的语言将书籍的全貌系统地呈现在读者面前，有利于学生对故事内涵的整体把握；“精彩摘录”将激荡心灵的文句撷取共勉，可能成为学生成长的座右铭；“故事”则是将作品背后的故事与读者身边的故事相融相通，特别是有针对性地选取了中、高职学生的案例和平凡人的故事，通过娓娓道来的叙述方式，拉近了经典作品与普通读者的距离。

国学大师王国维曾在《人间词话》里说，古今之成大事业、大学问者，必经过三种境界。第一境界为“昨夜西风凋碧树，独上高楼，望尽天涯路”（晏殊《蝶恋花》），这是讲立志、讲下决心。第二境界为“衣带渐宽终不悔，为伊消得人憔悴”（柳永《凤栖梧》），这是讲执著追求，忘我奋斗。第三境界为“众里寻他千百度，蓦然回首，那人却在灯火阑珊处”（辛弃疾《青玉案——元夕》），这是讲成功的大厦需要用毕生精力去建造。

王国维“三境界说”的内涵，与这本书的宗旨是一致的。我相信，作为对职业教育中人文素养教育内容的有益补充，这本书将把学生们带入一种沉思反思的心境之中，为学生们在有形学习之外插上飞翔人生的无形翅膀，有利于指导学生健康地成长和进步。

诚如本书中的一句话："一本好书，启迪智慧，普惠苍生，成就未来。希望你能有所思、有所悟、有所行。"

是为序。

2013年10月1日

前　言

本书基于对高职学生大量的问卷调查，针对目前高职学生阅读少、不会读书的现状，将课堂学习与课外阅读结合起来激发学生的读书兴趣，提升学生的读书热情，并从中得到有益的启示和思考。本书精选了50本中外经典作品，分为理想与境界、道德与修养、青春与励志、成才与奋斗、情感与感恩五个部分，每篇作品设置了品读之路、名家点评、作品概览、精彩摘录、故事（案例）等栏目，引导学生树立远大的理想和正确的世界观、人生观和价值观，培育学生成长为一个有文化素养的可持续发展的建设者。

本书由成都航空职业技术学院张蕴启担任主编，李学锋担任副主编。全书共五个部分：第一部分“理想与境界”由成都航空职业技术学院张轩编写，第二部分“道德与修养”由成都航空职业技术学院朱静编写，第三部分“青春与励志”由成都航空职业技术学院侯燕、吴秀杰编写，第四部分“成才与奋斗”由成都航空职业技术学院吴小平编写，第五部分“情感与感恩”由成都航空职业技术学院李静森、邵红梅、赵玉林编写。全书由中国高等教育培训中心副主任曲克敏博士担任主审。

本书在编写过程中，得到曲克敏博士多次指导，在此表示深深的谢意。本书参考了较多的资料，在此对原作者表示衷心的感谢（由于无法与原作者取得联系，有关作者可与我们联系）。由于本书编者学识水平有限，不妥之处，敬请读者不吝赐教。

编者

2013 年 9 月 5 日

目　录

第一部　理想与境界

第二部　道德与修养

第三部　青春与励志

第四部　成才与奋斗

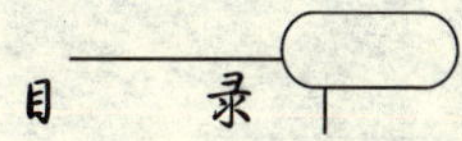

第五部　情感与感恩

第一部　理想与境界

理想与境界，是天然的一对孪生子。理想，是对未来的美好想象和希望，也是某事物臻于最完善境界的状态。境界是指人的思想觉悟和精神修养，说一个人的思想境界如何，实际上指的是一个人的思想觉悟和精神修养的水平如何。在日常生活中，作为社会中的普遍的价值取向，人们总希望自己是一个有较高思想觉悟和良好精神修养的人，以便体现自己在整个社会中的位置。一个人的经历和悟性最终决定了他的人生境界。

张闻天说："生活的理想，就是为了理想的生活。"生活的真谛，从来就不在于你能够想象得多好，而在于你能把自己的理想实现多少。"谋事在人，成事在天。"听天命，尽人事，努力也许没有结果，可是不努力就永远没有结果。我们每一个人都是生活在理想里的，可在现实的泥潭中挣扎，理想也可能逐渐成为梦想。坚守生活的理想，憧憬理想的生活，是为我们自己，也是为了我们爱的人和爱我们的人。背起行囊，充满信心，怀揣理想，沿着希望，踏上我们为理想生活而拼搏的道路吧！

生活中，我们每一个人都不自觉地在追求着一种境界。这种对境界的追求与对理想的追求是浑然一体的。"淡泊以明志，宁静以致远。"诸葛亮的这句千古名言，道出了理想与境界的内在联系。现代社会人们熙来攘往，充满竞争，充满诱惑，也充满无奈，但是为了追求理想，就必须要有一份宁静、一份淡泊的境界，才能使人专心致志。

梅尧臣说："作诗无古今，唯造平淡难。"田家英云："成书还待十年闲。"流芳百世的经典名著，多为平淡心境的产物。若欲真切感受平淡的自然高妙，多读千古流传的名篇佳作，方能欣然神会，得其三昧。减少一份浮躁的虚荣，增加一点平淡的情趣，无论顺境逆境，都要牢牢地把握好自己，才不会为世俗的身外之物所困，真正感受生活的真谛，向着理想而前行。

托尔斯泰说："世界上只有两种人：一种是观望者，一种是行动者。大多数人都想改变这个世界，但没有人想改变自己。"要改变现状，就得改变自己，要改变自己，就得改变自己的观念，切实行动起来。马克思说："在科学上没有平坦的大道，只有不畏劳苦沿着崎岖山路攀登的人，才有希望到达光辉的顶点。"科学家的理想与追求是这样，我们每一个人的理想与追求也是如此。陈毅元帅指出："我们是世界上最大的理想主义者！我们是世界上最大的行动主义者！我们是世界上最大的理想和行动的综合者。"向着我们的理想，"不动摇，不懈怠，不折腾""咬定青山不放松"，就一定能够到达人类社会的最高理想境界。

毛泽东诗词集

——毛泽东——

品读之路

浪漫情怀 理想之花

毛泽东的诗词虽然不多，但其所具备的艺术价值却不可估量。毛泽东继承与发扬了北宋苏轼、辛弃疾开创的豪放传统，进一步打破了诗词一贯以描写情感思绪和个人生活的局面，开拓出以描绘波澜壮阔的革命斗争为题材的新境界，融入其个人雄心壮志和虽神州大地战事连绵但仍不乏众志成城、排除一切艰险争取革命胜利的社会美，为我们再现了那个风起云涌的时代。毛泽东诗词题材多样，多数作品为其革命生涯的艺术记录，表现了作者高远博大的胸襟、境界和情操，具有革命史诗的气魄。他对中国古典诗体词调和诗词格律运用自如，善于通过典故、神话和寓言以及赋、比、兴等手法，创造出新的诗意。作品大多气势磅礴，具有雄伟壮阔的景象和豪放雄浑的意境，充分体现了革命浪漫主义情怀，热烈讴歌了崇高的革命理想。

毛泽东（1893—1976），字润之，是中国伟大的革命家、政治家、战略家、军事家、理论家和诗人，被视为现代世界历史中最重要的人物之一，美国《时代周刊》曾将他评为20世纪最具影响100人之一。

毛泽东诗词中，波澜壮阔的革命斗争所造就的"风流人物"跃然纸上，扭转乾坤、藐视一切艰难险阻和强权的气魄流淌在字里行间。毛泽东在诗词中热情地抒发了革命的人生理想——"自信人生二百年，会当水击三千里"，用精练的语言为我们描绘了革命事业的壮丽画卷——"须晴日，看红装素裹，分外妖娆”。毛泽东诗词蕴涵的浪漫情怀和理想之花影响着一代又一代人。

作品概览

《毛泽东诗词集》收录了毛泽东一生中的绝大部分诗词，共67首。《毛泽东诗词集》是在1986年由胡乔木主持编辑、人民文学出版社出版的《毛泽东诗词选》基础上增补、修订而成的，是收入毛泽东诗词最多、注释最详备的版本。分正副两编。正编42首，其中39首是毛泽东生前手定发表的，另3首是他逝世后由中共中央决定发表的，这些诗词奠定了他作为伟大诗人的历史地位。副编25首，有10首是首次公开发表。该书基本上沿用了1986年出版的《毛泽东诗词选》所收50首诗词的注释，但作了慎重的修订，并增补了一些新注。对新编入的17首诗词作了简要注释。在附录中，编入了毛泽东关于自己诗词的若干书信、批语、引言、后记和谈话等。

“诗言志，歌咏情。”毛泽东诗词，无一没有表现出他崇高的理想与超人的境界。《沁园春·长沙》中写道：“问苍茫大地，谁主沉浮？”气贯长虹，雄视华夏，体现出以天下为己任“舍我其谁”的凌云壮志和澎湃激情。《七律·长征》以红军二万五千里长征为题材，集中表现了红军排除千难万险、勇往直前的革命理想和取得胜利的豪情满怀。《沁园春·雪》描绘出奇伟雄浑的华夏山河和坚信必将开创亘古伟业的抱负，意境壮丽，气势磅礴。还有《西江月·井冈山》《采桑子·重阳》《渔家傲·反第一次大围剿》等诗篇，反映了他投身革命事业的坚定信念和克服一切艰难险阻夺取胜利实现革命理想的决心。

鲁迅曾说过：“无情未必真豪杰，怜子如何不丈夫。”毛泽东曾写下“我失骄杨君失柳，杨柳轻飏直上重霄九。问讯吴刚何所有，吴刚捧出桂花酒。寂寞嫦娥舒广袖，万里长空且为忠魂舞。忽报人间曾伏虎，泪飞顿作倾盆雨。”（《蝶恋花·答李淑一》）纪念牺牲的杨开慧，让人不禁想到苏轼的那句“十年生死两茫茫，不思量，自难忘。”正是这样的柔情展露，让世人看到伟人的真实情怀。

柳亚子对毛泽东诗词给予了高度评价。对毛泽东的《沁园春·雪》一词，柳认为“毛润之沁园春一阕，余推为千古绝唱，苏东坡、幼安，犹瞠于其后，更无论南唐小令、南宋慢词矣”。“推翻历史三千载，自铸雄奇瑰丽词。”可见，毛泽东诗词中所蕴含的艺术价值之高，早为大家所推崇。

精彩摘录

沁园春·长沙

独立寒秋，湘江北去，橘子洲头。
看万山红遍，层林尽染；漫江碧透，百舸争流。
鹰击长空，鱼翔浅底，万类霜天竞自由。
怅寥廓，问苍茫大地，谁主沉浮？
携来百侣曾游，忆往昔，峥嵘岁月稠。
恰同学少年，风华正茂；书生意气，挥斥方遒。
指点江山，激扬文字，粪土当年万户侯。
曾记否，到中流击水，浪遏飞舟？

西江月·井冈山

山下旌旗在望，山头鼓角相闻。
敌军围困万千重，我自岿然不动。
早已森严壁垒，更加众志成城。
黄洋界上炮声隆，报道敌军宵遁。

沁园春·雪

北国风光，千里冰封，万里雪飘。
望长城内外，惟余莽莽；大河上下，顿失滔滔。
山舞银蛇，原驰蜡象，欲与天公试比高。
须晴日，看红装素裹，分外妖娆。
江山如此多娇，引无数英雄竞折腰。
惜秦皇汉武，略输文采；唐宗宋祖，稍逊风骚。
一代天骄，成吉思汗，只识弯弓射大雕。
俱往矣，数风流人物，还看今朝。

忆秦娥·娄山关

西风烈，长空雁叫霜晨月。
霜晨月，马蹄声碎，喇叭声咽。
雄关漫道真如铁，而今迈步从头越。
从头越，苍山如海，残阳如血。

七律·长征

红军不怕远征难，万水千山只等闲。
五岭逶迤腾细浪，乌蒙磅礴走泥丸。
金沙水拍云崖暖，大渡桥横铁索寒。
更喜岷山千里雪，三军过后尽开颜。

清平乐·六盘山

天高云淡，
望断南飞雁。
不到长城非好汉，
屈指行程二万。

六盘山上高峰，
红旗漫卷西风。
今日长缨在手，
何时缚住苍龙？

故事

数风流人物，还看今朝

常言道：自古英雄出少年。秦国甘罗十二岁便被秦王封为上卿，西汉霍去病十九岁封骠骑将军，北宋晏殊十四岁赐进士，周恩来十二岁便有“为中华之崛起而读书”的壮志，诸如此类，不胜枚举。“江山代有才人出，各领风骚数百年”“恰同学少年，风华正茂”，多少有志青年怀着满腔热血和理想抱负投身到对理想事业的追求之中，为实现自己的人生理想而奋斗，为实现中华民族的伟大复兴而奋斗。

苏轼在《留侯论》中说："古之所谓豪杰之士者，必有过人之节。人情有所不能忍者，匹夫见辱，拔剑而起，挺身而斗，此不足为勇也。天下有大勇者，卒然临之而不惊，无故加之而不怒。此其所挟持者甚大，而其志甚远也。"境界的高低，决定理想的层次；理想实现的过程，也是境界提升的过程。二万五千里长征能取得胜利，需要过人的胆识，需要排除一切艰险的决心，需要坚定的信念；而这些胆识、决心、信念正是来源于崇高的理想境界。你能体会到四渡赤水、强渡大渡河、爬雪山、过草地后红军取得胜利会师的心情吗？磨砺的过程是漫长而痛苦的，但却是铸就信念升华境界的必由之路。因此，豪杰之士必有过人之处，能存常人不曾存之志，能忍常人不能忍之苦，能举常人不敢举之事，理想从来都不遥远，只要敢于实践，哪怕是遍布荆棘，也阻挡不了前进的脚步。

荆棘鸟一生只唱一次歌，从离开鸟巢开始，他便寻找着荆棘树，并将自己的身体刺进荆棘之中，放声歌唱，一曲终了气绝命殒。人生短暂，如果不为自己的毕生理想而奋斗，那注定这一生是苍白的，失去的不仅仅是青春时代应有的激情和热血，更是一种对境界的追索。虽然每年毕业的大学生越来越多，但各行各业却还是人才紧缺，大部分的学生只抱着功利之心步入社会，所学不精，技艺不善，在其价值观中完全没有一个自己毕生所要追求的目标，只是麻木机械地学习。没有鲲鹏之志，折桂之愿，失去了对崇高的人生境界的追求，就是一个重要原因。

"且夫天地为炉兮，造化为工；阴阳为炭兮，万物为铜。合散消息兮，安有常则？"常怀理想，岂惧道路崎岖，岂忧前程未卜。前事如过往云烟，有一段如朝阳般的岁月，为何不让他尽情挥洒，"数风流人物，还看今朝！"

谁动了我的奶酪

—斯宾塞·约翰逊—

品读之路

通权达变　顺势而为　成就梦想

我们每一个人穷其一生都在寻找着属于自己的“奶酪”，因为它能带给我们荣誉、幸福、快乐和精神上的满足，但是很多人一旦得到了“奶酪”就沉醉其中，从未想过如果有一天这块“奶酪”消失了该怎么办？是惊慌失措还是郁郁寡欢？如果这个失去的“奶酪”永远都不会回来，那么又该怎么办？飞速的变化，总会让一些人措手不及，但是一旦冷静下来，用心思考，顺势而为，我们便会有下一步行动去寻找解决当前困境的办法。

《谁动了我的奶酪》一书中为我们讲述了一个关于两只老鼠和两个小矮人寻找奶酪的故事，生动形象地为我们阐释了一个以变应变的道理，不要被眼前的幸福和快乐蒙蔽了双眼，要着眼周遭环境的变化，这样，即使一旦发生巨变，也能够及时想出对策，避免陷入恐慌。《孟子》言：“生于忧患而死于安乐。”《左传·襄公十一年》中亦有“居安思危，思则有备，有备无患”之句，他们所言其实是一样的，处安而不沉溺，居前而不懈怠，保持清醒的头脑，看清局势的变化，这样在深陷困境时才能做到处变不惊而安之若素。

很多有志青年胸怀大志，一旦获得成功却难免不沉浸在成功的喜悦中，止步不前，而且妄想着自己能够一直生活在这样的光环之下，这样即便是胸怀鸿鹄之志的人也会沦为燕雀之流。据《解放日报》报道的一份调查显示，在 1977 年至 2008 年 32 年间的 1000 余位高考“状元”中，尚未发现有一位是做学问、经商、从政等方面的顶尖人才。“状元们”顶着“状元”的光环进入大学，但是在大学中却不再有“状元”应有的作为，而是“泯然众人矣”，有人说这是教育制度的问题，也有人说这是社会价值取向的问题，但是我想更多的问题是不是应该从他们自身来找呢，不能适应社会的变化的“人才”还能算得上是人才吗？知识构架不能与时俱进，思维方式禁锢，躺在高等学府的温床上，浑然不知社会中的百般滋味，这样即便是再顶尖的人才也会被淘汰。

正如书中的两个小矮人一般，有人总是希望属于自己的那一块“奶酪”可以长久地保存下去，永远不会失去，而一旦失去了自己认定会永远属于自己的“奶酪”时，就会变得和小矮人一样郁郁寡欢，不知所措。而两只老鼠就不一样了，他们想得很简单，这块没有了，再找一块便是了。人们往往将事情想得十分复杂，做很多的计划来做事情，有计划固然是好事，但是未来之事毕竟不是可以预料的。当老鼠和小矮人他们发现奶酪后，他们对以后的安排并不一样，小矮人整天想着如何享用奶酪，而老鼠则是每次在检查奶酪周边以后才开始享用，这样做能够及时发现周遭的变化，等到奶酪消失了也不会感到惊讶，还能在最短的时间内找到对策。我们有时并不必把事情想得太复杂，简单地去做有时甚至比周密的计划更有效果。很多家长都教育孩子：“社会是复杂的，处处需小心。”这是没错的，但是这样一来很多人无意之中就渐渐放弃了看到真善美的眼睛，他们害怕失去“奶酪”，害怕失去原本属于自己的“荣誉”，而“奶酪”一消失，他们就会成天抱怨社会不公平，却忘记了社会光辉的一面远远大于阴暗面。原本就无主的东西，只是偶尔得之，就认定是自己的，一旦失去就哭天喊地，这和无赖又有何区别呢？

每天我们都在寻找着自己想要的那一块“奶酪”，但“奶酪”也并不是没有保质期的，深陷困境时我们不妨换一个角度来思考问题，曾经所得属于曾经，未来所得属于今日，若不心胸开阔，而是紧守那一块“奶酪”，那便会失去更多的“奶酪”，何不努力向前奔跑去寻找其他房间中的“奶酪”，好好地享用他们呢？

《谁动了我的奶酪》是美国知名的思想先锋和畅销书作家斯宾塞·约翰逊（Spencer Johnson）博士的著作。斯宾塞·约翰逊是世界最受欢迎和尊敬的作家之一，医学博士、演

说家。他善于用简单有效的解决方法来解决复杂的问题，并因此让千万人受益。

《谁动了我的奶酪》阐述了“变是唯一不变的生活真谛”。有一些人认为这本书中所阐述的道理十分简单，是连小孩子都明白的道理，所以十分不屑，但这便是斯宾塞·约翰逊博士所追求的复杂之事简单化。很多道理人人都知道，但是却只是单纯停留在表面而没有更深入地思考，本书以生动诙谐的寓言故事向读者进一步阐释了这个道理，让抽象的思维具体化，使读者受益匪浅。书中的两只老鼠思想简单，而两个小矮人思想却很复杂，但最后的结果却是老鼠所获得的东西要比小矮人多得多，一成不变的思维在这个瞬息万变的社会中是站不住脚的，与其坐以待毙不如主动出击，即作者以变制变的宗旨。虽然全书内容简单，但是其中所蕴含的丰富的哲理和智慧却不容小觑。当你对当下和未来感到迷茫时，不妨静下心来读一读这个故事，相信定会有不少的收获。

“我将这本书送给我的同事和朋友们，因为斯宾塞·约翰逊博士讲故事的才能和独特的视角使这本书弥足珍贵，它能够让那些希望在这个充满变化的世界里获得成功的人们快速阅读并理解其中的道理。”

——美林国际前副主席　兰迪·哈里斯

“每个人都知道变化是生活中的一部分，但很少有人期待或接受真的发生在生活中的变化，《谁动了我的奶酪》是一本既简单又容易理解的手册，我们每个人都可以使用它来处理自己所处的充满变化的环境。”

——伊斯曼柯达公司资深副总裁　迈克·莫里

作品概览

《谁动了我的奶酪》是美国知名的思想先锋和畅销书作家斯宾塞·约翰逊博士的著作，全书有 4 个角色，分别是两只小老鼠嗅嗅、匆匆和两个小矮人哼哼、唧唧。每天他们会穿上跑鞋在一座奇妙的迷宫中寻找奶酪，嗅嗅和匆匆的目标很简单，他们每天早早地起来后进入迷宫中寻找奶酪，虽然很多时候遇到的可能都是死胡同或黑暗的角落，但一遇到这种情况他们就会记下来以防再次进入，然后又开始去寻找别的房间；但是哼哼和唧唧却不这样想，他们有着一个详细复杂的计划，他们的脑海中有着各种情感和信念，他们要找的是带字母“C”的奶酪，因为他们相信那会给他们幸福。后来老鼠和小矮人都在奶酪C站找到了自己想要的奶酪，发现奶酪后，两只老鼠每天会先观察奶酪的周边是否有异样，在确认无误后，才会放心食用奶酪；但是两个小矮人却不同，他们把奶酪看作是一种荣誉、一种象征，似乎他们的一切都在奶酪上。直到有一天奶酪消失了，嗅嗅和匆匆又穿上跑鞋开始寻找奶酪并在最后寻找到了新的奶酪，但哼哼和唧唧却沉浸在失去奶酪的悲痛中，对曾经的美好和享受着的生活念念不忘，却没有采取新的行动。在经过了长时间的挣扎后，唧唧最后才采取了行动去寻找新的奶酪。一个简单的故事却蕴含着丰富的智慧。

全书包括了三个部分：

第一个部分讲的是在一次同窗聚会上，大家在互相讨论如何面对生活中的种种变化。第二部分则是整本书的核心内容，以寓言故事的形式阐述了一个看似简单而内涵却极其丰富的哲理——当事物发生变化时，简单的行事或许会更有利于我们处理问题，甚至为我们带来许多的方便和收益。故事中的小矮人总把事情想得十分复杂，而这或许也正是阻碍他们去寻找新的奶酪的原因，复杂的情感往往会对心理带来极大的冲击，一旦冲击变大了，便会让人一蹶不振，而这样一来它也就变成了我们前进路上的阻碍。第三部分则是这些同窗对这个故事的讨论，他们讨论着这个故事的意义，并尝试着把它运用到生活中来，如果我们总是耽于失去的痛苦、两难的抉择，那么奶酪就永远不会属于我们。失去激情和勇气的生活也会变得索然无味，甚至成为我们自身的一种障碍。而这也是作者写作这本书的原因，他希望通过他笔下的文字能够给予人们战胜障碍的勇气，能够鼓舞人们从生活的困境中解脱出来，并很好地去应对接下来的变化和危机。

精彩摘录

唧唧想知道哼哼是否已经离开了C站开始出发去寻找新的奶酪，或者是否仍然被自己的恐惧所吓倒，仍旧裹足不前。这时，唧唧想起他在迷宫中度过的时光，那些他曾经觉得是最美好的时光，其实正是他一个人穿行在迷宫中找寻奶酪的时候。

他又在墙上写下了一句话，以便提醒自己。同时，这句话也是一个标记，留给他的朋友哼哼，希望哼哼会跟上来。

朝新的方向前进，你会发现新的奶酪。

唧唧朝着黑暗深深邃的通道中望去，又有一阵恐惧袭来。前面有些什么？是不是什么都没有？或者更糟，里面潜藏着危险？他开始想象各种可能降临到他头上的可怕的事情。他越想越怕，快把自己吓死了。忽然，他又觉得自己真是可笑。他意识到，他的畏惧只会使事情变得更糟糕。于是，他采取了当他无所畏惧的时候会采取的行动。他朝一个新的方向跑去。

当他跑向这条黑暗的走廊时，他笑了起来。唧唧还没有认识到这一点，但他觉得他的灵魂得到了丰富。他正在放开自己，对前景充满了信心，尽管他并不能确切地知道前面究竟有些什么。

现在我终于明白了，这一切后果归咎于我的家人都不是嗅嗅和匆匆，我们就像哼哼。我们待在原来的地方故步自封，拒绝改变；我们故意忽略外面的世界，企图对发生的一切视而不见。现在我们陷入了麻烦，这一切只是因为我们不愿意嘲讽自己，不愿意改变所做的一切。我们真应该从唧唧身上学到些什么。

劳拉已经是一位很成功的商人，到现在为止，她很少说话，一直在聆听。“这个下午，我也一直在思考这个故事。”这时她说，“我不知道自己要怎样做才能更像唧唧，才能够看到自己的错误，坦然面对自己，改变自己，并将一切做得更好。”沉默了一会儿，她继续说：“我想知道，我们这里有多少人害怕改变？”见没有人回答。于是她又提议：“请举手示意。”只有一个人举了手。“很好，看起来，我们之中总算还有一个诚实的人！”她说，并继续道：“也许你们更愿意回答下一个问题。有多少人认为别人害怕改变？”这一次几乎每个人都举了手。见此情景，大伙都大笑起来。

故事

在黑暗中寻找光明的海尔集团

要想维持市场和需求之间的关系，甚至取得更好的效益，最有效的方法就是努力研发新的产品，实现产品的变革和创新以满足人们对产品的需求，海尔在经营模式和产品上的创新为自身赢得了巨大的收益。2008 年的金融海啸中许多企业没能挺住这场恶战，纷纷倒下，海尔集团却通过创新应对了危机。海尔创造了“人单合一”的自主经营体模式，使它不仅没有被金融海

啸冲垮，利润相比 2007 年还增长了 20.6%，这种模式既是对经营模式的创新，同时也是对人力资源的重大转型，通过这种模式，海尔将众多企业眼中的人力成本转化为了企业发展的资本。

这是一个科技飞速发展的时代，知识和信息更新速度之快，已经超乎人们的想象，并确确实实影响着人们的生活，而正因为有这样的速度，人们对产品的要求才会与日俱增，而此时才是真正考验一个企业的时候。企业需要对市场的需求进行准确的定位，并对未来的市场有预见性，不断创新才能为企业注入新的血液。走向破产的柯达就是最好的反例，柯达对市场的预见性并不是那么的如意，甚至可以用糟糕来形容，数码技术高度发展的今天，有多少人会在拥有一台数码相机的情况下，为胶卷和冲洗照片而付多余的钱呢？显然要想从中获利是非常困难的，不能及时地实现创新转型的最终结果就是被淘汰。

海尔集团在面对危机和挑战时能够及时地做出对策，并成功实现转型，这是难能可贵的。他们不仅仅是在质量方面有所提高和紧守住自己在市场中的份额，而且是以客户在遇到问题时提供的方案对产品进行改善，这样一来海尔便形成了自己独特的竞争优势，在保持住原有市场份额的基础上，还能凭借这些优势获得更多的份额，而这也是海尔在金融危机的冲击下仍然能够使企业利润稳步上升的根本原因。

致加西亚的信

—阿尔伯特·哈伯德—

品读之路

敬业、忠诚、勤奋与理想共生

《致加西亚的信》一书讲述的是美西战争期间，美军必须与古巴起义军首领加西亚将军取得联系，但由于加西亚将军在古巴丛林之中，没有一个确切的位置，这时需要一名送信之人，这名送信之人必须是忠于国家、尽职尽责的，最后他们找到了一名叫罗文的人将信送了出去。书中的送信之人已不仅仅代表着一个人了，他所代表的更是一种精神，一种国家大义、民族精神，一种敬业、忠诚、勤奋的高尚品质，而这正是社会所需要的。

作者阿尔伯特·哈伯德（Elbert Hubbard，1856—1915），美国著名出版家和作家，出生于美国伊利诺斯州的布鲁明顿。他在塔福学院获得学士学位，又在芝加哥大学获得法学博士学位。他曾经做过教师、出版商、编辑和演说家，1895 年，在纽约东奥罗拉创立了罗伊克夫特公司，制造和销售各种手工艺品，随后又开设了一家印刷装订厂。1899 年，他根据安德鲁·萨默斯·罗文的英勇事迹，创作了鼓舞人心的《致加西亚的信》。该书中所阐述的敬业、忠诚、责任等人性的光辉，影响了一代又一代人的思想。

清代王夫之在《通读鉴论》中说："居其位，安其职，尽其诚而不逾其度。"这三句话分别指敬业、责任和忠诚，而这恰恰也是在《致加西亚的信》中所要表现的人性的光辉面。敬业是责任的体现，忠诚则是人格的体现，再有才华的人，如果不能做到以上三点，那任何一家公司也不会聘请他。责任于公司就如战场上的兵刃，而忠诚则如战斗中的士卒，剑锋不利，士卒倒戈则必定兵败如山倒，任何一家公司也不会把自己的全部资产作为赌注去打一场必败无疑的仗。

《礼记·大学》中说："古之欲明明德于天下者，先治其国；欲治其国者，先齐其家；欲齐其家者，先修其身；欲修其身者，先正其心；欲正其心者，先诚其意；欲诚其意者，先致其知，致知在格物。"即现在大家所熟知的修身、齐家、治国、平天下，这不仅是君子士大夫的毕生所求，而且是每一个有责任感的社会成员的应有之义。提高自我修养，尽家庭之责任、社会之义务，进而心怀民族大义，牢记国家利益，这是青年学生应当具备的基本品质。

今天，当年给加西亚将军送信之人早已逝去，但他的举动却造就了更多的送信之人，他们活跃在各行各业，为行业、为民族、为国家、为社会创造出亘古未有之功绩，在他们身上所体现出的高度的责任感和敬业精神让所有人为之动容。每年所举办的"感动中国十大人物"，所要歌颂的正是这样一种品质，有在生命的最后一刻仍为中国核事业付出的林俊德，也有九十多岁高龄仍与患者肝胆相照的吴孟超，还有烈火锻造的忠诚卫士刘国忠，他们用自己的赤诚之心去完成历史赋予的责任，去完成国家所赋予的责任，将光辉洒在人间的每一处角落。

美国前总统乔治·布什这样评价这本书：这本名为《致加西亚的信》的书实在太让人震撼了，它把一切都毫无保留地说了出来。而著名管理专家威廉·亚德利和哈里斯也对这本书有着高度的评价。

作品概览

美西战争发生后，美国必须立即跟古巴的起义军首领加西亚将军取得联系。加西亚将军在古巴丛林里——没有人知道确切的地点，但美国总统必须尽快地获得他的合作。怎么办呢？有人对总统说："有一个名叫罗文的人有办法找到加西亚，也只有他才能找到。"

他们把罗文找来，交给他一封写给加西亚的信。那个名叫罗文的人，拿了信，把它装在一个油布制的口袋里，封好，吊在胸口，划着一艘小船，四天之后的一个夜里在古巴上岸，消逝于丛林中。在三个星期之后，从古巴丛林那边出来时，他已徒步走过危机四伏的国家，把那封信交给了加西亚。

他送的不仅仅是一封信，而是美利坚的命运，整个民族的希望。

100 多年前的一个傍晚，出版家阿尔伯特·哈伯德与家人喝茶时，讨论起了美西战争。大家都为古巴起义军首领加西亚喝彩，而哈伯德的儿子伯特却提出了不同的观点：战役中真正的英雄不是加西亚将军，而是罗文中尉，那个把信带给加西亚的人。《致加西亚的信》各种版本累计销售量近 8 亿册。100 年来，这本书以不同的方式在全世界广泛流传，成为优秀畅销书之一。

把信带给加西亚的人是安德鲁·萨默斯·罗文。安德鲁·萨默斯·罗文，弗吉尼亚人，1881 年毕业于西点军校。立功之后，他曾服役于菲律宾，因作战勇敢而受到嘉奖，从军队退役后，他在旧金山度过了他的余生，于 1943 年 1 月 10 日逝世，终年 85 岁。

罗文的事迹通过《致加西亚的信》传遍了全世界，并成为敬业、服从、勤奋的象征。

精彩摘录

不要为薪水而工作，因为薪水只是工作的一种报偿方式。虽然是最直接的一种，但也是最短视的。一个人如果只为薪水而工作，没有更高尚的目标，并不是一种好的人生选择，受害最深的不是别人，而是他自己。一个以薪水为个人奋斗目标的人是无法走出平庸的生活模式的，也从来不会有真正的成就感。虽然工资应该成为工作目的之一，但是从工作中能真正获得的更多的东西却不是装在信封中的钞票。

拖延是对惰性的纵容，一旦形成习惯，就会消磨人的意志，使你对自己越来越失去信心，怀疑自己的毅力，怀疑自己的目标，甚至会使自己的性格变得犹豫不决。

一种职业的责任感和对事业高度的忠诚一旦养成，会让你成为一个值得信赖的人、一个可以被委以重任的人。这种人永远会被老板所看重，永远不会失业。

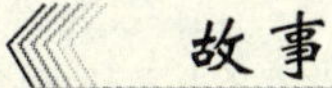

故事

纵死终令汗竹香

中华民族历史源远流长，文化底蕴浓厚，从古至今中华儿女都以建功立业、为国效力为荣。上下五千年，从来不乏有志之士，他们或胸怀经世之才，或深藏韬略之谋，用自己的热血和不屈的意志筑起了一座座精神上的长城，让后人敬仰。中国工程院院士、总装备部某基地研究员林俊德便是这样的一个人。

1938 年 3 月，林俊德出生于闽南山乡永春县偏僻的介福乡紫美村。1960 年林俊德从浙江大学机械系毕业，分配到国防科委下属研究所工作。他的专业是机械制造，要搞核试验还得学习许多新的知识，组织派他到哈尔滨军事工程学院进修两年，他学得很用功，两年中学的 10 多门课程让他有很大的收获。大山，给了穷困中的林俊德以吃苦耐劳的品质，也给了他山一样宽广的胸怀和山一样坚韧的激情。他不怕吃苦，喜欢迎接挑战。林俊德院士在大漠中度过了五十余载，其中的艰苦自然不必说，日夜温差大，没有房子，吃不上新鲜蔬菜，水资源匮乏，但即便是在如此艰苦的环境中，他仍然能用乐观积极的心态去面对，他心怀国家，梦想着自己的毕生事业，他明白今日所受之苦铸就的是民族明日之崛起、国家明日之强盛。

2012 年 5 月 31 日 20 时 15 分，林俊德离开人世。让人感动的是直到生命的最后一刻他仍然坚守在工作的岗位上。“春蚕到死丝方尽，蜡炬成灰泪始干”就是对奉献了一生的林俊德的真实写照。逝者已矣，生者应以其奉献精神为继承。他将建设国防科技事业作为一生的理想和信念，作为中华儿女的我们即使不能为国家建立丰功伟绩，但是在学业、工作中都应秉持不畏艰辛、拼搏进取的精神。

“裹尸马革英雄事，纵死终令汗竹香。”英雄、伟人死后总是流芳百世，他们曾创造的价值造福于世人与国家，所以人们敬仰、怀念他们。但是实现人生价值并不是为了追名逐利，那样的生活只会让我们失去自我。所以我们应该学习林俊德院士工作兢兢业业、甘于默默无闻地奉献的精神。纵无汗青记笔功，也应做到最好；即使史书无名，也不能让年华虚度。

富兰克林自传

—本杰明·富兰克林—

品读之路

美国精神美国梦

本杰明·富兰克林（Benjamin Franklin，1706—1790）具有多重身份：作为政治家，他是美国的创建者、美国独立运动的领导者、民主精神缔造者、《独立宣言》的起草者；同时，他还是杰出的科学家、外交家、出版家、作家和社会实业家，他像是“从天上偷窃火种的第二个普罗米修斯”（康德语），成为举世公认的现代文明之父、美国人的象征。富兰克林晚年根据自己的经历写成的《富兰克林自传》，两个多世纪以来一直是世界出版史上的优秀畅销书，世界各国青年深受其影响，许多人因为这本书而彻底改变了自己的人生，走上了成功的道路。

富兰克林曾说过这样一句话：“在我看来，能够给人类带来幸福的，与其说是千载难逢的巨大的幸运，倒不如说是每时每刻发生在他们身边的琐细的方便。”这句很有启发性的话提醒了人们：不要只顾那些百年不遇的幸运，而忽略了身边的小事；这句话也很好地解释了富兰克林的那些造福人类的发明和他成为发明家的原因。

本杰明·富兰克林 1706 年 1 月 17 日生于波士顿一个小商人家庭。父亲是英国移民，从事肥皂和蜡烛制造。由于家境贫寒，从 8 岁起只上了两年学就辍学当了学徒，从 12 岁起到他大哥的印刷所里当学徒，以后长期从事印刷工作。他刻苦自学，他说："读书是我唯一的娱乐。"他常常去找别人或书店借书，利用深夜读书，清晨就去归还。他曾以笔名 Richard Saunders 投稿，报纸编辑以为文章"出自名家手笔"。他不仅从书本上学习各种知识，还辗转到纽约、伦敦、费城等地流浪，在社会生活中学习。21 岁时，他在费城创办了北美第一个青年自学团体"共读社"，组织工人、技师、鞋匠、瓦匠、诗人等每周星期五来讨论哲学、科学、技术、文艺问题。这个团体后来发展为 1743 年创立的美利坚哲学会。1769 年他被选为该会的会长。25 岁时他又在费城创办了北美第一个公共图书馆，以后发展为北美公共图书馆。45 岁时，他又创办了费城学院（即后来的宾夕法尼亚大学）。

作为政治家，在美国和世界历史上，有许多重要事件与富兰克林有关。他在北美独立战争中起了重大作用，是美国的创建人之一，参与起草了《独立宣言》和美国宪法。1776—1785 年他出使法国，他的科学声誉和广博的知识，十分有利于他的外交使命，在他的努力下，1778 年缔结了美法联盟。1787 年当选为制宪会议代表，担任宾夕法尼亚州最高行政议长。他积极反对压迫和奴役黑人，积极主张废除黑奴制度。

在他的一生中，获得过许多荣誉。1753 年获得英国皇家学会颁发的科普利奖章，同年获得哈佛大学和耶鲁大学的荣誉学位。1756 年当选为英国皇家学会会员，1772 年当选为法兰西科学院的外籍院士，1789 年当选为彼得堡科学院的外籍院士。

他的主要科学工作是在电学方面。这在他的一生中只占十年左右时间。1743—1744 年间，富兰克林在费城和波士顿看到了来自苏格兰的斯宾塞（A. Spence）博士利用玻璃管和莱顿瓶所做的简单的电学实验时，心中激起强烈的探求欲望，他买下了全部展品。一位他在伦敦英国皇家学会结识的朋友柯林森（Peter Cdlinson）得知后，又给他寄来了大批书籍、电学著作和某些摩擦起电的设备。富兰克林和费城哲学会的朋友们一起进行了许多电学实验和理论探索。

富兰克林在电学上有许多重要贡献。通过实验，他对当时许多混乱的电学知识（如电的产生、转移、感应、存储、充放电等）作了比较系统的清理。他曾把多个莱顿瓶联结起来，储存更多电荷。他用实验证明莱顿瓶内外金属箔所带电荷数量相等，电性相反。1747 年 5 月 25 日他在给柯林森的信中，提出了电的单流质理论，并用数学上的正负来表示多余或缺少这种电流质。他还认为摩擦起电只是使电荷转移而不是创生，所生电荷的正负必须严格相等——这个思想后来发展为电学中的基本定律之一——电荷守恒定律。他利用这一理论说明了带介质的电容器原理。

富兰克林的第二项重大贡献是统一了天电和地电，彻底破除了人们对雷电的恐惧。1749 年，他的夫人丽达在观看莱顿瓶串联实验时，无意碰到莱顿瓶上的金属杆，被电火花击倒在地，卧病一周，使他更坚定了探讨雷电实质的决心。他一方面列举了 12 条静电火花与雷电火花的相同之处，一方面通过岗亭实验和风筝实验（1752 年 6 月）给予实验证明。他的一封封书信通过柯林森在英国皇家学会宣读，开始时受到的是嘲笑、怀疑，后来他的论文集《电学实验与研究》出版，特别是风筝实验的报告轰动了欧洲，使人们看到电学是一门有广大前景的科学，避雷针也成了人类破除迷信征服自然的一项重要技术成果，推动了电学、电工学的发展。

富兰克林对大自然有着广泛的兴趣。他研究过物体（尤其是金属）的热传导、声音在水中的传播、利用蒸发取得低温的方法；他还研究过植物的移植、传染病的防治；在横渡大西洋时，他观察了海湾暖流对气候的影响，测量了海水的流速和温度等。

作为发明家，他发明了高架取书器、老年人使用的双焦距眼镜、三轮钟等。1790 年 4 月 17 日他在费城逝世，他为自己写的墓志铭只自称“印刷工富兰克林”而绝口不提后半生的重要职务。但法国经济学家杜尔哥（Ann-Robert Jacques Turaot）却为他写下了这样的赞语：“从苍天那里取得了雷电，从暴君那里取得了民权。”

作品概览

The Autobiography of Benjamin Franklin，中文译名《富兰克林自传》，被公认为是世界上最伟大的自传之一，它由美国独立运动的杰出领导者、《独立宣言》的起草者本杰明·富兰克林编著而成。翔实地记述了本杰明·富兰克林不屈服命运安排、艰苦奋斗的个人历程；不屈服强权，依靠智慧和不屈不挠的精神为国家争取独立和自由的斗争历程。同时，还生动地讲述了本杰明·富兰克林自学成才之路，以及通过自己勤奋工作取得广泛成就的历程。

阅读本书，是一次与伟人心灵对话之旅，是实现美国梦的奋斗历程和完美道德的精神之旅。既可作为语言学习的课本，也可作为通俗的文学读本。该书对世界各国的青少年产生了深远的积极影响。

精彩摘录

好比我渴望知道先人的生活，你们也会好奇我的生活状况，现在我就利用这休假的一星期讲给你们听。当然还有一个目的是，我经历了从一个出身贫贱的小男孩到财富和名誉双收的成功，希望你们也能从中找到与自身相适应的立身之术。

回首我的幸福，我总想既然生活不能重演，不幸不会被抹去，那我就会欣然接受现在这恩赐于我的生活。回忆又是最接近重演的，为了让回忆成为一种永恒，我选择用笔记下来。

坦率地说，写这个自传对于我那虚荣心也是一种极大的满足。在我看来，感谢生活的美满后感谢上帝所赐予我们的虚荣心是无可厚非的。在此我以一颗真诚的心感谢上帝，感谢他给予我幸福，并让我有足够的毅力去承受困苦。

我从小爱读书，零花钱都用在书上了，而父亲也终于因此让我从事印刷这个行业。1717 年，哥哥詹姆斯带着印刷机从英国回到波士顿开始创业。相对于父亲的行业我更喜欢哥哥的印刷行当，12 岁那年，我被说服签订了学徒合同。印刷工作给了我更好的机会去读书。那时我正着迷于诗歌，便在哥哥的鼓励下写了两首诗去卖钱。但父亲却不以为然，他说写诗的基本都穷得很，因此长大后的我尽量避免成为一个诗人。但散文写作对于我的一生却有着莫大的帮助。

人与人之间的谈话目的有三：第一是教诲人，第二是被人教诲，第三则是说服人。谈话的最好气氛应该是使人愉快的，所以我要劝告那些朗达之人，只有放弃那种独断横行的态度，才会增强自己教诲人的能力，因为那种态度最易引起人不满，它总是会妨碍你进行谈话。谈话的最终目的是在于进行思想、信息、感情的交流和增进。假如你本来是想教诲别人，但讲话时过于自信，过于武断，这样必然会激发人的反驳欲望，会让本来很坦诚的讨论受到干扰和阻挠。如果你本来是想从别人的知识中获益，但你又总在滔滔不绝地表述自己的观点，让那些不爱争论、明达谦逊之人根本没机会插嘴，那么就坚持己见好了，可是结果你学到了什么？什么也没学到。假如还采用同样的态度与人谈话，对方也很难赞同你的看法。

薄伯的一句话很有道理：教人须使人无被教之感，讲述新知应如同提到旧知。接着他还进一步建议：以谦虚的态度表示无疑之事实。在这里我想也许用薄伯在别处的一句话连接上句更恰当一些：因为傲慢就是愚蠢。

你也许会问为何原诗的那一句话在原处不恰当，我只好再引用原诗：

“大言不惭是毫无理由的，因为傲慢就是愚蠢。”

因为节制可以使人的头脑保持冷静与清醒，所以我把它列为第一点。这种冷静与清醒对于我们时常对旧习惯的频频进攻保持警惕、对旧习惯的诱惑加以抵制都很有必要。做到这一条，就很容易做到少言寡语。

故事

亚伯拉罕·林肯

1809年2月12日，林肯出生在肯塔基州哈丁县一个贫苦的家庭。林肯的父亲曾是一个鞋匠，用他自己的话说，他的童年是“一部贫穷的简明编年史”。小时候，他帮助家里搬柴、提水、干农活等。父母是英国移民的后裔，他们以种田和打猎为生。1816年，林肯全家迁至印第安纳州的西南部，以开荒种地为生。9岁的时候，林肯年仅34岁的母亲不幸去世了。

一年后，父亲与一位叫萨拉·布什的善良开明的女性结婚。继母慈祥勤劳，对待丈夫前妻的子女如同己出，对小林肯充满爱心，林肯也敬爱后母，一家人生活得和睦幸福。由于家境贫穷，林肯受教育的程度不高。为了维持家计，少年时的林肯当过俄亥俄河上的摆渡工、种植园的工人、店员和木工。

18岁那年，身材高大的林肯为一个船主所雇佣，与人同乘一条平底驳船顺俄亥俄河而下，航行千里到达奥尔良。25 岁以前，林肯没有固定的职业，四处谋生。成年后，他成为一名当地土地测绘员，因精通测量和计算，常被人们请去解决地界纠纷。在艰苦的劳作之余，林肯始终是一个热爱读书的青年，他夜读的灯火总要闪烁到很晚很晚。在青年时代，林肯通读了莎士比亚的全部著作，读了《美国历史》，还读了许多历史和文学书籍。他通过自学使自己成为一个博学而充满智慧的人。在一场政治集会上他第一次发表了政治演说。由于抨击黑奴制，提出一些有利于公众事业的建议，林肯在公众中有了影响，加上他具有杰出的人品，1834 年他被选为州议员。

1834 年 8 月，25 岁的林肯当选为州议员开始了自己的政治生涯，同时管理乡间邮政所，也从事土地测量，并在友人的帮助下钻研法律。两年后，林肯通过自学成为一名律师，不久又成为州议会辉格党领袖。积累了州议员的经验之后，1846 年，37 岁的林肯当选为美国众议员。1847 年，林肯作为辉格党的代表，参加了国会议员的竞选，获得了成功，第一次来到首都华盛顿。在此前后，关于奴隶制度的争论，成了美国政治生活中的大事。在这场争论中，林肯逐渐成为反对黑奴主义者。他认为奴隶制度最终该被废除，首先应该在首都华盛顿取消奴隶制。代表南方奴隶主利益的蓄奴主义者则疯狂地反对林肯。

1850 年，美国的奴隶主势力大增，林肯退出国会，继续当律师。

1860 年，林肯成为共和党的总统候选人。11 月，选举揭晓，林肯以 200 万票当选为美国第 16 任总统，但在奴隶主控制的南部 10 个州，他没有得到 1 张选票。

大选揭晓后，南方种植园奴隶主制造分裂，发动了叛变，南方 11 个州先后退出联邦，宣布成立“美利坚诸州同盟”，并制订了新的宪法，选举总统。

1861 年 4 月，南方叛乱武装首先向北方挑起战争。林肯号召民众为维护联邦统一而战。

内战爆发初期，由于南方种植园主蓄谋叛乱已久，而林肯政府试图妥协，在战争中节节失利。首都华盛顿受到威胁。为扭转战局，借《汤姆叔叔的小屋》一书，1862 年 5 月林肯政府颁布了《宅地法》，其中规定，美国公民交付 10 美元即可在西部得到 160 英亩的土地，连续耕种 5 年就可成为其主人。9 月，又颁布《解放黑奴宣言》，废除了黑奴制，规定叛乱各州的黑奴是自由人。战争形势骤然改观。

1863 年夏，北方军队转入反攻。1865 年，南方叛军向北方军队投降，持续 4 年之久的内战以北方胜利而告终。

1865 年 4 月 14 日晚，内战刚刚结束，林肯在华盛顿的福特剧院遇刺。

1865 年 4 月 15 日，亚伯拉罕·林肯去世，时年 56 岁。林肯去世后，他的遗体在 14 个城市供群众凭吊了两个多星期，5 月 4 日，被安葬在斯普林菲尔德（Springfield）橡树岭公墓。

林肯总统被刺后，美国大诗人惠特曼写下了沉痛表达美国人民对林肯被刺而哀思的《啊，船长！我的船长哟》《今天的军营静悄悄》等诗篇，以沉痛表达美国人民对林肯总统的哀思。

林肯领导美国人民维护了国家统一，废除了奴隶制，为资本主义的发展扫除了障碍，促进了美国向资本主义发展的步伐。一百多年来，林肯受到美国人民的尊敬。由于林肯在美国历史上所起的进步作用，人们称赞他为“新时代国家统治者的楷模”。

老人与海

—海明威—

品读之路

谱写信仰与理想的乐章

“一个人可以被毁灭，但不能被打败。”这句出自《老人与海》的语句深深震撼了一代又一代人的心灵。我常常在思索我们来到这个尘世的意义，有人说这是天道循环、宇宙法则；也有人说这是对生命的磨砺，是让生命升华的过程，但不管怎样，我想我们之所以存活在这世间，绝非只是为了那基本的物质保障，我们需要的是一种信仰，一种足以让我们去拼搏、去奋斗的信仰。生命诚可贵，但如果没有信仰，我们就会如同行尸走肉一般，如同臧克家先生在《有的人》中所写：“有的人活着，他已经死了；有的人死了，他还活着。”躯体的毁灭并不可怕，但灵魂的丧失却十足可悲，因为一个丧失了灵魂的人，一个失去了信仰的人，俨然已经失去了活在世间的意义。

人要有信仰，有信仰才能坚定不移地走下去；人要也要有理想，有理想才有前进的动力。当今变化无常的社会，令许多青年朋友望而却步，他们宁愿待在温暖的家中也不愿踏足社会，因为他们看到自己的善良被人鄙夷，自己的理想被人嘲笑，自己的付出被人贬得一文不值，于是他们开始感慨社会的黑暗，抱怨没有伯乐欣赏自己，渐渐地他们开始怀疑自己的信仰，并将自己的理想抛弃，他们很坚定地将自己定义为弱者，并得意地对周遭的人讲，这才是最好的生活方式！多么可悲的言辞，在艰难的时刻他们选择了放弃，放弃了自己毕生的追求，放弃了自己曾经引以为傲的信仰，并让命运肆意践踏他，摧残他，然后自己也如失去光辉的恒星般消失在茫茫的黑暗中，什么也没有留下，甚至连一丝的痕迹都没有。

“红军不怕远征难，万水千山只等闲。”二万五千里的路程，前有险境，后有追兵，食不果腹，衣不御寒，但即便是在这样艰难的环境下，红军仍然走完了长征并取得了胜利会师，这是需要何种巨大的毅力才能完成的事情。经历了改革开放的中国面貌早已焕然一新，经济的飞速增长，社会的和谐发展，都让我们的生活质量提高了百倍，但是我们在身处顺境时的表现却着实令人失望，舒适的生活环境让许多人渐渐失去了艰苦奋斗、吃苦耐劳的优秀品质，人们所关注的重点已不再是解决温饱问题了，他们没有经历过大饥荒，也没有经历过动乱，更不会去想这些事情有一天会发生在他们的身上，于是久而久之流在他们血液中的信仰便渐渐暗淡了，再没有昔日那样的光辉。

很多人天生或后天残疾，但他们并不认命，他们都有着一个共同的信念那就是在有限的生命中创造无限的价值。霍金，21 岁不幸患上了会使肌肉萎缩的卢伽雷氏症，虽然只有两根手指可以活动，但他却在轮椅上做出了对宇宙学无可估量的贡献。还有尼克·武伊契奇，一个没有四肢的人，但他却活得比健全的人更加出彩。近些年许多人跳楼自杀的消息屡见报端，不管是学生，还是踏足社会的人都在其中，难道是真的压力太大了吗？抑或是自己的想法太过极端，亲手掐灭了生活的希望。他们都是四肢健全有能力去创造自己生活、去描绘自己未来的人，在困境面前他们选择了放弃，而不是奋力一搏。其实很多时候只要我们肯去面对那些早已注定会出现的困境和挑战，哪怕是最后失败了，也可以毫无遗憾地说我们曾为之奋斗过，拼搏过，那也是一笔宝贵的财富。

坚定自己的信仰，坚持自己的理想，学会做一个桑提亚哥般的“硬汉”，即便有再大的风雨，也不会再畏惧退缩。

欧内斯特·米勒尔·海明威（Ernest Hemingway，1899—1961），美国著名小说家。被誉为美利坚民族的精神丰碑，是“新闻体”小说的创始人。第一次世界大战爆发后，海明威加入了美国红十字会战场服务队，投身意大

利战场，一次意外让他身受重伤，并接受了13次手术，换上了一块白金做的膝盖骨。第一次世界大战结束后，他被意大利政府授予十字军功奖章、银质奖章和勇敢奖章，获得中尉军衔。康复后海明威作为加拿大多伦多《星报》记者常驻巴黎，在此期间他完成了他人生中第一本重要的小说《太阳照常升起》。第二次世界大战爆发后海明威以记者的身份随军参战。1941年底太平洋战争爆发后，海明威立即将自己的游艇改装成巡逻艇，侦察德国潜艇的行动，为消灭敌人提供情报。1944年，海明威随同美军去欧洲采访，在一次飞机失事中受重伤，但痊愈后仍深入敌后采访。参加了两次世界大战的海明威内心有着深刻的感悟，1952年他完成了闻名于世的《老人与海》，并凭借这部作品斩获了1954年的诺贝尔文学奖。

作品概览

桑提亚哥是一名老渔夫，有一名叫曼诺林的男孩和他一起出海捕鱼，但40天过去了他们都没有捕到鱼，男孩的父母决定让自己的孩子和别人出海，而桑提亚哥每天仍然坚持出海捕鱼。84天过去了他还是没有捕到鱼，到了第85天他决定到渔夫们从未去过的深海捕鱼，在那里他捕到了一条比船还大的马林鱼。桑提亚哥与这条马林鱼周旋了两天，终于在第三天他将鱼叉插入了鱼的心脏，但流出的血却引来了无数的鲨鱼，在返回的途中桑提亚哥受到了五次鲨鱼的袭击，他用鱼叉、船桨等与鲨鱼搏斗，当他回到港口时，马林鱼只剩下了一副巨大的骨架，精疲力竭的老人倒在地上。曼诺林来看望老人，在他眼中老人是英雄，他并没有被打败，而且他决定以后和老人一同出海，并想要成为一个像桑提亚哥一样的人。

全书并没有用特别的笔墨来描述桑提亚哥是怎样的一个人，而是通过他的行为像读者展示这样一个“硬汉”，而这也是海明威的一贯作风，他喜欢用尽可能简洁的语言写作，让读者能够很容易地纵观全局。书中塑造的善良、坚毅的“硬汉”是海明威对人类坚强意志、勇于拼搏的精神力量的赞美，而他也坚信这种力量会世世代代传下去。

人可以失败，但不可以被击败，外在的肉体可以接受折磨，但是内在的意志却是神圣不可侵犯的，这是《老人与海》一再强调的论点。真正的大师都是用最简单的语言来表达最深刻的道理，真正的好作品都是用生命的历练做题材，《老人与海》所刻画出来的正是海明威的一辈子最好的画像，正如海明威所说：“我一直读过200多遍，每读一次，我就多一分收获，好像我最后得到了我这一生辛苦工作所欲得到的东西。”

精彩摘录

老人先松开钓丝，然后大喝一声，用尽全身的力气收拢钓丝，但鱼并不肯轻易屈服，非但没有上来一英寸，反而慢慢游开去。老头把钓丝背在脊梁上增加对抗马林鱼的拉力，可是作用不大，他眼睁睁地看着小船向西北方飘去。老头想鱼这样用力过猛很快就会死的，但四个小时后，鱼依然拖着小船向浩渺无边的海面游去，老头也照旧毫不松劲地拉住背在脊梁上的钓丝。他们对抗着。

老人和大鱼一直相持到日落，双方已搏斗了两天一夜，老头不禁回想起年轻时在卡萨兰卡跟一个黑人比赛扳手的经历。他俩把胳膊肘放在桌上划粉笔线的地方，前臂伸直，两手握紧，就这样相持了一天一夜。八小时后每隔四个钟头就换一个裁判，让他们轮流睡觉。他和黑人的手指甲里都流出血来。黑人渔民喝了朗姆酒后使出全身力气，竟把他的手压下去将近三英寸，但桑提亚哥又把手扳回原来的位置，并且在第二天天亮时奋力把黑人的手扳倒，从此他成了人们心目中的“冠军”。

鱼仰身朝天，银白色的肚皮翻上来，从它心脏流出来的血染红了蓝色的海水。老头把大鱼绑在船边胜利返航。可是一个多小时后鲨鱼嗅到了大鱼的血腥味跟踪而至抢吃鱼肉。老头见到第一条游来的鲨鱼的蓝色的脊背。他把鱼叉准备好，干掉了第一只鲨鱼。几小时后又两条鲨鱼逼近船尾去咬大鱼的尾巴，老头把刀系在船桨上杀死了两条来犯的鲨鱼，但在随后的搏斗中刀也折断了，他又改用短棍。然而半夜里鲨鱼成群结队涌来时，他已无力对付他们了，但他坚持搏斗，甚至把船舵都打断了，最后鲨鱼还是吃光了老人两天的辛劳，只剩下鱼头和鱼尾……

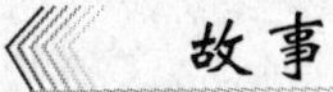

用无肢身躯诠释生命的意义

——尼克·武伊契奇

一个天生没有四肢的人，在人们的眼中通常是最弱的群体，因为他们不能行走，不能拿东西，任何事情都办不了，但是就有这样的一个人他成功打破了人们把没有四肢的人当作弱势群体的观念，这个人就是尼克·武伊契奇。

尼克于1982年出生于澳大利亚的墨尔本，他是“没有四肢的生命”组织创办人，他用自己惊人的意志面对身体的残疾，创造了生命的奇迹。尼克虽然没有四肢，但是他在骑马、游泳、足球等方面可谓是样样都会，仿佛在他的眼中就没有不能做成的事情。他从17岁开始便开始演讲，向世界各地的人们讲述自己不屈服于命运，战胜艰难困苦的经历，并因此激励和启发了千百万人。

我们是四肢健全的人，但我们中的很多人都没有尼克的成就，虽然命运给了他一个不完整的躯体，但却磨砺了他非凡的意志，他以乐观的心态同命运搏斗，站到了常人无法企及的高度，正如同贝多芬所言：“我要扼住命运的咽喉。”在悲伤和无助面前唯有振作才能冲破障碍，拥抱美好人生。

活在当下

—芭芭拉·安吉丽思—

品读之路

体验生命的真实 憧憬理想的生活

今天要和大家分享的书是一本文笔优美、充满诗意的心灵散文集《活在当下》，作者芭芭拉·安吉丽思（Barbara De Angelis）博士是美国知名的人际关系专家，是当代个人成长与灵性成长领域最有影响力的导师之一。

所谓“当下”，简单地说就是指现在正在做的事、所在的地方、周围一起工作和生活的人；所谓“活在当下”就是要把关注的焦点集中在这些人、事、物上面，懂得抓住真实的刹那，全心全意地去接纳、品尝、投入和体验这一切。道理看似简单，大多数人却无法真正做到专注于“现在”，引用书中的一段话：起初，想进大学想得要命；随后，巴不得赶快大学毕业好开始工作；接着，想结婚、想有小孩又想得要命；再来，又巴望小孩快点长大去上学，好让自己回去上班；之后，每天想退休想得要命；最后，真的老得生命快要终结的时候，忽然间才明白，自己一直忘了真正去活。这就是许多人一生的写照，他们劳碌了一生，时时刻刻在为未来做准备，不愿意把时间浪费在“现在”，殊不知自己已经失去了每一天、每一个真实的刹那，失去了欣赏和感受快乐的能力。

初读此书，感悟有三：

第一，“活在当下”是一种全身心投入的生活方式，不纠结于过去的种种包袱，不迷茫于以后的种种未知，感受春风的吹拂、阳光的温暖、如画的美景，体验生命中的每一分每一秒，真正的满足就在现在，人生的意义就在眼前，生命的喜悦俯拾皆是。

第二，“活在当下”是一种豁达坦然的人生态度，在黑暗与光明中，既不回避，也不逃离，在顺境中学会珍惜与感恩，在逆境中学会忍耐与包容，过一个充实的人生。

第三，“活在当下”是一种清醒现实的生活态度，“知否世事常变，变幻原是永恒”，生命变化太快，每一秒的我们都不尽相同，正是这种人所不能控制的不确定性，更显得现在此刻的重要性与价值性。昨日已成历史，明日尚未可知，只有今天才是我们唯一可以把握、可以改变、可以用来超越对手、超越自己的一天。

当然，“活在当下”所倡导的并不是“今朝有酒今朝醉，明日无酒明日忧”这种挥霍青春、透支未来的享乐主义思想，而是让我们不被过去、未来所束缚，把握当下的快乐，把握今天的机遇，并用及时的行动来实现自己的理想和信念。做自己想做的事，认真地活在当下，真实地活在今天。那么，总有一天回望此生，想必会不留遗憾……

芭芭拉·安吉丽思出身于1951年3月4日。从拉西瑞亚大学（Sierra University）获得心理学硕士学位，从哥伦比亚太平洋大学（Columbia Pacific University）获得心理学博士学位。

迄今为止，她出版了14本畅销书，被译成20余种文字出版，销量超过900万册。安吉丽思曾在美国有线电视台（CNN）、哥伦比亚广播公司（CBS）与美国公共广播网（PBS）主持自己的节目。她的得奖节目“让爱行得通”（Making Love Work）专门探讨人际关系，拥有极佳的收视率，且经常受邀为著名脱口秀节目的特别来宾。她散播爱、快乐与追寻人生意义的讯息，影响了全球各地的数千万人。

作品概览

本书是一本文笔优美、充满诗意的心灵散文集，有爱的能量与发人深省的力量洋溢在字里行间。读起来，对我们的心理、我们的灵魂都是一种很好的滋养。在“当下省思”“生活憬悟”“人际体验”“用心实践”四个篇章中，安吉丽思结合自己的生活经历，带领读者在每一个生命的片刻、每一桩人生中都带着爱、带着欣赏、带着觉察去全身心地品味。保持这样的生活态度，必然会在生活中体会到许许多多别人未曾发现的美妙滋味和人生领悟。生命其实可以被看作一种物质，它是以时间为单位的。我们大部分人的生命长度看似相近，但是在这相近数量的生命里，我们能够萃取的精华却是大相径庭。生命的宽度与高度完全取决于我们以什么样的态度和方式去活。安吉丽思在书中给予我们的重要练习，就是从我们夜以继日运转不息的头脑中跳出来的，回归到我们的身心。把注意力聚焦在我们的感官，聚焦在我们的心灵，当下的味道自然呈现，生命的喜悦自然浮现。

别以为这只是在谈生活的态度，在成为生活美食家的过程中，你的灵性也将获得提升。许多灵修体系的精髓其实就是一个片刻接一个片刻地活在当下，全身心专注地生活。

精彩摘录

■你快乐吗？

这本书探讨的是使生命富有意义的“真实刹那”，以及我们如何拥有更多“真实的刹那”。它要你去体验生命中每一刻的完满与奥妙，真正的满足就在当下的此时此刻，而不是非要等到赚了更多的钱、找到门当户对的另一半或减肥成功以后才能获致。它探讨如何重新看待你与伴侣和孩子在一起时的真实刹那、工作和游戏时的真实刹那，最重要的是，面对你自己的真实刹那。

诚实看待你自己的生命。你每天每夜所做的事都很有意义，且能使你心中微笑吗？你是否把大多数的时间都花在几乎毫无乐趣的事情上？当你生命终了，你会不会希望自己曾经以另一种方式过活？如果你只剩下一个月的寿命，你会做什么改变？

检视你自己的内心深处。你快乐吗？有什么东西是你觉得必须拥有才会快乐？你确定拥有那样东西之后，你一定会快乐吗？那样你就满足了吗？

真切正视你自己心灵的价值。假设明天你突然死了，在回顾自己的一生时，哪些时光会是你最珍视的？你会最想念活着时候的哪一部分？

■快乐的源头

快乐只存在每一个刹那的当下，也只在当下可得。快乐降临的那一刹那，绝不会是我们存心去寻找快乐的时候，因为一旦存心追索，我们的心就已不在“此时此地”，而是到“别处”去了。如果我们能让自己回到现在，全神贯注于手边的事物，快乐便会不求自来。

“快乐”（happiness）这个字源自古英语里的“hap”，意指机会或运气（不论好坏）——意思就是人的遭遇（happens）。换句话说，照字源上的解释，“快乐”应该是“所有当下遭遇的经验”。所以尽管我们会说“我要快乐起来”，基本上我们已经把自己投射到未来去了；而快乐，依定义，是只存于当下的这一刻。

世界闻名的越南禅学大师一行禅师（Thich Nhat Hanh），写过一本深具启发的书《一步一莲花》(Peace Is Every Step)，他在书中写道：

生命的意义只能从当下去寻找。逝者已矣，来者不可追，如果我们不反求当下，就永远探触不到生命的脉动。

如果你不知道珍视现有的一切和现在的自己，无法从中得到快乐，那么即便将来拥有了更多，你也不会快乐；要是你不懂得怎样充分享受手上的五百元，就算有了五千甚至五百万元，你也还是无法享受；和你的另一半在家附近散散步，要是你不能从中得到乐趣，就算去夏威夷、去巴黎也没用。我并不是说多点钱、多点休闲活动，不能让生活更舒适；事实上，生活是会因此舒适些，但你却不会因此而快乐，因为钱和休闲活动本来就没这功效。只有你自己，借着学习活在当下，与时偕行，才能让自己快乐。

■什么是真实的刹那?

什么是真实的刹那？你如何知道你已经拥有它？要出现真实刹那必须具备三个经验要素：

· 意识

真实刹那只出现在你有意识地全神贯注于身所处、手所做和心所感的时候。因为你用心，所以能看见许多平常不用心时所看不见的事物。用心时，意识里除了此刻的体会，一无长物。

· 联系

真实刹那只出现在你与某人或与某物灵犀相通的时候。这份联系可能发生在你和所爱的人、和某个陌生人、和你正靠着的那棵树或和上帝之间。有了这份联系，真实的刹那出现时，平日区隔我们的界线会泯除，神奇的事物会发生。

我们称这疆界线消融的经验为“爱”。因为爱，你泥中会有我，我泥中会有你。

·彻底交出自己

真实刹那只出现在你把自己彻底投入正在经验的事物，并且完全放弃掌控的时刻。你百分之百专注于正在做的事，不论是散步、做爱、烤面包或是看着孩子们游戏。你全心拥抱此刻的经验，而不是抗拒。

当你想控制或抗拒某个情况或某种情绪，便不可能拥有真实的刹那。如果我能为你列出一个拥有真实刹那的公式，这公式大概会像这样：全神贯注在当下的经验或感觉；打破个别分开的幻象，和你面对的人、事、物充分联系交流；然后，将自己全然投注于心灵的交流中。现在，你应该正在享受真实的刹那了，真实刹那在你日常生活里俯拾皆是……最近我收到一张问候卡，我愿意和你们分享里头的话：昨日已成历史，明日还未可知。此刻是上天的赐予（gift），所以我们称它作“现在”（the present）。（编者按：英文present具双重意义，可指此时此刻的现在，亦指礼物或赠予物。）

真实刹那只出现在你有意识地全神贯注于身所处、手所做和心所感的时候。而唯有全神贯注于那一时刻，你方能得到那一时刻所带来的赐予、启示或喜悦。

故事

史铁生——活在当下

史铁生（1951—2010）生于北京，1967年毕业于清华大学附属中学，1969年去延安一带插队。因双腿瘫痪于1972年回到北京。后来又患肾病并发展到尿毒症，需要靠透析维持生命。自称是“职业是生病，业余在写作”。史铁生创作的散文《我与地坛》鼓励了无数的人。2002年获华语文学传媒大奖年度杰出成就奖。曾任中国作家协会全国委员会委员，北京作家协会副主席，中国残疾人协会评议委员会委员。2010年12月

31 日凌晨 3 点 46 分因突发脑出血逝世。

史铁生是一个值得让人敬佩的作家，他的写作与他的生命融合在一起，他用文字的形式诉说着在死之前的生的意义。他谈亲情、友情、爱情，而又能发出人生终极意义的拷问。他能在情感与理智完美结合中为我们塑造他和这个世界，而他却固执地相信是我们塑造了他和这个世界。

他在回忆母亲时说：我真想告诫所有长大了的男孩子，千万不要跟母亲来这套倔强，羞涩就更不必了，我已经懂了可我已经来不及了。这是他在发现他母亲的苦难与伟大后真挚的悔恨与伤感。他的母亲是伟大的、坚忍的，她为了她那残疾了的孩子，呕心沥血。我想如果我们活得不幸，我们的不幸同样也会在母亲那儿加倍。但这里还有一个可悲的事实：我们的亲人也不是一直可以在我们身边照顾我们，爱护我们。如果他们还健在，那真是我们的福分：我们还可以照顾他们，孝敬他们，减少一点不能回报亲人的遗憾。

对于母亲，我们可以从他的文字里读到一丝悔恨。但对于友情，他是珍惜与感谢的。在史铁生二十一岁那年，他住进了友谊医院，二十一岁过去，他被朋友们抬着出了医院。他没有死，也不能再走。他后来自己调侃说能一向活在友谊中，可能与他二十一岁住进了友谊医院有关。的确，在那段难熬的岁月中，朋友给了他无比的帮助。他爱他的朋友并感谢他们。

一个人拥有真挚的亲情与友情，无疑让人羡慕不已。对于爱情，史铁生说它是银河系中那颗美丽星星的标志。的确，爱情是美好的。我想：正因为如此，每个人都渴望被爱情滋润吧。爱情应该是甜的。但他又说没有什么能够证明爱情，爱情是孤独的证明。但孤独不是寂寞也不是孤单更不是空虚和百无聊赖。孤独的心必是充盈的心，充盈得要流溢出来要冲涌出去，便渴望有人呼应他、收留他、理解他。在爱的路途上，永恒的不是孤独也不是团聚，而是祈祷。也许，他才是对的。爱情不应该是寂寞是孤单是空虚是百无聊赖的借口。爱情是两个灵魂的寻找与融合，是最神圣的。所以我们唯有崇尚爱情，才能追求爱情。

史铁生笔下的亲情、友情、爱情不仅使我们动容更使我们感受到人生的美好。三毛说：爱如禅，不能说不能说，一说就错。也许我们得把爱深深地埋在心底最柔软的地方。在现实的生活中，从心底最柔软的地方溢出爱的乳液，滋润我们枯燥的生活。也许人生就是在干枯与被滋润中度过一生的。然而，史铁生并不满足于对这三种情感的思考。他在点燃我对人生美好憧憬时，又冷不丁地忽然提出：我们在走向哪儿？我们再朝哪儿走？我们的目的何在？我们的欢乐何在？我们的幸福何在？我们的救赎之路何在？这个人生的终极拷问一下使我们陷入痛苦中。

在这痛苦中，我确实看到“未来”茫茫一片：人类是要消亡的，地球是要毁灭的，宇宙在走向热寂。我因此才感到这不仅是痛苦的，而且这痛苦是无比的。也忽然觉得无比痛苦，才让我想：我不想了，还是活在当下吧。

是的，活在过程中，活在当下。这居然和史铁生在他思考后告诉我们的一样！那他的问题的解答是不是没有意义了。因为就算没有他这样告诉我们，我们也会这么想。不，如果他没有先让问题把我们置于无比的痛苦中，我们就不会心甘情愿地活在现实的过程中，我们更可能活在忙忙碌碌、墨守成规中。

朝花夕拾

—鲁迅—

品读之路

闲谭昨日拾落花　青春犹在忆理想

《朝花夕拾》是鲁迅先生唯一的一部回忆散文集，创作于 1926 年 2 月至 11 月，也是作者的自传，原名《旧事重提》，收录了《从百草园到三味书屋》《藤野先生》《无常》等多篇脍炙人口的散文。

朝花夕拾，即傍晚来拾取早晨的落花，亦是对人的追忆。《朝花夕拾》所记述的是作者从少年时期到辛亥革命所经历的生活片段，描绘当时的社会现实以及广大群众的生活状态、心理状态，可以说是当时社会真实写照。《朝花夕拾》也可谓散文中的绝妙之作。由《从百草园到三味书》的天真活泼到《藤野先生》中的愤慨忧国，作者笔下那些充斥着欢欣、悲伤、困惑的时光早已远逝，而这十篇散文就是作者在早年的记忆中拾取的落花。

《从百草园到三味书屋》是作者少年欢乐时光的剪影，在充满趣味的百草园，孩子们像云间自由的野雀一样自由欢欣，而沉闷的三味书屋、严谨的老先生却也是作者少年的“噩梦”。《阿长与山海经》作者用最真挚的感情记录了那个粗鲁、笨拙但却朴实、善良的长妈妈。她对作者的关爱让作者一生难以忘怀。《父亲的病》中误人的庸医让作者萌生了学医救人的理想。《藤野先生》叙述了让作者感激的一位日本医学教师，以及在学医过程中思想的转变。

还有《狗·猫·鼠》《无常》《范爱农》《琐事》等各具特色的篇章。

鲁迅（1881—1936），字豫才，原名周树人，浙江绍兴人。1898年离开故乡考进南京江南水师学堂，后又转入江南陆师学堂附设的矿路学堂；1902年留学于日本并在仙台医学院学医。中国现代伟大的文学家、思想家、革命家。“鲁迅”是他1918年发表我国现代文学史上第一篇白话小说《狂人日记》时所用的笔名。先生曾自谦：“鲁迅”即愚鲁而迅速的意思。

在日本求学的过程中，他发现中国人在此深受歧视：《藤野先生》中所描述的日本学生对中国人的嘲笑，考试及格后收到写着“你改悔吧”的匿名信等。而在日本的大多数中国留学生却是在风花雪月中浑浑噩噩。黑暗腐朽的中国社会现实让他感到救国的迫在眉睫，麻木愚昧的中国人使他意识到救国先要“救人”。只有唤醒中国人爱国、救国的热情，社会才会有光明，中国才会有希望。学医能治疗的只是人们的肉体，没有灵魂的肉体只会成为“看客”，在沉默中灭亡。只有国民灵魂的觉醒才能带给贫弱的国家希望。而文艺带给人的精神力量恰是当时社会所需的，正是这种将自身命运与国家命运相系的爱国精神让他选择了弃医从文。

毛泽东称鲁迅是中国文化革命的主将，既是伟大的文学家，也是伟大的思想家和伟大的革命家。“鲁迅的骨头是最硬的，他没有丝毫的奴颜和媚骨，这是殖民地半殖民地人民最可宝贵的性格。”

郭沫若、叶圣陶、老舍等众多文学家也都对鲁迅先生的精神高度赞扬。

鲁迅先生也未曾愧对这些褒扬，在文化的战场上奋战终身，书写下振聋发聩的呐喊之声。在其逝世十三周年之际诗人臧克家写下的抒情诗《有的人》正是对鲁迅精神最好的诠释：有的人活着，/他已经死了；/有的人死了，/他还活着。/有的人/骑在人民头上：“呵，我多伟大！”/有的人/俯下身子给人民当牛马。/有的人/把名字刻入石头，想“不朽”；/有的人/情愿作野草，等着地下的火烧。/有的人/他活着别人就不能活；/有的人/他活着为了多数人更好地活。/骑在人民头上的/人民把他摔垮；/给人民做牛马的/

人民永远记住他！/把名字刻入石头的/名字比尸首烂得更早；/只要春风吹到的地方/到处是青青的野草。/他活着别人就不能活的人，/他的下场可以看到；/他活着为了多数人更好的活的人，/群众把他抬举得很高，很高。

朝花夕拾，往昔已逝，青春犹存。今天的我们在品读《朝花夕拾》时肯定也会回想到那些已随风而逝的童年趣事，但更多的可能应是对来日的遥想：我们将来会在岁月的暮鼓声中拾取怎样一朵落花呢？

有诗言："花开花落不长久，落红满地归寂中。"若青春岁月是朝阳下盛开的鲜花，经过岁月的洗练芳华总会凋零，有的在零落后留下的是丰硕的果实，有的却只剩下满地残红。人生一世，草木一春；花犹有再开之时，人生却无再生再世。唐朝歌女杜秋娘曾在盛筵之上高歌："劝君莫惜金缕衣，劝君惜取少年时。花开堪折直须折，莫待无花空折枝。"少年时光易逝，青春光阴似箭，务必珍惜。

求知的道路上会经历坎坷，成长的路途中荆棘横生。或许在跌跌撞撞的走过后出现在眼前的仍是一片荒芜，远不见绿洲的踪迹，而疲惫的身心在祈求你放弃，你是否会为此止步？

面对从小熏陶我们的各式名言警句，不免觉得乏味。但是让人乏味的只是文字，而那些潜藏其间的哲理隽永依旧，却少有人细细评味。正如"理想"，鲁迅先生说："世上本没有路，走的人多了便成了路。"可见实现理想的路途必定是一个开创的过程，这也正是先生所提倡的"创造理想"的理念。做一个垦荒者必定举步维艰，以致在途中困乏、胆怯。但是我们应知晓在自己的路上每走一步都是"惊天动地的壮举"。我们该为自己的努力喝彩，即使只能成为羽翼丰满的燕雀也不损我们曾有的鸿鹄之志。曾为理想奋战过，便是真的"猛士"。

人人皆有少年时，名人、伟人的成长经历往往是妇孺皆知的"经典"。岁月的长久像是季节的更迭，不同的时期却是相同的长度，对每个人都是公平的。成长却千差万别，从迈出牙牙学语、蹒跚学步的幼年时光，我们的思想就在大脑中被雕琢直到"独一无二"。

鲁迅先生少年时对误人的庸医深恶痛绝，以此立志学医以期悬壶济世。留学后，积贫积弱的国家命运却让他放弃少年志向，高喊："寄意寒星荃不察，我以我血荐轩辕。"从学医到从文，与鲁迅先生的初衷可谓是南辕北辙，但其济世之效却"殊途同归"。改变并不是放弃，理想有时是道选择题。《父亲的病》中鲁迅先生学医的初衷，《藤野先生》里其从文的决心可初见端倪。

成长会面临很多选择，所走的道路也会改变，但为理想拼搏的勇气、毅力却始终如一。

生命中有许多过客，他们或只是匆匆而过的一抹身影，或也曾与我们对饮高歌，但终有一日都会走出我们的生命。成长的过程就是看不同的风景，遇到不同的人。总有些风景让我们流连忘返，总有些人潜移默化地影响我们。《说苑·杂言》中写道："与善人居，如入芷兰之室，久而不闻其香，则与之化矣；与恶人居，如入鲍鱼之肆，久而不闻其臭，亦与之化矣。"每个人的品行的养成，人生观、价值观的树立与身边的亲人师友息息相关，或许他们的言行无意中便成了我们的指引。鲁迅与好友瞿秋白、郁达夫、李大钊便是"鸿儒"间的君子之交，而他们也因此选择了相同的道路。我们也需要遇到这样的过客，他们的思想会使我们灵魂觉醒，超越"熟知"得到"真知"。

《朝花夕拾》作者拾取的花朵，至今仍是读者心间的一缕幽香。看别人故事，写自己的心境。如是而已：

今夕犹在，翻看发黄书卷：读朝花，赏芳华，忆昨日，思来日。叹我辈少年，风华正茂，手握光阴些许，立志壮丽江山。

作品概览

《朝花夕拾》的创作从1926年2月开始，到11月结束。后又在1927年7月11日写了《后记》。《朝花夕拾》最初以《旧事重提》为总题，陆续发表于《莽原》半月刊。1927年7月，鲁迅在广州重新加以编订，并添写《小引》和《后记》，1928年9月结集时改名为《朝花夕拾》。

《朝花夕拾》是鲁迅的回忆性文集，它是一本家喻户晓的文集，是一本必读的文集，是一本如良师益友的文集。虽然《朝花夕拾》不只是为少年儿童写的，但写了许多关乎少年儿童的事，读起来兴味盎然，而且随着年岁的增加，我们总能从中读出不同的味道来，这就是鲁迅作品的魅力所在。这本书是鲁迅回忆童年、少年和青年时期中不同生活经历和体验的文字。全书由《小引》《狗·猫·鼠》《阿长与〈山海经〉》《二十四孝图》《五猖会》《无常》《从百草园到三味书屋》《父亲的病》《琐记》《藤野先生》《范爱农》《后记》12部分组成。本书里面的每一篇文章都展现了当时的世态人情、民俗文化，流露了鲁迅先生对社会的深刻观察和对家人师友的真挚感情。叙述亲切感人，又有机地揉进了大量的描写、抒情和议论，文笔优美清新，堪称现代文学史上最高水平的回忆杂文。

《朝花夕拾》将往事的回忆与现实的生活紧密地结合起来，充分显示了作者关注人生、关注社会改革的巨大热情。

精彩摘录

不必说碧绿的菜畦，光滑的石井栏，高大的皂荚树，紫红的桑葚；也不必说鸣蝉在树叶里长吟，肥胖的黄蜂伏在菜花上，轻捷的叫天子（云雀）忽然从草间直窜向云霄里去了。单是周围的短短的泥墙根一带，就有无限趣味。油蛉在这里低唱，蟋蟀们在这里弹琴。翻开断砖来，有时会遇见蜈蚣；还有斑蝥，倘若用手指按住它的脊梁，便会啪的一声，从后窍喷出一阵烟雾。何首乌藤和木莲藤缠绕着，木莲有莲房一般的果实，何首乌有臃肿的根。有人说，何首乌根是有像人形的，吃了便可以成仙，我于是常常拔它起来，牵连不断地拔起来，也曾因此弄坏了泥墙，却从来没有见过有一块根像人样。如果不怕刺，还可以摘到覆盆子，像小珊瑚珠攒成的小球，又酸又甜，色味都比桑葚要好得远。

——摘自《从百草园到三味书屋》

但不知怎地，我总还时时记起他，在我所认为我师的之中，他是最使我感激，给我鼓励的一个。有时我常常想：他的对于我的热心的希望，不倦的教诲，小而言之，是为中国，就是希望中国有新的医学；大而言之，是为学术，就是希望新的医学传到中国去。他的性格，在我的眼里和心里是伟大的，虽然他的姓名并不为许多人所知道。

——摘自《藤野先生》

故事

一个梦想，一种收获

你的梦想是什么？你想要什么样的生活？你要怎么抉择？这些问题是否常常困扰着你我，以致我们终日在选择间斟酌，在斟酌里困惑，偏离快乐的方向，远离梦想的航线。

快乐是做法简单的甜品，幸福是回味悠长的佳酿。不管选择什么样的道路，我们心里都希望离它们近一些，让生活像“艺术”一样赏心悦目。但是我们所说的赏心悦目不是用金钱筑造辉煌的奢侈帝国，也不是在以美貌收获万千褒扬，而是一种积极的、乐观的价值观念。

19 岁 CEO 丁仕源成功的案例，让许多上了“年纪”的成功人士不得不感慨“自古英雄出少年”。丁仕源在他小学时是一个叛逆的孩子，快乐、顽皮。顶着扫把头，穿着窄脚裤，在学校招摇过市，喝酒，闹事，无法无天。小学毕业当晚，带着一帮同学去舞厅彻夜狂欢，凌晨 2 点被哥哥找到后挨了一顿揍。但是他的顿悟在一夜之间不期而至，对“未来”进行了深入的思考，由于对时尚、娱乐的热衷与悟性，他立志将来要在时尚、传媒和娱乐领域大展拳脚。从此走上了一条与众不同的道路。从 12 岁开始，他便在中国电信、移动等大企业兼职学习。2006 年 7 月正式进入时尚圈，此前还担任过记者、公司艺术总监、营销顾问、策划总监等职。对于我们很多人来说，一个十几岁的少年如此成功简直就是小说中的主角。丁仕源不是小说主角，他是他生活事业的规划者。在他的精心策划下，他创立的深圳市丁叮文化产业发展有限公司成为已是集策划执行大型活动、文化传播、广告创意和娱乐经纪于一体的实力型公司。他本人也成为中国今天最年轻的 CEO。

他的成功非常励志，而我们呢，我们又该怎样去品尝生命中甜美的果实？马克思说：“如果我们选择了最能为人类福利而劳动的职业，那么，重担就不能把我们压倒，因为这是为大家而献身；那时我们所感到的就不是可怜的、有限的、自私的乐趣，我们的幸福将属于千百万人，我们的事业将默默地但是永恒发挥作用地存在下去，而面对我们的骨灰，高尚的人们将洒下热泪。”但我们只是平凡人，不需要抛头颅洒热血。所以我赞同穆尼尔·纳素夫所说的“真正的幸福只有当你真实地认识到人生的价值时，才能体会到”。我们必须“顿悟”，必须知道自己真正想要的是什么，青春经不起浑浑噩噩。“人因梦想而伟大，因学习而改变，因行动而成功。”

听别人成功的故事就是获取自己成功的动力，梦想终要从心里走到世间，在世人眼中才是你的独创，青春犹在，何不去收获梦想的成果？

红 岩

——罗广斌 杨益言——

品读之路

一曲追求光明与理想的赞歌

《红岩》是一本以共产党人为争取中国人民解放而进行的壮烈斗争为题材的优秀长篇小说。作者罗广斌、杨益言曾被共同关押在“中美特种技术合作所”的集中营里，亲身经历过敌人的种种野蛮暴行和共产党人不屈不挠的斗争生活。作为幸存者和最直接的见证人，这两位作者在其革命回忆录《在烈火中永生》的基础上，进一步搜集整理先烈们的斗争事迹，加以集中、提炼，进行艺术再创造。历时十年之久，完成了这部气势恢宏的作品。

《红岩》高度概括了中国共产党人的精神品质。红岩精神，是革命先烈坚持真理、改造社会的人生伟大实践，是革命先辈为国家、为人民无私奉献的真实写照，是我们改革开放发展建设过程中不可缺少的精神支柱。

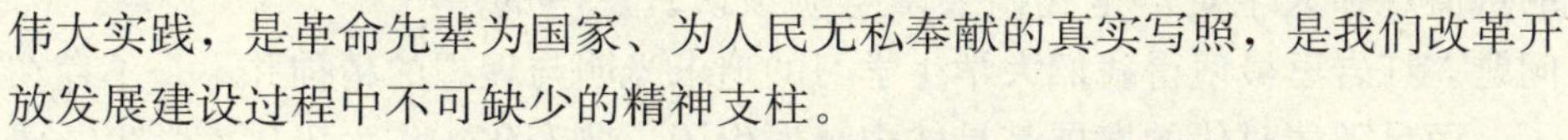

《红岩》小说中的很多素材都取自真人真事。我们不能否认，经过艺术加工后的素材有些可能要比真实生活中的更完美一些，但当真实地接触白公馆、渣滓洞革命先烈斗争史实材料时，不能不承认没有夸大的真实很多时候

要比加工过的艺术更具冲击力量。

作品一经面世，立即引起轰动，先后被改编成电影《烈火中永生》和豫剧《江姐》等，从1961年出版至今51次再版，发行800多万册，是发行量最大的小说；同时，被译成多国文字发行。该书被中宣部、文化部、团中央命名为百部爱国主义教科书。

罗广斌

作者罗广斌（1924—1967年）、杨益言（1925年— ）都是在重庆解放前投身反蒋斗争的共产党员。被捕后，在“中美特种技术合作所”集中营内目睹了许多革命者顽强不屈的斗争和壮烈牺牲的场面，并且自己也亲身经历了光明与黑暗的生死搏斗。新中国成立后，那些革命者的伟大形象和感人事迹时刻萦绕在他们心头。他们饱含着对敌人的刻骨仇恨和对先烈的景仰之情，写下了纪实文学《圣洁的鲜花》《江姐》等，记述先烈的斗争史实。1958年，他们又写了革命回忆录《在烈火中永生》。《红岩》（中国青年出版社1961年出版）就是将这些纪实性作品的素材经过艺术加工，反复锤炼创作而成的。丰富的生活素材和崇高的革命理想，使《红岩》成了一部革命现实主义的文学力作。

杨益言

红岩精神就像一面鲜红的旗帜，激励着一代又一代热血青年为理想和信念奋斗不息。无数个大义凛然的共产党员前仆后继，用生命和鲜血捍卫党的尊严和机密，配合武装斗争，沉重地打击了敌人的反动气焰，正是有他们的努力，才有共和国今天的繁荣昌盛和国泰民安！

看着眼前这个花花绿绿的世界，脑海里浮现的却是江姐坚毅瘦弱的蓝色旗袍上鲜红的毛衣，就像是一面鲜红的旗帜在迎风飘扬。如何正确定位自己的价值观和人生观？是我们大学生应该认真思考的问题。红岩里最值得我们大学生学习的追求光明与理想的精神并不是不存在了，而是随着时代的发展其具体内涵发生了一些变化。作为当代大学生，要身怀远大抱负，为建设更加富强的中国和实现自我的价值而奋斗！理想与信仰是人生的支柱，共同的目标将永远指引着为之付出努力的人们坚持不懈，奋斗不息！

作品概览

1948年，在国民党统治下的重庆处在黎明前最黑暗的时刻。为了配合工人运动，重庆地下党工运书记许云峰命甫志高建立沙坪书店，作为地下党的备用联络站。甫志高为了表现自己，不顾联络站的保密性质，擅自扩大书店规模，销售进步书刊。

一天，区委书记江姐要去华蓥山根据地，甫志高到码头为江姐送行，江姐嘱咐他要注意隐蔽，他嘴上答应，心里却不以为然。江姐到离根据地不远的一座县城时，发现自己的丈夫、华蓥山纵队政委彭松涛的人头被高挂城头。见到纵队司令员“双枪老太婆”后，她忍住悲痛，坚决要求到丈夫生前战斗的地方工作。

甫志高又自作主张吸收了一名叫郑克昌的青年入店工作，许云峰知道情况后大吃一惊，几经分析发现郑克昌形迹可疑，便让甫志高通知所有人员迅速转移。甫志高却根本不听劝告，反认为许云峰嫉妒自己的工作成绩，结果被捕并成了可耻的叛徒。由于他的告密，许云峰、成岗、余新江和刘思扬等人很快相继被捕。特务头子徐鹏飞得意忘形，妄图借此将重庆地下党一网打尽。然而，他使尽各种伎俩，都没能从许云峰等人身上得到任何所需的东西。凶残的敌人为了得到口供，疯狂地折磨被捕的共产党员，给他们食用霉烂的食物，并且在炎热的夏天限制饮水数量，妄图用炎热、蚊虫、饥饿和干渴动摇革命者的意志。为了粉碎敌人的阴谋，狱中难友趁放风时在墙角挖出一眼泉水，在保护泉水的斗争中，龙光华英勇牺牲，全狱难友绝食抗议敌人的暴行，敌人不得不妥协让步。

叛徒甫志高带领特务窜到乡下，江姐不幸被捕，被关押在渣滓洞里。在狱中，她受尽了折磨，凶残的敌人把竹签钉进了她的十指。面对毒刑，她傲然宣告：“毒刑拷打是太小的考验，竹签子是竹做的，共产党员的意志是钢铁铸成的!”秋去冬来，转眼到了年底。全国革命形势一片大好，国民党当局在受到沉重打击后开始放出和谈空气。阴历年三十，渣滓洞全体难友举行了一个别开生面的联欢会。更令人高兴的是，地下党派人与他们取得了联系。敌人为了表示和谈的“诚意”，假意释放了一些政治犯，来自资本家家庭的共产党员刘思扬是其中之一。在他被送回刘公馆的第二天夜里一个自称姓朱的人潜入刘家，说他受区委书记李敬原的委派，前来了解刘思扬在狱中的表现，并要他详细汇报狱中地下党的情况。正当刘思扬对此人怀疑时，李敬原派人送来情报，揭穿了这个伪装特务郑克昌的真面目。刘思扬来不及转移，又被抓起来关进另一所监狱“白公馆”。郑克昌在诱骗刘思扬失败后，又伪装成同情革命的记者高邦晋打入渣滓洞，他妄图通过苦肉计刺探狱中地下党的秘密。余新江等人识破了他的伪装，并借敌人之手除掉了这个阴险的特务。

解放军日益逼近重庆，地下党准备组织狱中暴动。在白公馆装疯多年的共产党员华子良与狱中党组织联系上了。同时，关在地窖中的许云峰用手指和铁镣挖出了一条秘密通道。当解放军攻入四川，即将解放重庆的时候，徐鹏飞等狗急跳墙，提前秘密杀害了许云峰、江姐、成岗等人。就在许云峰等人被害的当天晚上，渣滓洞和白公馆同时举行了暴动。刘思扬等一些同志牺牲了，但更多的同志终于冲出了魔窟，伴随着解放军隆隆的炮声，去迎接黎明时分灿烂的曙光！

精彩摘录

抗战胜利纪功碑，隐没在灰蒙蒙的雾海里，长江、嘉陵江汇合处的山城，被浓云迷雾笼罩着。这个阴沉沉的早晨，把人们带进了动荡年代里的又一个年头。

在这变态繁荣的市区里，尽管天色是如此晦暗，元旦的街头，还是照例挤满了行人。

“卖报，卖报！《中央日报》！《和平日报》……”

赤脚的报童，在雾气里边跑边喊：“看1948年中国往何处去？……看美国原子弹军事演习，第三次世界大战即将爆发……”

卖报声里，忽然喊出这么一句：“看警备司令部命令！新年期间，禁止放爆竹，禁止放焰火，严防火警！”

在川流不息的人海里，一个匆忙走着的青年，忽然听到“火警！”的叫喊声，当他转过头来看时，报童已经不见了，只是在人丛中传来渐远渐弱的喊声：

“快看本市新闻，公教人员困年关，全家服毒，留下万言绝命书……”

这个匆忙走着的青年，便是余新江。今天，他没有穿工人服，茁壮的身上，换了一套干干净净的蓝布中山装，浓黑的眉下，深嵌着一对直视一切的眼睛。他不过二十几岁，可是神情分外庄重，比同样年纪的小伙子，显得精干而沉着。听了报童的喊声，他的眉头微微聚缩了一下，更加放快脚步，两条颇长的胳臂，急促地前后摆动着，衣袖擦着衣襟，有节奏地索索发响。不知是走热了，还是为了方便，他把稍长一点的袖口，挽在胳臂上，露出了一长截黝黑的手腕和长满茧巴的大手。

穿过这乱哄哄的街头，他一再让过喷着黑烟尾巴的公共汽车。这种破旧的柴油车，轧轧地颠簸着，发出刺耳的噪音，加上兜售美国剩余物资的小贩和地摊上的叫卖声，仓仓皇皇的人力车夫的喊叫声和满街行人的喧嚣声，使节日的街头，变成了上下翻滚的一锅粥。

余新江心里有事，急促地走着。可是，满街光怪陆离的景色，不断地闯进他的眼帘。街道两旁的高楼大厦，商场、银行、餐馆、舞厅、职业介绍所和生意畸形的兴隆的拍卖行，全都张灯结彩，高悬着“庆祝元旦”“恭贺新禧”之类的大字装饰。不知是哪一家别出心裁的商行带头，又出现了往年未曾有过的新花样：一条条用崭新的万元大钞接连成的长长彩带，居然代替了红绿彩绸，从雾气弥漫的一座座高楼顶上垂悬下来。有些地方甚至用才出笼的十万元大钞，来代替万元钞票，仿佛有意欢迎即将问世的百万元钞票的出台。也许商人算过账，钞票比红绿彩绸更便宜些？可惜十万元钞票的纸张和印刷，并不比万元的更大、更好，反而因为它的色彩模糊，倒不如万元的那样引人注目。微风过处，这些用“法币”做成的彩带满空飞舞，哗哗作响。这种奇特景象似乎并不犯忌，所以不像燃放爆竹和焰火那样，被官方明令禁止。

余新江不屑去看更多的花样，任那些“新年大贱卖，不顾血本!”“买一送一，忍痛牺牲!”的大字招贴，在凛冽的寒风中抖索。谁都知道，那些招贴贴出之前，几乎所有商品的价格标签上都增加了个“0”；而且，那些招贴的后面，谁知道隐藏着多少垂死挣扎、濒于破产的苦脸？

几声拖长的汽车喇叭，惊动了满街行人，也惊散了一群抢夺烟蒂的流浪儿童。这时，纪功碑顶上的广播喇叭里，一个女人的颤音，正在播唱：“好花不常开，好景不常在……”

余新江不经意地回头，只见一辆白色的警备车，飞快地驶过街心，后面紧跟着几辆同样飞驰的流线型轿车。轿车上插着星条旗，涂有显眼的中国字：“美国新闻处”。这些轿车，由全副武装的军警用警备车开路，驶向胜利大厦，去参加市政当局为“盟邦”举行的新年招待会。余新江冷眼望着一辆辆快速驶过身边的汽车，仿佛从车窗里看见了那些常到兵工厂去的美国人。这时，他忽然发现，最后一辆汽车高翘着的屁股上，被贴上了一张大字标语：“美国佬滚出中国去!”

"呸！"余新江向那汽车碾过的地方，狠狠地吐了一口痰，然后穿过闹市，继续朝前走。

他沉着地转过几条街，确信身后没有盯梢的"尾巴"，便向大川银行5号宿舍径直走去。这里是邻近市中心的住宅区，路边栽满树木，十分幽静，新年里街道上也很少行人。他伸手按按电铃，等了不久，黑漆大门缓缓地开了。一个穿藏青色哔叽西服的中年人，披了件大衣出现在门口。见了余新江，微微点头，让进去。关门以前，又习惯地望了望街头的动静。看得出来，这是个在复杂环境里生活惯了的人。

小小的客厅，经过细心布置，显得很整洁。小圆桌铺上了台布，添了瓶盛开的腊梅，吐着幽香；一些彩色贺年片和几碟糖果，点缀着新年气氛。壁上挂的单条，除原来的几幅外，又加了一轴徐悲鸿画的骏马。火盆里通红的炭火，驱走了寒气，整个房间暖融融的。这地方，不如工人简陋的棚户那样，叫余新江感到舒畅自由，但他也没有过多的反感。斗争是复杂的，在白色恐怖下的地下工作者，必须保护组织和自己，工作的需要，寓所的主人甫志高当然可以用这种生活方式来做掩护。余新江走向靠近窗口的一张半新的沙发，同时告诉主人说：

"老许叫我来找你。"

"是啊，昨晚上看见对岸工厂区起了火，我就在想……"甫志高挂好了大衣，一边说话，一边殷勤地泡茶。"你喜欢龙井还是香片？"

"都一样。"余新江不在意地回答着："我喝惯了冷水。"

"不！同志们到了我这里，要实行共产主义，有福同享！"

甫志高笑着，把茶碗递到茶几上。他注视着对方深陷的眼眶，轻轻地拍拍他的肩头："小余，一夜未睡吧？到底是怎样起火的？"

甫志高是地下党沙磁区委委员，负责经济工作。他关心和急切地询问工厂的情况，却使余新江心里分外难受。小余仿佛又看见了那场炽热的大火，在眼前毕毕剥剥地燃烧，成片的茅棚，被火焰吞没，熊熊的烈焰，映红了半边天。他一时没有回答，激动地端起茶碗，大口地呷着，像是十分口渴似的。

"别着急！"甫志高流露出一种早就胸有成竹的神情，宽解地说："工人生活上的困难，总可以设法解决的。老许的意思，需要多少钱？"

甫志高停了一下，又关切地问："你看报了吗？说是工人不慎失火！"他顺手拿起一张《中央日报》，指了指一条小标题，又把报纸丢开，"我看这里边另有文章！你说呢？小余。"

感言

《红岩》为我们塑造了一组革命英雄的群体形象。这些不同年龄、不同性别、不同经历、不同性格的共产党员和革命者，经过作者的精心刻画，都活灵活现地以各自的形貌出现在我们面前。江姐是作者着力刻画的一个主要人物，她对党忠贞，对敌斗争顽强不屈，在危急关头从容镇定，对革命同志血肉情深。在赴华蓥山途中，她看到城墙上悬挂着丈夫的头颅，虽然悲痛欲绝，但为了不暴露身份，仍旧镇定自若地去与双枪老太婆会面。在就义前，她平静地与战友们一一告别，亲吻“监狱之花”，梳理好头发，换上整洁的蓝旗袍，平整好衣服的皱痕，而后从容走向刑场。所有这一切，让人多么激动、崇敬、悲愤、感叹！

《红岩》里面都是一些真实的人和事，而这些人和事同一个年代、一个时代紧紧地结合在一起。“为免除下一代的苦难，我们愿把牢底坐穿”“失败膏黄土，成功济苍生”“毒刑拷打算得了什么？死亡也无法叫我开口”，而在这些思想当中，所实践的都是具体的人，而这些人都不是当时一些家庭条件困难、吃不饱饭、穿不暖衣的，都是一些青年知识分子，从小都有富裕的家庭生活和优越的生活条件。但是在自己的人生实践选择道路当中，他们投身于社会革命，为整个国家民族和大多数的利益进行实践，这崇高的理想促使我们去思考，人应该怎么去活着？人应该怎么去奋斗？人应该怎么去确定自己的价值取向？以及个人对国家对民族对社会，应该所尽的责任和承担的义务？

《红岩》里的人物原型——歌乐山的烈士们是一个奇特的英雄群体和文化群体，他们几乎人人会写诗。在那毛骨悚然的人间地狱里，他们拿起笔做刀枪，刺向黑暗的社会和凶残的敌人。“失败膏黄土，成功济苍生”“从来壮烈不贪生，许党为民万事轻”“愿以我血献后土，换得神州永太平”，那一首首铁窗下的心歌无不表现了烈士们对理想的执著追求与乐观主义精神。

先辈们用自己的生命实现了他们的理想，换来了我们的和平和幸福。现在他们都已没入历史的长河中，那剩下的，就是我们的责任，我们要将先辈们的精神一直一直延续下去，为生活的理想与理想的生活而不懈追求！

女神

—郭沫若—

品读之路

个性解放的赞歌　浪漫主义理想的狂飙

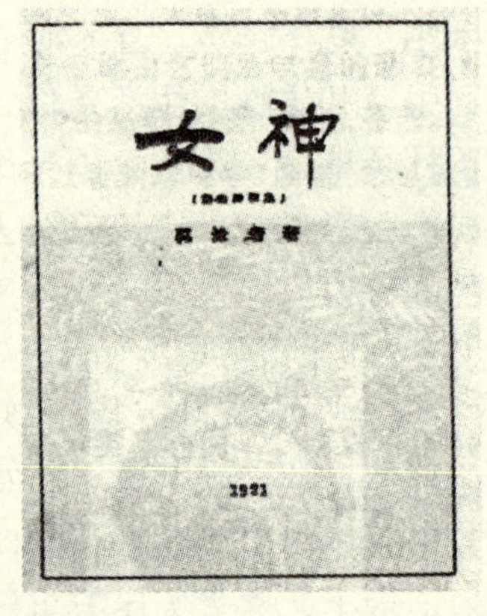

中国新诗是随着“五四”新文化运动和“诗界革命”而发展起来的。诗体解放事业，肇始于胡适，而完成于实践着“文学为人生”主张的文学研究会诸诗人。1921年以郭沫若为旗帜的创造社的成立，可谓“异军突起”，他们把目光投向“充满缺陷的人生”。假如说，首倡“诗体的大解放”的胡适和他的《尝试集》，可视为区分新旧诗的界限的话；那么，堪称新诗革命先行和纪念碑式作品的，则是郭沫若和他的《女神》。

《女神》运用神话题材、诗剧体裁、象征手法反映现实。其中《女神之再生》是象征着当时中国的南北战争。诗人说过：“共工象征南方，颛顼象征北方，想在这两者之外建设一个第三中国——美的中国。”不过，诗人早期的社会理想是模糊的。他曾说过：“在初自然是不分质的，只是朦胧地反对旧社会，想建立一个新社会。那新社会是怎样的，该怎样来建立，都很朦胧。”因此，女神要去创造新鲜的太阳，但仍是一个渺茫的创造，只是理想的憧憬，光明的追求。但在“五四”时期，它曾给了广大青年以力量的鼓舞。

《女神》的艺术风格是多样化的统一。激情如闪电惊雷，火山喷发；柔情如清风明月，涓涓流泉。而《女神》中的代表诗篇《天狗》的艺术风格当属前者。《天狗》写于郭沫若新诗创作的爆发期，正是青年郭沫若情感最炽烈的时刻。这首诗的风格是强悍、狂暴、紧张的。而《天狗》只是《女神》创作中诗人情感与艺术碰撞、融合、激溅出的一朵小小的浪花。《女神》创作想象之丰富奇特，抒情之豪放热烈堪称诗界一绝。它所具有的无与伦比的浪漫主义艺术色彩将是照彻诗歌艺术长廊的一束耀眼光芒；它的灼人的诗句就像喧嚣着的热浪，轰鸣着狂飙突进的"五四"时代的最强音。

作者郭沫若（1892—1978），原名郭开贞，为我国著名的科学家、文学家、考古学家、思想家、革命活动家、诗人。生于四川乐山沙湾，幼年入家塾读书，1906年入嘉定高等学堂学习，开始接受民主思想。1914年春赴日本留学，这个时期接触了泰戈尔、歌德、莎士比亚、惠特曼等外国作家的作品。1918年春写的《牧羊哀话》是他的第一篇小说。1918年初夏写的《死的诱惑》是他最早的新诗。1919年"五四"运动爆发，他在日本福冈发起组织救国团体夏社，投身于新文化运动，写出了《凤凰涅槃》《地球，我的母亲》《炉中煤》等诗篇。1921年6月，他和成仿吾、郁达夫等人组织创造社，编辑《创造季刊》。从事新文学运动这一时期的代表作诗集《女神》摆脱了中国传统诗歌的束缚，充分反映了"五四"时代精神，在中国文学史上开一代诗风，是当代最优秀的革命浪漫主义诗作。

作品概览

《女神》是中国第一部新诗集。收入郭沫若1919年到1921年之间的主要诗作。连同序诗共57篇。多为诗人留学日本时所作。其中代表诗篇有《凤凰涅槃》《女神之再生》《炉中煤》《日出》《笔立山头展望》《地球，我的母亲!》《天狗》《晨安》《立在地球边上放号》等。在诗歌形式上，突破了旧格套的束缚，创造了雄浑奔放的自由诗体，为"五四"以后自由诗的发展开拓了新的天地，成为中国新诗的奠基之作。今有人民文学出版社1957年本，后又重印多次。

首先，在内容上，《女神》体现出强烈的时代精神。《女神》的时代精神，首先表现为强烈地要求冲破封建藩篱，彻底地破坏和扫荡旧世界的反抗精神。《女神》的主人公是一个大胆地反抗封建制度、封建思想的叛逆者，一个追求个性解放，要求尊崇自我的战斗者。《天狗》中"我"所喊出的似是迷狂状态的语言，正是猛烈破坏旧事物的情绪的极好表现。这种情绪是与"五四"时期思想解放的大潮流相一致的。因此，诗中的"我"是时代精神的代表者。

《炉中煤》以煤自喻，表示甘愿为祖国贡献出全部的光和热，《棠棣之花》《凤凰涅槃》《女神之再生》等作品都是以自我献身的形式表现出强烈的爱国主义精神。"五四"运动本身就是一场反帝爱国的政治运动，这场运动所激发起来的中国人民的爱国激情，通过诗的形式被反映在《女神》之中了。

《女神》的进取精神，是在感受了新的革命世纪到来的气息所产生的不可抑止的欢欣情绪，也是对前途充满信心的表现。所以，《女神》中最有代表性的作品都是对光明、对力量的歌颂，色彩明亮，声调高亢，气势磅礴。《太阳礼赞》表达了诗人对新生太阳的激情；《立在地球边上放号》歌唱了把地球推倒的伟力；《晨安》的兴奋之情更明显，一气喊出二十七个"晨安"，把自我与世界贯通，表现了一代新青年的宏大气魄；《笔立山头展望》等作品也都表现出求新弃旧的进取心。

其次，在形式上，《女神》开创了一种诗歌的新格式。《女神》实践了郭沫若自己关于"绝端的自由，绝端的自主"的创作主张，使诗的形式得到了完全的解放。《女神》不追求任何一种固定的现有的格式，任凭感情驰骋，自然流露，依据内在的感情节奏，自然地形成诗的韵律。它的五十余首诗，每首诗都是一种新的格式。《天狗》诗句短促；《立在地球边上放号》有一种割不断的绵绵情意，正好适合表现眷念之情；《凤凰涅槃》的诗句参差不齐，长短并用，富于变化，或长吁，或短唱，节奏感十分强烈，表现出一种悲壮气氛。

再次，在修辞手法上，《女神》常使用比喻、象征的手法，借助某一形象来寄托、抒发自己的感情，使感情能够得到淋漓尽致的表达，这是郭沫若诗歌浪漫主义的主要特征。在《女神》中，无论是古代神话、历史故事中的人物，还是人格化的自然景色，其形象的选择都十分巧妙、恰当、新颖，与要表达的感情内容相一致，山岳海洋，日月星辰，风云雷电，也都唱的是

“郭沫若之歌”。《天狗》用民间传说中天上破坏者的形象来表现对世界的反叛和破坏情绪，《炉中煤》用受压于地下的、乌黑低贱的“黑奴”——煤的形象来表现劳苦者的爱国之情，十分新颖而恰当。

最后，在创作风格上，《女神》的豪放风格可以说是新诗中豪放派的先驱。在《女神》中虽也有“丽而不雄”的风格的作品，但能代表《女神》特色的，是惠特曼式的“雄而不丽”的风格。它的想象新奇，语言粗犷，气势磅礴，声调激越，笔调恣肆。它的美是一种壮美，男性的阳刚之美。

精彩摘录

〔女神之一〕

自从炼就五色彩石
曾把天孔补全，
把黑暗驱逐了一半
向那天球外边；
在这优美的世界当中，
吹奏起无声的音乐雝融。
不知道月儿圆了多少回，
照着这生命底音波吹送。

〔女神之二〕

可是，我们今天的音调，
为什么总是不能和谐？
怕在这宇宙之中，
有什么浩劫要再！——
听呀！那喧嚷着的声音，
愈见高，愈见逼近！
那是海中的涛声？空中的风声？
可还是——罪恶底交鸣？

〔女神之三〕

刚才不是有武夫蛮伯之群

打从这不周山下经过？
说是要去争做什么元首……
哦，闹得真是过火！
姊妹们呀，我们该做什么？
我们这五色天球看看要被
震破！
倦了的太阳只在空中睡眠，
全也不吐放些儿炽烈的光波。

〔女神之四〕

我要去创造些新的光明，
不能再在这壁龛之中做神。

〔女神之五〕

我要去创造些新的温热，
好同你新造的光明相结。

〔女神之六〕

姊妹们，新造的葡萄酒浆
不能盛在那旧了的皮囊。
为容受你们的新热、新光，
我要去创造个新鲜的太阳！

故事

郭沫若的《女神》和他的爱情故事

诗人写诗，多有玫瑰梦，郭沫若写《女神》也如此。《女神》是郭沫若的第一部诗集，也是我国现代文学史上第一部最具影响力的新诗集。《女神》共收诗歌56首，于1921年8月出版。最早的作品写于1916—1917年，其中大部分则写于1919—1920年。这期间发生了他与日本女子安娜的一段恋情。

郭沫若于1914年到日本留学，初入东京第一高等学校预科，翌年升入冈山第六高等学校，1918 年考入福冈九州帝国大学医科。在日本的几年中，郭沫若接触了泰戈尔、海涅、惠特曼、雪莱、歌德的作品和荷兰哲学家斯宾诺沙的著作，受到了他们的诗歌创作和泛神论思想的影响。当时正值“五四”运动爆发之前，国内反帝反封建运动正在勃起，冲破封建束缚，追求个性自由和解放的思想也深深感染着旅居日本的郭沫若。然而，最初激发起郭沫若写诗欲望的却是他和安娜的一段恋爱。郭沫若在 1912 年曾遵父母之命在四川老家结了婚，不久便出了国。1916 年 8 月，郭沫若的朋友陈龙骥因患肺病，在医院医治，不愈而亡。陈治病期间，郭曾前去探视照料。陈死后，郭沫若到圣路加医院去取一张 X 光片子，接待他的是一位名叫安娜的护士，她眉宇之间有一种不可名状的洁光，使郭沫若肃然起敬。安娜说，待她把 X 光片找出来后就给他寄去。一月之后，郭沫若收到了安娜寄来的 X 光片，还写了一封英文的长信，安慰郭沫若，说了不少宗教中关于忍受的教训，使郭沫若深受感动。从那时起郭与安娜便时常通信。随着彼此了解的加深，逐渐热恋起来。《女神》中所收的《新月与白云》《死的诱惑》《别离》《维奴司》等都是先后为安娜而写的。诗人在《新月与白云》中写道：月儿呀！你好像把镀金的镰刀/你把这海上的松树砍倒了/哦，我也被你砍倒了！白云呀/你是不是解渴的凌冰/我怎得把你吞下喉去/解解我火一样的焦心……年轻的诗人借月光、白云等自然景物，抒发其爱情的烦恼和焦灼，这种清新的格调和表达感情的方式与泰戈尔的一些诗作很是相像，而郭沫若写的《死的诱惑》则看得出是受着海涅的影响。

魏建编著的《郭沫若自传》可见到他这段爱情的始末。书中说，1912 年的春节刚过，郭沫若遵父母之命在四川老家结婚了。那年中国改叫“中华民国”，不是大清朝了，但在老百姓那里，一切还是旧的。那时候决定婚姻的关键不是感情基础，更不是爱情，而是“父母之命，媒妁之言”。郭沫若也一样，结婚前他与自己未来的妻子从没见过面。当一对陌生的新人进入洞房，坐在一张牙床上，喝完交杯酒，两人要见面了。郭沫若想马上看到，又怕失望，在别人的指导下，渐渐地掀开新娘盖头……郭沫若心中大叫一声“糟糕！”没有再看下去。不过，无奈也好，痛苦也罢，两人毕竟有了夫妻之实。郭沫若的原配妻子叫张琼华。1916 年夏天。在日本留学的郭沫若从他上学的冈山来到东京一家医院，看望他的一个好朋友，也是他的四川同乡。他的好朋友不治而亡。在这里，郭沫若认识了在这家医院学习的日本学员佐藤富子。两人在无意之间相遇，就被对方所吸引，留下深刻的印象。他们相爱后，郭沫若给佐藤富子取名叫安娜，他们冲破了家庭的阻力，生活到了一起。在一起生活了25年后，1937年，郭沫若离开了安娜，离开了日本，回到中国，参加抗战。郭沫若回国后，认识了于立群。于立群青春貌美，充满活力而又矜持，热情又不轻浮，再次唤起了郭沫若爱的激情。很快他就与于立群组成了新的家庭。1948年秋天，郭沫若、于立群和他们的五个孩子正在香港。一天，安娜带着两个儿女突然出现在郭沫若面前，郭沫若大吃一惊。安娜望着日夜思念的丈夫，害怕这又一场梦和梦醒后的惆怅。她目不转睛地瞧着他，当目光的余波扫及挨个像排队似的五个孩子和他们偎依着的母亲时，她明白自己日夜焦虑的事情还是发生了，眼下是多么尴尬的场面。最让人尊敬的则是安娜的理智。安娜原是一名基督教徒，经过前思后想，终于决定牺牲自己，不再把痛苦转嫁给心爱的丈夫！

社会主义从空想到科学的发展

—恩格斯—

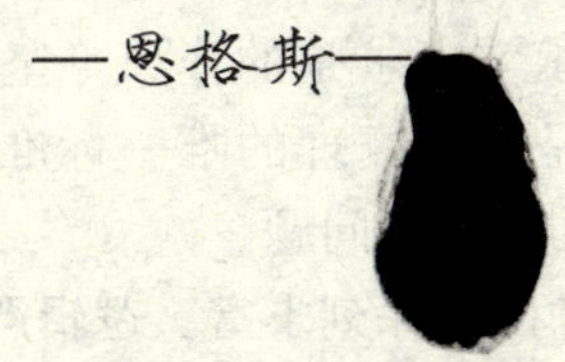

品读之路

科学社会主义的诞生　人类社会理想的灯塔

在《社会主义从空想到科学的发展》一书中，恩格斯评价了三大空想社会主义者的学说，简述了辩证法的发展过程和唯物辩证法产生的意义，并指出了唯物史观的创立具有重大意义。恩格斯运用唯物史观的基本原理，阐明了科学社会主义是资本主义矛盾和冲突在工人阶级头脑中的反映，资本主义的矛盾和冲突是科学社会主义产生的物质经济根源。恩格斯揭示了资本主义社会的基本矛盾，在于生产的社会化和生产资料的资本主义私人占有之间的矛盾以及资本主义垄断组织的形成与社会主义革命的关系。

恩格斯在深刻分析资本主义生产力和生产关系矛盾运动的基础上，阐述了资本主义必然灭亡和社会主义必然胜利的客观规律，并分析了社会主义革命的根本途径和依靠力量；描绘了未来新社会的基本特征。

社会主义由空想发展为科学，这无疑是社会主义学说史上的一个最重大的贡献，不仅在当时产生了重大的社会效应，即使在当代，也具有相当重要

的现实意义，特别是方法论上的意义。但是，时过境迁，随着时代的向前演进，当代的资本主义和社会主义都发生了深刻变化。这些变化是当时恩格斯不可能预见到的，因此在其学说中也不可能体现出来的。在这样的情况下，我们应当辩证地看待恩格斯的一些观点，应当秉承实事求是的作风，坚持一切从实际出发，用实践是检验真理的唯一标准的办法来解决当代中国出现的一系列问题。

科学社会主义是一种内容深刻丰富、逻辑严密和在实践中不断地与时俱进的科学真理。只要马克思恩格斯所揭示的资本主义社会的基本矛盾依然存在，只要他们提出的无产阶级和人类解放的任务还没有完成，科学社会主义就具有不容抹杀的现实性和重大指导意义。因此，我们必须承认，科学社会主义是颠扑不破的真理。我们深信，社会主义将在历史的长河中破浪前行，将最终战胜资本主义。

弗里德里希·冯·恩格斯（Friedrich Von Engels，1820—1895）是德国思想家、哲学家、革命家，全世界无产阶级和劳动人民的伟大导师，马克思主义的创始人之一。恩格斯是卡尔·马克思的挚友，被誉为“第二提琴手”，他为马克思从事学术研究提供了大量经济上的支持。在马克思逝世后，他将马克思的大量手稿、遗著整理出版，并且成为国际工人运动众望所归的领袖。

1880年夏，应法国工人党领导人拉法格的要求，把《反杜林论》中的某些章节改编为《空想社会主义和科学社会主义》（即《社会主义从空想到科学的发展》）。这本被马克思称为“科学社会主义入门”的小册子，对普及马克思主义基本理论起了重要作用。

作品概览

《社会主义从空想到科学的发展》全书共三章，分别阐述了空想社会主义是科学社会主义的直接思想来源、唯物史观和剩余价值学说两大发现使社会主义从空想变成了科学，以及科学社会主义的基本原理等丰富的内容。

科学社会主义的直接思想来源

本书第一章的开头就指出，现代社会主义学说的产生，是有其社会经济根源和思想理论来源的。“同任何新的学说一样，它必须首先从已有的思想材料出发，虽然它的根子深深扎在物质的经济的事实中。”恩格斯在这里揭示了一个具有普遍意义的重要原理，这就是：任何时代具有重要价值的思想理论，都是那个时代社会经济发展的产物，同时也都是在继承前人已有的思想材料和理论成果的基础上产生的。

在《社会主义从空想到科学的发展》第一章中，恩格斯论述了三大空想社会主义者的学说产生的历史条件及其思想理论贡献。三大学说是在资本主义生产方式的矛盾、无产阶级与资产阶级的对立已有所暴露而又很不发展的历史条件下产生的。他们已经敏锐地觉察到了资本主义制度的严重弊病和不合理性，对人们深感失望的现实制度进行了猛烈的抨击，企图建立一个符合理性和正义要求的新社会。他们在社会主义思想发展史上作出的重要贡献，一是深刻揭露和无情批判资本主义制度的弊端与罪恶，提供了启发工人阶级觉悟和研究资本主义的极为宝贵的材料；二是在他们的社会历史观中包含着唯物主义和辩证法因素，以及对未来社会的某些天才预测，为唯物史观的形成和科学社会主义的创立做好了准备。

但是，19 世纪三大空想社会主义者的理论有着明显的缺陷。他们只是揭露和抨击资本主义社会的弊端，但没有能够进一步洞察资本主义的本质，把握社会发展的客观规律；他们像启蒙学者一样，认为理性是现存事物的唯一裁判，把社会主义看成理性、正义的体现，只有天才人物才能认识、发现它，而不是能够从资本主义社会基本矛盾的运动中被发现的历史必然性；他们仅仅把无产阶级看成“受苦的阶级”与同情的对象，而不是实现破旧创新的社会力量；他们寄希望于社会上层和富人，以为通过宣传、呼吁、试验就可以实现社会主义理想，因而没有找到实现社会理想的正确道路。

“为了使社会主义变为科学，就必须首先把它置于现实的基础之上。”本书第一章结尾的这个重要论断，是上述分析的逻辑顺理成章得出的结论。恩格斯的这个点睛之笔，一语道破了社会主义从空想转变到科学的关键。我们必须弄清楚空想社会主义和科学社会主义的含义和原则区别，切忌望文生义地妄加推演或解释。

两个伟大发现使社会主义成了科学

本书第二章论述的是，马克思、恩格斯在批判继承人类思想文化优秀成果的基础上，实现了哲学、经济学的革命性变革，创立了唯物史观和剩余价值学说。正是由于这两个伟大发现，社会主义就被置于现实的基础之上，走出乌托邦的荒原而变成了科学。唯物史观和剩余价值学说是科学社会主义的两大理论基石。

恩格斯在本书第二章里和第三章的开头，对唯物史观的基本内容作了两处概括性表述。他指出："以往的全部历史，除原始状态外，都是阶级斗争的历史；这些互相斗争的社会阶级在任何时候都是生产关系和交换关系的产物，一句话，都是自己时代的经济关系的产物；因而每一时代的社会经济结构形成现实基础，每一个历史时期的由法的设施和政治设施以及宗教的、哲学的和其他的观念形式所构成的全部上层建筑，归根到底都应由这个基础来说明。""唯物主义历史观从下述原理出发：生产以及随生产而来的产品交换是一切社会制度的基础；在每个历史地出现的社会中，产品分配以及和它相伴随的社会之划分为阶级或等级，是由生产什么、怎样生产以及怎样交换产品来决定的。所以，一切社会变迁和政治变革的终极原因，不应当到人们的头脑中，到人们对永恒的真理和正义的日益增进的认识中去寻找，而应当到生产方式和交换方式的变更中去寻找；不应当到有关时代的哲学中去寻找，而应当到有关时代的经济中去寻找。

唯物史观是怎样使社会主义从空想变为科学的呢？具体地说：第一，唯物史观关于社会基本矛盾的学说，揭示了社会生产力是人类全部历史的基础，生产力与生产关系的矛盾运动构成了社会发展的内在动因，一切社会变革都来自生产方式的变化，从而科学地论证了社会主义代替资本主义是现代生产力发展的客观要求，是资本主义社会基本矛盾运动的必然结果，批判和纠正了空想社会主义者仅仅从抽象的理性、正义原则谴责资本主义制度的缺陷。第二，唯物史观关于阶级斗争是阶级社会发展的直接动力的学说，提出了从经济关系和阶级关系中去寻找解决社会冲突的途径，指明了变革资本主义制度的正确道路，社会主义乃是无产阶级反对资产阶级斗争的必然结局，批判和纠正了空想社会主义者从头脑中构思社会改革的蓝图、寄希望于统治者发善心、以和平方式实现社会主义的幻想。第三，唯物史观关于人民群众是历史创造者的学说，指明历史活动是群众的事业，无产阶级和劳动群众是改造旧世界、建设新世界的社会主体和动力，能够而且必须依靠自己的力量去解放自己和全人类，批判和纠正了空想社会主义者把无产阶级仅仅看成一个受苦受难的人群，而把历史进步和社会更替的希望寄托在个别天才人物出现的理论局限性。

恩格斯还论述了剩余价值学说的创立及其意义。以往的社会主义固然批判了资本主义生产方式的罪恶，但是不能揭露这种罪恶的经济根源；他们激烈地反对资本主义对工人阶级的剥削，却搞不明白这种剥削是怎么回事，它是怎样产生的。马克思运用唯物史观，分析了资本主义生产关系和经济运动的规律，发现了剩余价值，彻底揭穿了资本主义剥削的实质。原来在资本主义制度下，工人用自己出卖的劳动力创造出来的价值量，要比工人以工资形式从资本家那里得到的价值量大得多；这个大出来的部分就是被资本家无偿占有的剩余价值。随着资本主义的发展，资产阶级占有的剩余价值越来越多，这就形成一极是资产阶级的财富不断积累增值，一极是无产阶级日益贫困化的局面，无产阶级和资产阶级的矛盾日益加剧，而这种矛盾斗争必然导致无产阶级革命和无产阶级专政。恩格斯指出："这个问题的解决是马克思著作的划时代的功绩。它使明亮的阳光照进了经济学领域，而在这个领域中，从前社会主义者像资产阶级经济学家一样曾在深沉的黑暗中摸索。科学社会主义就是以此为起点，以此为中心发展起来的。"概括起来说，剩余价值学说揭开了资本剥削劳动的秘密，阐明了无产阶级和资产阶级矛盾对立的经济根源，指明了资本主义制度的本质和必然灭亡的趋势，找到了推翻资本主义、实现社会主义这一伟大历史使命的承担者，从而为科学社会主义提供了系统的经济学论证。

唯物史观和剩余价值学说这两个伟大的发现，使社会主义奠定在坚实的科学理论基础之上而传之于后世。一百多年以后的今天，这些宝贵的思想财富并没有过时，仍然是我们共产党人——科学社会主义的实践者和传人手中锐利的思想武器。我们一定要认真学习掌握唯物史观和剩余价值学说的科学内容与精髓，用以观察分析世界格局和发展趋势，制定相应的战略方针和对策。一切轻视、嘲弄、曲解、攻击唯物史观和剩余价值学说的思想言论，不论来自何方，都是错误和有害的，必须加以识别，予以抵制、纠正和批判。

社会主义代替资本主义的历史必然性

在本书的第三章中，恩格斯深入分析了资本主义的基本矛盾及其发展过程，论证了社会主义代替资本主义的历史必然性，预测了未来新社会的基本经济特征，阐述了无产阶级的伟大历史使命和科学社会主义学说的根本任务。这一章的内容是马克思主义理论中最重要的部分。

恩格斯深刻地分析了资本主义的基本矛盾，即生产的社会化和资本主义私人占有之间的矛盾。生产的社会化是资本主义生产区别于以往时代生产活动的一个显著特点，是人类社会的一种巨大进步，但这是在资本主义私人占有制的基础上实现的。和以往简单商品生产的条件下不同的是，现在的私人占有者已不是那些真正使用生产资料和真正生产出产品的劳动者，而是把社会化的生产资料集中在自己手里、不劳而获、占有了别人劳动产品的资本家。这样，生产的社会化便与资本主义的私人占有之间发生了对抗性的矛盾，这是生产力与生产关系的矛盾在资本主义制度下的具体表现，这个矛盾“已经包含着现代的一切冲突的萌芽”。随着资本主义生产方式越是占统治地位，“社会的生产和资本主义占有的不相容性，也必然越加鲜明地表现出来”。

恩格斯正是抓住了这个基本矛盾，对资本主义社会经济运动过程和阶级关系状况进行深入的考察，得出了社会主义公有制必将取代资本主义私有制的科学结论。第一，资本主义生产方式在它生而具有的基本矛盾的两种表现形式中毫无出路地运动着：一是在阶级关系上，表现为“无产阶级和资产阶级的对立”；二是在生产上，表现为“个别工厂中生产的组织性和整个社会中生产的无政府状态的对立”。第二，资本主义基本矛盾的发展必然导致经济危机。竞争和社会生产的无政府状态促使资本家不断改进机器和扩大生产规模，结果是机器排挤了工人，进一步加深了劳动者的贫困化，市场的扩张赶不上生产的扩张，生产无限扩大和劳动群众购买力相对缩小的矛盾，造成了生产的相对过剩和经常的比例失调，导致了经济危机。经济危机是资本主义制度的必然产物和伴侣。第三，资本主义经济危机周期性爆发，差不多每隔十年重复一次，正是资本主义基本矛盾恶性循环的结果。危机使生产力遭到巨大破坏，给无产阶级和劳动人民带来极大的灾难和痛苦，引起了阶级斗争的尖锐化。经济危机的发生表明，“资本主义生产方式暴露出自己无能继续驾驭这种生产力”，“这种生产力本身以日益增长的威力要求消除这种矛盾，要求摆脱它作为资本的那种属性，要求在事实上承认它作为社会生产力的那种性质”。因此，废除资本主义私有制，建立社会主义公有制，实现生产资料和产品的社会占有，便成为现代生产力发展和生产社会化的必然要求。第四，无产阶级革命将导致矛盾的解决：“无产阶级将取得国家政权，并且首先把生产资料变为国家财产。”“通过这个行动，无产阶级使生产资料摆脱了它们迄今具有的资本属性，使它们的社会性有充分的自由得以实现。”

恩格斯在本书最后的结语中概括地指出：科学社会主义是“无产阶级运

动的理论表现"，它的任务就是考察"解放世界"这一伟大事业的历史条件和性质，从而使无产阶级认识到自己的行动的条件和性质。因为"完成这一解放世界的事业，是现代无产阶级的历史使命"。学习恩格斯这本科学社会主义的入门书，可以帮助我们从掌握社会历史发展规律的高度，坚定共产主义理想信念，增强建设中国特色社会主义的自觉性。

精彩摘录

当我们深思熟虑地考察自然界或人类历史或我们自己的精神活动的时候，首先呈现在我们眼前的，是一幅由种种联系和相互作用无穷无尽地交织起来的画面，其中没有任何东西是不动的和不变的，而是一切都在运动、变化、生成和消逝。所以，我们首先看到的是总画面，其中各个细节还或多或少地隐藏在背景中，我们注意得更多的是运动、转变和联系，而不是注意什么东西在运动、转变和联系。这种原始的、素朴的但实质上正确的世界观是古希腊哲学的世界观，而且是由赫拉克利特最先明白地表述出来的：一切都存在，而又不存在，因为一切都在流动，都在不断地变化，不断地生成和消逝。但是，这种观点虽然正确地把握了现象的总画面的一般性质，却不足以说明构成这幅总画面的各个细节；而我们要是不知道这些细节，就看不清总画面。为了认识这些细节，我们不得不把它们从自然的或历史的联系中抽出来，从它们的特性、它们的特殊的原因和结果等等方面来分别地加以研究。这首先是自然科学和历史研究的任务；而这些研究部门，由于十分明显的原因，在古典时代的希腊人那里只占有从属的地位，因为他们首先必须为这种研究搜集材料。只有当自然和历史的材料搜集到一定程度以后，才能进行批判的整理和比较，或者说进行纲、目和种的划分。因此，精确的自然研究只是在亚历山大里亚时期的希腊人那里才开始，而后来在中世纪由阿拉伯人继续发展下去；可是，真正的自然科学只是从15世纪下半叶才开始，从这时起它就获得了日益迅速的进展。把自然界分解为各个部分，把各种自然过程和自然对象分成一定的门类，对有机体的内部按其多种多样的解剖形态进行研究，这是最近400年来在认识自然界方面获得巨大进展的基本条件。但是，这种做法也给我们留下了一种习惯：把自然界中的各种事物和各种过程孤立起来，撇开宏大的总的联系去进行考察，因此，就不是从运动的状态，而是从静止的状态去考察；不是看作本质上变化的东西，而是看作永恒不变的东西；不是从活的状态，而是从死的状态去考察。这种考察方法被培根和洛克从自然科学中移植到哲学中以后，就造成了最近几个世纪所特有的局限性，即形而上学的思维方式。

形而上学的思维方式，虽然在依对象的性质而展开的各个领域中是合理的，甚至必要的，可是它每一次迟早都要达到一个界限，一超过这个界限，它就会变成片面的、狭隘的、抽象的，并且陷入无法解决的矛盾，因为它看到一个一个的事物，忘记它们互相间的联系；看到它们的存在，忘记它们的生成和消逝；看到它们的静止，忘记它们的运动；因为它只见树木，不见森林。例如，在日常生活中，我们知道并且可以肯定地说，某一动物存在还是不存在；但是，在进行较精确的研究时，我们就发现，这有时是极其麻烦的事情。这一点法学家们知道得很清楚，他们为了判定在子宫内杀死胎儿是否算是谋杀，曾绞尽脑汁去寻找合理的界限，结果总是徒劳。同样，要确定死亡的那一时刻也是不可能的，因为生理学证明，死亡并不是突然的、一瞬间的事情，而是一个很长的过程。同样，任何一个有机体，在每一瞬间都是它本身，又不是它本身；在每一瞬间，它同化着外界供给的物质，并排泄出其他物质；在每一瞬间，它的机体中都有细胞在死亡，也有新的细胞在形成；经过或长或短的一段时间，这个机体的物质便完全更新了，由其他物质的原子代替了，所以，每个有机体永远是它本身，同时又是别的东西。在进行较精确的考察时，我们也发现，某种对立的两极，例如正和负，是彼此不可分离的，正如它们是彼此对立的一样，而且不管它们如何对立，它们总是互相渗透的；同样，原因和结果这两个概念，只有应用于个别场合时才适用；可是，只要我们把这种个别的场合放到它同宇宙的总联系中来考察，这两个概念就联结起来，消失在关于普遍相互作用的观念中，而在这种相互作用中，原因和结果经常交换位置；在此时或此地是结果的，在彼时或彼地就成了原因，反之亦然。

唯物主义历史观从下述原理出发：生产以及随生产而来的产品交换是一切社会制度的基础；在每个历史地出现的社会中，产品分配以及和它相伴随的社会之划分为阶级或等级，是由生产什么、怎样生产以及怎样交换产品来决定的。所以，一切社会变迁和政治变革的终极原因，不应当到人们的头脑中，到人们对永恒的真理和正义的日益增进的认识中去寻找，而应当到生产方式和交换方式的变更中去寻找；不应当到有关时代的哲学中去寻找，而应当到有关时代的经济学中去寻找。对现存社会制度的不合理性和不公平、对“理性化为无稽，幸福变成苦痛”的日益觉醒的认识，只是一种征兆，表示在生产方法和交换形式中已经不知不觉地发生了变化，适合于早先的经济条件的社会制度已经不再同这些变化相适应了。同时这还说明，用来消除已经发现的弊病的手段，也必然以或多或少发展了的形式存在于已经发生变化的生产关系本身中。这些手段不应当从头脑中发明出来，而应当通过头脑从生产的现成物质事实中发现出来。

故事

恩格斯生平

恩格斯是卡尔·马克思的挚友，哲学家，马克思主义者的创始人之一，被誉为“第二提琴手”，他为马克思提供了大量经济支持，在马克思逝世后，帮助马克思完成了未完成的《资本论》等著作，并且领导国际工人运动。

1820 年 11 月，恩格斯诞生于普鲁士王国莱茵省巴门市（今乌培塔尔市）。先祖是犹太人。父亲是工厂主，虔诚的基督徒。母亲心地善良，遵守礼教，喜爱文学和历史。1837 年，被父亲命令从中学辍学，到营业所学习其厌恶的经商。

1838 年 8 月，在父亲的安排下去不来梅当办事员。在这个自由和民主思潮澎湃的城市，成为一个民主主义者，同青年德意志运动发生联系。1839 年春，在该派机关刊物《德意志电讯》发表《乌培河谷来信》。1841 年 9 月，他到柏林服兵役，业余时间去柏林大学听哲学讲课。很快成了青年黑格尔派中的积极分子。

1842 年深秋，恩格斯来到英国曼彻斯特的欧门——恩格斯纺织厂当总经理。曼彻斯特是英国宪章运动中心。在那里他开始真正深入工人阶级的生活。并且在这段时间，认识了还是莱茵报主编的马克思。1843 年冬天，恩格斯认识了爱尔兰工人姑娘玛丽·伯恩斯。不久后，两人开始同居。1845 年2 月，马克思举家迁往布鲁塞尔。几个月后，恩格斯迁到布鲁塞尔帮助困境中的马克思。

1846 年 8 月，和马克思共同完成了《德意志意识形态》。1847 年他们改组正义者同盟，使之成为第一个国际共产主义组织——“共产主义者同盟”。翌年 2 月出版《共产党宣言》。

1848 年年欧洲革命爆发。德国三月革命爆发后，他们回国参加革命斗争。4 月受同盟委托组织出版革命运动的战斗机关报《新莱茵报》。恩格斯亲身参加了南德和爱北斐特地区保卫革命成果的几次激烈战斗，显示出卓越的军事才能。

1850年前后，民主革命失败。恩格斯和马克思被普鲁士政府压迫。经济拮据，恩格斯决定暂时回曼彻斯特纺织厂工作，以便继续资助马克思，一待就是20年。期间他和马克思以书信来往，并在多份报纸上发表评论。并且进行涉及各个方面的研究，主要包括自然科学和军事。他在《德国的革命与反革命》一书中，总结历史经验，提出革命是社会进步和政治进步的动力，起义是一种艺术。他为纽约《美国新百科全书》写了《军队》《步兵》《炮兵》等59个条目，涉及军队建设、装备发展、作战指挥、筑城、炮兵、海军等范围十分广泛的问题。他在《纽约每日论坛报》《新奥德报》《新闻报》《曼彻斯特卫报》和《派尔－麦尔新闻》等多种报纸上发表了关于克里木战争、意大利战争、美国内战、普奥战争和普法战争等的评论文章和其他军事论文。

他被公推为军事权威。此时他的语言才能也达到了炉火纯青的地步：可以阅读和运用12种不同的语言文字。

1869年7月，恩格斯终于从商人生涯中摆脱。1870年10月，移居伦敦，与马克思再度相聚。

1878年，《反杜林论》这部马克思主义百科全书式的著作问世。

恩格斯重视总结自然科学的新成就，从1873年开始对自然辩证法的研究，写了许多札记和片断。其中《劳动在从猿到人转变过程中的作用》一文，科学地解决了人类起源的理论问题。

1883年，马克思去世。《资本论》只出了第一卷，剩下的只是一些字迹潦草的手稿。此时恩格斯正在整理其持续10年来累积的有关自然辩证法的研究记录，但他马上停下手中的工作，整理《资本论》剩下的手稿。经过他12年的努力，《资本论》第二、三卷分别在1885年和1894年出版。

1895年8月6日，患有晚期食道癌的恩格斯逝世。10日，人们在威斯敏斯特桥的滑铁卢车站大厅为他举行了追悼会。27日，遵照他的遗嘱，他的骨灰被撒在伊斯勃恩海湾。

第二部　道德与修养

君子之行，静以修身，俭以养德，非淡泊无以明志，非宁静无以致远。道德是一种准则，是人们共同建立起来的一种有普遍约束力的观念。修养是一种习惯，是个人潜移默化形成的，非强制、非约束性质的个人素养。按照中国儒家的说法，道德就是我们依照自身的先天具有，亦即天赋的内在德性自然而然形成的，比如仁、义、礼、智、信，而修养则是指我们当在日常生活之中，不断地反省自己、敦促自己，使自己的言语行事尽量地符合我们的内在德性，尽最大可能地使自己成为一个有道德的人。因此可以理解为，道德是公共修养，是公众评价准则；修养是个人道德对公众准则的实践。

一个道德缺失的社会，无以治国、齐家、平天下；一个道德缺失的人，永远也得不到真正的成功。《论语》有云："吾日三省吾身。"这是儒家所强调的修养工夫。宋明儒所谓"进学在致知，涵养须用敬"，这也是修养工夫。列夫·托尔斯泰告诫世人："必须把他的全部力量用于努力改善自身，而不能把他的力量浪费在任何别的事情上。"欲修其身者，先正其心；欲正其心者，先诚其意。

静下心来品读经典是修身之必备。本篇章在此选取了古今中外有代表性的明德修身佳作10篇，以共勉。《道德经》用短短五千字悟道天、地、人的规律；《平凡的世界》教会我们"芝兰生于幽林，不以无人而不芳；君子修道立德，不为穷困而改节"的自尊和上进；《没有任何借口》是一种人生的态度、职业的态度、高职生应有的态度；《胡适文存》让自由的思想在学术的天空翱翔，成功不必在我，而功力必不唐捐；《菜根谭》用三教真理的结晶，万古不易的宝训告诫我们人要嚼得菜根，则百事可成；《伊索寓言》用小故事、大道理，启迪人生；《苏菲的世界》带我们进入一个智慧世界、梦想世界、哲学世界；《泰戈尔诗选》是一幅优美的画，一首动人的歌，一座精神世界的灯塔；《果壳中的宇宙》不仅因为霍金的故事感动我们，也因为科学的魅力感染我们；《追忆似水年华》则给我们展现了世界文学的璀璨，篇帙浩繁、细致入微的意识流技巧是一种文风也是一种思维方式。

一本好书，启迪智慧，普惠苍生，成就未来。希望你能有所思、有所悟、有所行。

道德经

—老子—

品读之路

五千言通天地人律　字字重如泰山

当我向高职学生推荐《道德经》这本书的时候，同学们总是流露出诧异的眼神，仿佛我所推荐的是一本无字天书，遥不可及。我想，也许这也不仅仅局限于高职学生，许多人并没有真正读过《道德经》却把《道德经》看成是一个高不可及的经典！有些人说，我看过《道德经》的开头，但是我一看到“道可道，非常道；名可名，非常名”这两句话的时候，我就不敢往下看了，即使往下看，都是战战兢兢，如履薄冰，生怕自己不懂装懂，成为一个浅薄之人。于是下意识地对《道德经》敬而远之，到最后差不多是束之高阁，把它当成神来供着却不知所以然。

老庄学说是植根于中国土地最根正苗红的学说，道教也是我国最土生土长的宗教，但凡中华民族的子孙，龙的传人，这个“最中国”的经典道德体系确是我们不应该去回避的，甚至可以说是我们“中国梦”实现的思想根基之一。用心去体味这寥寥五千字，在品读每一篇章之后花片刻闭目思索，这个世界变幻莫测，但“道可道，非常道”，万变不离其宗，总有一些规律是

亘古不变的。先贤在他的世界将复杂的道理简短话为寥寥数语，我们又怎么不能把现在纷繁复杂的世间万事简化为一种自然规律、思维方式、处事原则呢？读圣贤书，并按照我们自己的理解去理解它，我想这才是著书之先贤所愿意看到的，他们绝对不会希望我们把他们的书当成经典束之高阁，那样我们就真成不肖子孙了！

翻开《道德经》，你读的不仅仅是几千个文字了，你在读的是社会，是人生，更是和作者穿越时空的对话和身临其境的换位思考！其实道在天地间，未曾远离我们。人生最痛苦的事情就是身在道之中，而心与道远隔千万里。还在纠结《道德经》到底讲什么的人在重复一个愚蠢的问题，五千言通天地人律，字字重如泰山，不太有系统性的只言片语，你看得懂哪一些和看得进哪一些见仁见智。研究者普遍认为，它是一种朴素辩证法，唯心主义的东西，“小国寡民”思想对宏观调控强大的现代社会来说是一种消极对待社会的行为。有些聪明人抓住其中部分篇章展开大做文章，也取得了丰硕的成就。“上善若水”一章，讲“居善地，心善渊，与善仁，言善信，政善治，事善能，动善时。夫唯不争，故无尤。”有人把“为善”“不争”的准则大加赞赏，认为这才是道德经的根本；有人觉得“道生一，一生二，二生三，三生万物”是可以用到世间万事万物上的最玄妙又最根本的规律，甚至许多商业广告和企业文化也打“道”这张牌，比如“问道武当山，养身太极湖”“论道竹叶青”……

到底什么是“道”呢？道是道家学说的专利吗？“道”就是道德？“道”就是规律吗？有句话叫“形而上者之为道，行而之下之为器”。许多朋友容易把“道”理解成为一种叫规律的东西。可是规律是什么东西呢？规律是可以数字化、文字化、规范化的事物运动轨迹。“道”就是规律么？我认为，“道”既是变幻无常的，又是万变不离其宗的存在。很明显它要高于规律的存在，“道”之中有规律，是为有常，又有变幻无常的部分。无论哪家哪派的经典里，都能找出“道”字，仿佛用上一个“道”字，自己说的东西就更接近真理。可是遍观诸子百家，就道家，尤其是老子对道的理解最为透彻，因为他把“道”赋予了“德”，“道”一下子就有了灵魂，且不仅仅是统治者利用的一纸工具言论了。老百姓不明白“道”，但是老百姓最讲究“德”，

"道德"在老百姓心目中最朴素的理解是可以讲得透、行得通的。如果说《道德经》作为学说，其逻辑和规律也影响了中国政治法律体系的构建，那么《道德经》作为道理，却在先于法律之前影响着中国百姓，人们用道德约束自己远远早于对法律的知晓。

因此，不管你读完全文后最关注哪一个篇章和字句，也不管你心中的"道"到底是什么，你读书的过程、成长的轨迹、思考的本身就是一种"悟道"了，这个过程如同一场心灵苦旅，伴随着你人生的每一个脚步不断变化、丰富和完善，到那时候，孔子、老子抑或孙子……先贤们就都含笑九泉了。

鲁迅说："不读《道德经》一书，不知中国文化，不知人生真谛。"一切经典的存在都是为了穿越回来与后人一把打开困惑的钥匙，不过，用哪把钥匙开哪一扇困惑的大门就全看你自己了。

作品概览

道德经相传为春秋末老子（老聃）著，老子即李耳，字聃，约生活于公元前571—471年，是我国古代伟大的哲学家和思想家、道家学派创始人。《道德经》，又称《道德真经》《老子》《五千言》《老子五千文》，是中国古代先秦诸子分家前的一部著作，为诸子所共仰。《道德经》一书约五千字，内容博大精深，涵盖哲学、伦理学、政治学等诸多学科，主要是阐述"道"和"德"的深刻含义。全书共分81章，前37章论"道"，后44章言"德"。老子所描述的"道"，即他的宇宙观、人生哲学和政治思想。他认为"道"是无形无象的，但却是宇宙的本源，万物化生都是出于它的运动和变化。"德"则是"道"具体到天地万物所表现出来的一种特性，即具体体现。

《道德经》的主要内容有三个方面：

第一，宇宙。老子认为，"道"是万物的总规律。"道"这个字在《道德经》中共出现70多次，"道"原指人行走的道路，后来引申为"规律""法则"。老子吸取了"道"的原义和引申含义，提出"道"是世界万物的本原，所谓"道生天地万物"。此外，老子还认为"道"是万物的共性，"天""地""人"都要以"道"为法则。大德之人的行动也要"唯道是从"，日月星辰按道（自然规律）而运行，树木花草依道而生息。因此，不学"道"不足以修生，不识"道"不足以治国。

第二，人生。老子的人生观有两个基本点：一是贵身自养，摄生修行；二是柔弱不争，致虚守静。"天下莫柔弱于水，而攻坚强者莫之能胜，其无以易之。弱之胜强，柔之胜刚；天下莫不知，莫能行。”老子号召人们学习水的柔韧品质，达到“柔弱胜刚强”，人不可以随意逞强，必须谦虚谨慎，以“柔弱”为原则。此外，老子认为圣贤之人亦必须谦虚谨慎，加强自身修养，这样才能长居上位。老子反复强调的处理人际关系的原则，体现了一种以退为进、以静制动的人生哲学。

第三，政治。老子主张无为而治。“自然无为”是“道”的最主要特征。“无为”的意思就是要按照天地之间的自然法则运行。“道”对天地万物并不妄加干涉，只是让他们按照自己的本性自由发展，虽然“自然无为”，但是结果却是美好的。同样，治大国，若烹小鲜，消除一己之心，实现无为而治，达到“小国寡民”的理想境界。老子认为不应该追求形式上的“德”，而要一切顺其自然。

精彩摘录

第一章

道可道，非常道。名可名，非恒名。
无名，天地之始；有名，万物之母。
故常无欲，以观其妙；常有欲，以观其徼。
此两者，同出而异名，同谓之玄。
玄之又玄，众妙之门。

第四十二章

道生一，
一生二，
二生三，
三生万物。
万物负阴而抱阳，冲气以为和。
人之所恶，唯孤、寡、不谷，而王公以为称。
故物或损之而益，或益之而损。
人之所教，我亦教之。
“强梁者不得其死”，吾将以为教父。

故事

《道德经》的著成故事

老子曾经做过周朝的守藏史官，是当时颇有名望的学者。有一年周王室发生动乱，景王驾崩，王子发动叛乱挫败后，从守藏室内带走了大量的典籍逃匿到楚国。因为守藏室失守的缘故，老子受到牵连，他索性自辞官职，离开周都，隐居世外，远离纷争。

可是，当老子走到函谷关的时候发生了一件改变他一生的事情。函谷关是出了名的雄关要塞，是进入秦国的必经之路，当时驻守函谷关的关令名叫尹喜，饱读诗书知书达理，非常崇拜老子。一日，尹喜巡关，见关外的路上，一位老者身穿黄袍骑着青牛走来。这老者白发银须，飘飘如仙，气宇非凡，尹喜忙上前迎接。待问得老者是大名鼎鼎的老子时，尹喜激动不已，连忙行礼作揖，挽留略带倦容的老子在关内住下。老子一时盛情难却，便住了下来。尹喜对老子照顾十分周到，整天围着老子身边请教问题，就这样，日子不知不觉过去了。老子多次打算离开，尹喜都极力挽留，眼看都住了近一旬了，尹喜对老子依然热情不减，盛情款待、服侍。老子心中十分过意不去。一日，老子再次提出要离开，尹喜无奈地问道："不知老人家以后有什么打算？""我要到秦国去讲学，然后退隐世外。"老子认真地回答。尹喜听后也认真地对老子说："您若就此隐居，晚辈以后恐怕再也见不到您了。您实在要走的话，晚辈也不留您，只有一事相求，希望先生能写一部书以流芳百世，亦留予晚辈时常拜读。"

老子听到尹喜想要他写书作为纪念，心中不免一惊，但见尹喜一片真情，实难拒绝，于是，老子废寝忘食奋笔疾书，写成了81章《道德经》。他以极为精练的语言描述了深刻的思想精髓，仅用五千余字，以一当百，完成了一部上至天、下至地、中至人律的宇宙奇书。《道德经》著成后老子骑青牛出函谷关而去，飘然不知所终。

信息来源：百度百科

伊索寓言

—伊索及民间作家—

品读之路

小故事　大道理　道德启蒙本

寓，寄托的意思，寓言，指有所寄托的话。《现代汉语词典》上是这样解释“寓言”的：用假托的故事或自然物的拟人手法来说明某个道理或教训的文学作品，常常带有讽刺或劝诫的性质。寓言故事常常被作为少年儿童的启蒙读本来出版发行，而我觉得寓言故事却更像一本生活教科书指导着善于思考的人群。

世界三大寓言故事集是古希腊的《伊索寓言》、俄国的《克雷洛夫寓言》和法国的《拉封丹寓言》。本书给大家推荐的《伊索寓言》是全世界最早的也是最富有盛誉的寓言故事集，其中的角色大多是拟人化的动物，它们的行为举止都是人的方式，作者借以形象化地说出某种思想、道德意识或生活经验，使读者得到相应的教育。

我国的寓言早在我国春秋战国时代就已经盛行，最早是民间口头创作。寓言一词最早见于《庄子·寓言》：“寓言十九，重言十七，卮言日出，和以天倪。”陆德明释文：“寓，寄也。以人不信己，故托之他人，十言而九见信也。”张远山曾经说过：“读惯先秦寓言的中国人，初次读到《伊索寓言》是要惊讶的，因为那是两种截然不同的思维方式。先秦寓言冷峻而酷刻，《伊索寓言》热烈而宽厚；先秦寓言是老于世故的，《伊索寓言》是极富童趣的。《伊索寓言》全面而深刻地影响了后世的欧洲童话及其表现形式，而先秦寓言却没有催生反而抑制了中国童话的萌芽——中国没有童话。”钱钟书先生推荐说《伊索寓言》“大可看的”，它至少给予我们三种安慰。第一，这是一本古代的书，读了可以增进我们对于现代文明的骄傲。第二，它是一本小孩子读物，看了愈觉得我们是成人了，已超出那些幼稚的见解。第三呢，这部书差不多都是讲禽兽的，从禽兽变到人，你看这中间需要多少进化历程。

同学们从中学的语文课本中可以找到很多寓言故事的影子，例如许多成语故事：《自相矛盾》《掩耳盗铃》《亡羊补牢》《揠苗助长》《郑人买履》《守株待兔》《刻舟求剑》《画蛇添足》等，这些喜闻乐见的成语故事很简短，蕴含的道理却很深刻，他们都是寓言故事。但是成语故事就是寓言故事么？成语故事很大部分是历史典故，是发生过的事情，然后人们用一个成语将这些事情总结、浓缩为一个简短的句子或短语，以方便地表达整个故事和故事要讲述的内容，在功能上不一定要有积极的寓意。比如“百步穿杨”“沉鱼落雁”这些，只是具备一种描述、形容的作用，并不需要给人启发。寓言故事是根据事实或者编造的故事向人们讲述一个道理，给人以启发。并且大部分寓言，是为了讲述一个道理而编造的，并没有真实的根据。在收编成语故事的时候，有时候人们也会把寓言收编进去，并且历史本身就带有很多值得人们思考的道理，因此，很多成语都能带给人一些道理。说白了，成语故事的目的是补充成语没有完全表达的内容，使成语更容易理解，寓言故事的目的就是讲述道理，两者不矛盾。

其实寓言并不高深，在现代也有好多寓言，它就在我们身边，等待着有心人去发现、总结，甚至于有创意的人自己也可以编一则寓言在微博、微信等网络世界和通信世界里传播。当我们抽出一点时间静下心来看一则寓言时，你会觉得恍然大悟，茅塞顿开，或者会心一笑，我相信你想到了很宽、很远、很多。

作品概览

伊索（公元前620年—公元前560年），弗里吉亚人，据传说长得丑陋不堪，童年的时候是个哑巴，只能发出动物的怪声音，用手势表达意思，大家都不喜欢他。但是他的母亲非常爱他，时常讲故事给他听。他长大了在田里干活时，看到的有趣事物，大部分都被他编成精彩的故事。母亲去世后，伊索变成了奴隶，但却奇迹般开口讲话，他善讲寓言故事。公元前5世纪末，“伊索”这个名字已为希腊人所熟知，“伊索”的名字成了寓言的代名词，希腊寓言开始都寄在他的名下。

《伊索寓言》原书名为《埃索波斯故事集成》，是古希腊、古罗马时代流传的讽喻故事，经后人加工，成为现在流传的《伊索寓言》。《伊索寓言》是一部世界上最早的寓言故事集，同时，也是世界文学史上流传最广的寓言故事之一。

《伊索寓言》大多是动物故事，以动物为喻，教人处世和做人的道理，少部分以人或神为主，形式短小精练，比喻恰当，形象生动，通常在结尾以一句话画龙点睛地揭示蕴含的道理，它们篇幅小而寓意深刻，语言不多却值得回味，艺术上成就很高。从作品来看，时间跨度大，各篇的倾向也不完全一样。《伊索寓言》的价值并不亚于《希腊神话》和《荷马史诗》，它在全球的阅读量仅次于《圣经》，是全世界拥有读者最多的一本书。在欧洲文学史上，它为寓言创作奠定了基础。世界各国的文学作品甚至政治著作中，也常常引用《伊索寓言》，或作为说理论证时的比喻，或作为抨击与讽刺的武器。

《伊索寓言》来自民间，所以社会底层人民的生活和思想感情得到了较突出的反映。如对富人贪婪自私的揭露，对恶人残忍本性的鞭挞，对劳动创造财富的肯定，对社会不平等的抨击，对懦弱、懒惰的讽刺，对勇敢斗争的赞美。还有许多寓言，教人如何处世，如何做好人，怎样辨别是非好坏，怎样变得聪明、智慧。如《狼与小羊》《狮子与野驴》等，用豺狼、狮子等凶恶的动物比喻人间的权贵，揭露他们的专横、残暴和虐害弱小，反映了平民或奴隶的思想感情；《农夫与蛇》《龟兔赛跑》《牧人与野山羊》《乌鸦喝水》等，则总结了人们的生活经验，教人处世和做人的道理。

精彩摘录

狐狸和葡萄

饥饿的狐狸看见葡萄架上挂着一串串晶莹剔透的葡萄，口水直流，想要摘下来吃，但又摘不到。看了一会儿，无可奈何地走了，他边走边自己安慰自己说："这葡萄没有熟，肯定是酸的。"

农夫与蛇

有个农夫在寒冷的冬天里看见一条正在冬眠的蛇，误以为其冻僵了，就把它拾起来，小心翼翼地揣进怀里，用暖热的身体温暖着它。那蛇受了惊吓，被吵醒了。等到它彻底苏醒过来，便因为自卫的本能，用尖利的毒牙狠狠地咬了农夫一口，使他受了致命的创伤。农夫临死的时候痛悔地说："我欲行善积德，但学识浅薄，结果害了自己，遭到这样的报应。"

狐狸和山羊

一只狐狸失足掉到了井里，不论他如何挣扎仍然不能成功地爬上去，只好待在那里。公山羊渴极了，四处找水喝，终于发现了这口井。他探着头，看见狐狸在井下，便问她水好不好喝。狐狸觉得机会来了，心中暗喜，马上镇静下来，极力赞美井水好喝，说这是天下第一井水，清甜爽口，并劝山羊赶快下来，与它痛饮。一心只想喝水的山羊信以为真，便不假思索地跳了下去，当他咕咚咕咚痛饮完后，就不得不与狐狸共同商议爬上去的办法。狐狸早有准备，他叫山羊说："我倒有一个方法，你用前脚趴在井墙上，再把角竖直了，我从你后背跳上井去，再拉你上来，我们不就都得救了吗?"公山羊同意了它的提议，狐狸踩着他的后脚，跳到他背上，然后再从角上用力一跳，跳到了井沿上。狐狸上去以后，准备独自逃离。公山羊指责狐狸不信守诺言。狐狸回过头对公山羊说："喂，朋友，你的头脑如果像你的胡须那样完美，你就不至于在没看清出口之前就盲目地跳下去了。"

故事

不以学历论英雄　高职学生有希望

《伊索寓言》里有一则有名的小故事——龟兔赛跑的故事。讲的是乌龟与兔为他们俩谁跑得快而争论不休。于是，他们定好了比赛的时间和地点。比赛一开始，兔觉得自己是天生的飞毛腿，跑得快，对比赛掉以轻心，躺在路旁睡着了。乌龟深知自己走得慢，毫不气馁，不停地朝前奔跑。结果，乌龟超过了睡熟了的兔子，夺得了胜利的奖品。故事告诉我们，奋发图强的弱者也能战胜骄傲自满的强者。

还有一则小故事讲的是蚂蚁与屎壳郎的故事。夏天，别的动物都悠闲地生活，只有蚂蚁在田里跑来跑去，搜集小麦和大麦，给自己贮存冬季吃的食物。屎壳郎惊奇地问他为何这般勤劳。蚂蚁当时什么也没说。冬天来了，大雨冲掉了牛粪，饥饿的屎壳郎，走到蚂蚁那里乞食，蚂蚁对他说："喂，伙计，如果当时在我劳动时，你不是批评我，而是也去做工，现在就不会忍饥挨饿了。"这是说，尽管风云变化万千，但是未雨绸缪的人都能生存到最后。

年轻的郭怀恒是成都航空职业技术学院模具设计与制造专业 2010 届毕业生，工作才两年，2012 年就已经成为成都阿诺道具有限公司的应用工程师，成了公司里名副其实的顶梁柱。

2009 年，郭怀恒进入成都阿诺道具有限公司进行实践学习，这改变了他的人生际遇。进入阿诺公司后，实践经验丰富的郭怀恒受到公司的青睐和重视，被送到苏州阿诺总部培训，他每天跟着技师在车间学习，从早上 7 点到晚上 7 点，从不缺席，因为他清楚这是他将学校的理论知识与实践结合的好时机。

回到成都，郭怀恒从公司的生产部做起，他工作踏实，技术娴熟，受到多方认可，很快被提升为生产部主管，他并没有骄傲，而是更加努力，四处出差为客户及时解决现场技术难题，仅仅工作两年就成了公司的应用工程师，同时进公司的许多本科生甚至研究生也为郭怀恒竖起了大拇指。

"皆命曰列大夫，为开第康庄之衢，高门大屋，尊崇之。"如今越来越多的企业已经高度认可高职毕业生。他们运用自己的一技之长，正走往自己的康庄大道，前途一片美好。

信息来源：成都航空职业技术学院官网

泰戈尔诗选

—泰戈尔—

品读之路

优美的画 动人的歌 精神生活的灯塔

拉宾德拉纳特·泰戈尔（1861 年 5 月 7 日—1941 年 8 月 7 日）是一位印度诗人、哲学家、艺术家和印度民族主义者，出身加尔各答市的望族，没有受过正规的学校教育，但在父兄的教导下，掌握了丰富的历史、文学知识。14 岁时就有诗作发表。1878 年赴英留学，学习英国文学和西方音乐。1880 年回国后专门从事文学活动。1913 年，“由于他那至为敏锐、清新与优美的诗篇；这些诗不但具有高超的技巧，并且由他自己用英文表达出来，便使他那充满诗意的思想成为西方文学的一部分”，泰戈尔被瑞典文学院授予诺贝尔文学奖这一最高荣誉，成为第一个获得这项殊荣的亚洲作家，此后出访了欧洲很多国家及中国、日本和苏联等。

在外国，泰戈尔一般被看作是一位诗人，而很少被看作为一位哲学家，但在印度这两者往往是相同的。在他的诗中含有深刻的宗教和哲学的见解。对泰戈尔来说，他的诗是他奉献给神的礼物。他的诗在印度享有史诗的地位。他本人被许多印度教徒看作是一个圣人。

一篇篇美文闯入眼帘，那是一个植根于印度哲学思潮，成长在印度文学的海洋又徘徊在印度艺术的月华之中，深受西方文化影响的诗人的肺腑之言。是泰戈尔对生活的认识，对宇宙的思考，对生命的遐想……在这些诗中发现了一种极其普通的情感，使人想起在我们生活的烦恼之中、在城市的喧嚣之中、在粗制滥造的文艺作品尖叫之中，以及广告的漩涡之中常常被忽视的许许多多东西……

泰戈尔的诗，没有普希金的雄健壮阔，没有海涅的甜蜜梦幻，没有拜伦的气悍心魂，也没有雪莱的浪漫如风。他的诗是优美的画，无声无息，水乳交融。他艺术的魅力和思想的广阔，不是一般人可以达到的境界。作为诗人，同时又是小说家、艺术家、社会活动家的泰戈尔，他的每一首诗，都燃放着炽热的精神火花，照亮读者的心。“毒蛇处处吐出剧毒的气息，讲的是温文尔雅的和平，听起来活像是嘲弄。因此，在我去世之前，让我对各处正在准备向恶魔作战的人们，致以我生平最后的敬礼。”——泰戈尔这样写着，他笔锋犀利，讽刺尖刻而辛辣地抨击了趾高气扬、不可一世的希特勒。虽然诗人的一身经历了许多坎坷与痛楚，但他的哲学和思想是光辉的，是快乐的，是博爱的。

《泰戈尔诗选》这本书是泰戈尔在得到诺贝尔文学奖后，陆续挑选他最喜欢的诗篇，亲自译成英文，推荐给全世界的读者，堪称泰翁的“自选集”。除诗外泰戈尔还写了小说、小品文、游记、话剧和2000多首歌曲。他的诗歌主要用孟加拉语写成的，在孟加拉语地区，他的诗歌非常普及。他的散文内容主要关于社会、政治和教育，他的诗歌，除了其中的宗教内容外，最主要的是描写自然和生命。在泰戈尔的诗歌中，生命本身和它的多样性就是欢乐的原因。同时，他所表达的爱也是他的诗歌的内容之一。泰戈尔一生创作的诗歌受印度古典文学、西方诗歌和孟加拉民间抒情诗歌的影响，多为不押韵、不雕琢的自由诗；他的小说受西方小说的影响，又有创新，特别是把诗情画意融入其中，形成独特风格。

作品概览

《泰戈尔诗选》在国内读者范围最广的译作版本出自著名作家和翻译家冰心之手。译林出版社出版的《泰戈尔诗选》收录了103首诗，这些诗是泰戈尔在50岁那年（1911）从他的三本诗集——《奈维德雅》（奉献）、《克雅》（渡河）和《吉檀迦利》（献诗）里面，以及从1908年起散见于印度各报章杂志上的诗歌中精选出来的。这103首诗中，我们可以深深地体会出这位伟大的印度诗人是怎样的热爱自己有着悠久优秀文化的国家，热爱这国家里爱和平爱民主的劳动人民，热爱这国家的雄伟美丽的山川。从这些首诗的字里行间，我们看见了提灯顶罐、巾帔飘扬的印度妇女，田间路上流汗辛苦的印度工人和农民，园中渡口弹琴吹笛的印度音乐家，海边岸上和波涛一同跳跃喧笑的印度孩子以及热带地方的郁雷急雨、丛树繁花……我们似乎听得到那繁密的雨点，闻得到那浓郁的花香。其中收录了《孩童之道》《不被注意的花饰》《开始》《天文家》《花的学校》《商人》《著作家》等作品。2009年，云南出版社针对不同年龄段的读者出版了一套《泰戈尔诗选》，全书分为阅读准备、阅读指引、吉檀迦利、园丁集、故事诗集、新月集、飞鸟集、阅读拓展和阅读训练。阅读这套课外读物，不像读教科书，没必要正襟危坐，也不需要整块时间。精研细品亦可，浮光掠影亦可；挑灯夜读亦可，见缝插针亦可；“书读百遍其意自见”亦可，“好读书不求甚解”亦可。即使随便翻翻，也定会有所收获。我相信，聪明的读者朋友一定会从中找到自己喜欢的东西。

精彩摘录

一次，我们梦见我们是不相识的。我们醒了才发现我们爱着对方。

我的心是旷野的鸟，在你的眼睛里找到了它的天空。

它是大地的泪点，使她的微笑保持着青春不谢。

如果你因失去太阳而流泪，那么你也失去了群星。

你看不见你自己，你所看见的只是你的影子。

生如夏花之绚烂，死如秋叶之静美。

我们把世界看错了，反说它欺骗我们。

我想起了浮泛在生与爱与死的川流上的许多别的时代，以及这些时代之被遗忘，我便感觉到离开尘世的自由了！

我不能选择那最好的，是那最好的选择了我。生命因为失去爱情而更丰盛。

黑云受到光的接吻时，就变成了天上的花朵。

小花睡在尘土里，它寻求蝴蝶走的路。

我相信你的爱，让这句话作为我最后的话。

我爱你，不是因为你是一个怎样的人，而是因为我喜欢与你在一起时的感觉。

没有人值得你流泪，值得让你这么做的人不会让你哭泣。

失去某人，最糟糕的莫过于，他近在身旁，却犹如远在天边。

纵然伤心，也不要愁眉不展，因为你不知是谁会爱上你的笑容。

对于世界，你是一个人；但是对于某个人，你是他的整个世界。

不要为那些不愿在你身上花费时间的人而浪费你的时间。

爱你的人如果没有按你所希望的方式来爱你，那并不代表他们没有全心全意得爱你。

不要着急，最好的总会在最不经意的时候出现。

天空中没有翅膀的痕迹，但我已飞过。

离我们最近的地方，路程却最遥远。我们最谦卑时，才最接近伟大。

爱就是充实了的生命，正如盛满了酒的酒杯。

埋在地下的树根使树枝产生果实，却并不要求什么报酬。

故事

“农二代”高职生4年炼成总经理

2005年7月1日，张鑫从黄河水利职业技术学院毕业离校时，身上只有做兼职挣来的1500元。张鑫凭借自己4年的打拼，成了武汉锐进铁路发展有限公司的“掌门人”。毕业后4年里，张鑫是如何从“农二代”奋斗成为总经理的？他身上有哪些“闪光点”能够照亮更多职校学生的奋斗之路？

2005年8月16日，张鑫进入一家冶金建筑公司，然而正式上班13天后，张鑫不愿日复一日地重复相同的简单工作，果断辞职，到武汉找了一家私营公路勘测公司。但刚进公司，张鑫就发现大部分同事毕业于重点本科，不少老同事实践经验也比较丰富，而自己却只是一个高职生，也没有任何实践经验。凭着他的刻苦，张鑫自学勘测规范并熟练掌握了仪器操作。

2007年4月20日，张鑫跳槽进入武汉一家代理国际知名测量仪器的销售公司。进入公司后，张鑫仅用一周的时间就掌握了公司产品设备的型号和性能，随后他只身前往湖南省临湘市工地推销产品。3天内，张鑫拜访了当地8家大型项目的测量队长、工程部长或总工程师，与他们达成初步合作意向。2007 年 12 月 30 日，张鑫被公司评为最佳新员工。

为推销公司生产的测量设备，张鑫与时任武广高铁中铁一局运架梁项目部总工孙军红交往甚密，由于彼此都拥有野外测绘作业经历，共同语言多，孙军红逐渐成为张鑫的良师益友，并成为张鑫创业成功的“贵人”。

2007 年 12 月 31 日，孙军红告诉张鑫，武广高铁的无砟轨道将于第二年启动，但 CPIII（高速铁路基桩控制网）测量技术正制约着项目开工，该项技术国内基本没有有经验的单位，只有个别铁路设计院有点理论知识。“最早的京津城际高铁是德国人做的，测量费为每公里 10 万元。虽然我当时都不知道 CPIII 是什么东西，但我感觉机会来了。”张鑫开始大量阅读 CPIII 测量技术的设计书，并认真研究它的测量方法和后期处理问题。随后，他建议公司开发出相应的测量程序，镶嵌在公司的仪器里，制造出高精度的测量机器人。

在公司老板的支持下，张鑫配合开发软件的公司，经过数月的开发调校，CPIII 测量软件达到应用要求。武广高铁的多数测量委托给了张鑫所带的团队。为便于开展工程，张鑫所在的公司增设工程部，张鑫出任工程部经理。此时，张鑫才进入该公司一年整。

口口相传，临近的 4 个工程局都相继找到他，把 CPIII 的测量任务交给张鑫所带的团队做。2009 年 6 月，在一年多里，张鑫所带的团队累计完成 700 多万元产值，并积累了大量的客户关系。此时正值国家铁路大发展时期，全国高铁建设全面开花。

“我想这也许是我一个绝佳的创业机会，如果失去了，就再也不会有了。”经过深思熟虑，张鑫决定辞去年薪 20 多万元的工作。2009 年 7 月 1 日，也就是张鑫毕业整 4 年的时候，他创立了武汉鑫旗舰测绘技术有限公司（2011 年更名为武汉锐进铁路发展有限公司），担任总经理，专业做高铁测量。

至此，张鑫成为这个领域的领头羊，受到业内的追崇。

信息来源：《中国青年报》

苏菲的世界

—乔斯坦·贾德—

品读之路

插上哲学的翅膀　思考道德的本真

不少同学在高中阶段时，老师就推荐过《苏菲的世界》这本书。它是1994年获“德国青少年文学奖”与“最优秀作品奖”的20世纪百部经典著作之一。没有事先对它了解与认识的情况下开始读这本书的感觉，就像个懵懂小孩子进入了一个陌生的大人的世界中。在大学里，我们再次给同学们推荐这本书，未曾修习哲学概论的人，可以把它作为一本最佳的入门读物，而学习过此门课程但已忘却大半的人，本书则是温故而知新的得力之作。《苏菲的世界》一书有一个副标题“一本关于哲学史的小说”，颇能点明该书的要点。这是一本小说，但也是一本系统地涵盖各哲学思潮的速食大杂烩。随着小说人物在哲学传统中寻求谜团的解答，读者也跟着温习了一遍西方哲学史。这本关于哲学史的小说可谓是空前的，他用事实证明了哲学并不是脱离现实的学院人士在象牙塔里所写的东西。

作者乔斯坦·贾德（Jostein Gaarder），是一位世界级的挪威作家，乔斯坦·贾德不仅文笔卓尔不群，同时有多年担任哲学教师的经历，1991年

《苏菲的世界》出版后，畅销全球。乔斯坦·贾德擅长以对话形式述说故事，能将高深的哲理以简洁、明快的笔调融入小说情境。

读《苏菲的世界》一书，你可以以阅读侦探小说般的心情游览从柏拉图以前一直到20世纪的世界哲学史，而丝毫不产生任何枯燥厌烦的感觉。这或许是本书广受欢迎的原因吧。知名作家南方朔说，《苏菲的世界》可以当作哲学启蒙书来阅读。它的小说部分，苏菲的主体自觉过程则颇像侦探故事加上现代版的《爱丽丝梦游仙境》，哲学加侦探，加幻想，再加上宇宙观，它让人更加心胸开阔，这不正是哲学“爱智”最古典的要义吗？这本书对真实的哲学给予极崇高的评价：批判的、理性的和公正的评论；去除偏见、迷信和惯例；不做仓促和轻率的判断，一意追求真理、知识、美善和道德。坦白说，这正是世间为何要有哲学家的原因。我们需要哲学家，不是因为他们可以为我们选拔选美皇后或告诉我们今天番茄的最低价。哲学家们总是试图避开这类没有永恒价值的热门话题，而努力将人们的注意力吸引到永远“真”、永远“美”、永远“善”的事物上。

《苏菲的世界》的成功，显示了一个重要的社会指标，就是社会大众渴望知识及缺乏安全感。在一本小说里，塞进整部西方哲学史，对追求速度的这一代而言，本身就极具魅力。除了追求知识的流行趋势之外，一般人也多少觉察到当今教育上的缺失，我们的教育并未提供有关人生和其意义的必要知识，而这些答案正隐藏在哲学的奥秘里。

贾德用过一个很好的比喻：这个世界就像是魔术师从他的帽子里拉出的一只白兔，当然这只兔子极其庞大。大家刚开始对于这场令人难以置信的戏法都感到惊奇，并且努力地想把兔子看个完全。然而随着年龄的增长，也就顺着兔毛慢慢深入兔子的毛皮，并且窝在舒适柔软的兔毛深处尽情享乐。当大人们的心灵逐渐习惯了世界上的一切的规则，当他们不再有像孩子一样看到什么都觉得好奇，觉得所有的东西都那么不可思议而又理所当然，当他们过惯了喧嚣吵闹、灯红酒绿的生活，他们便不再去追求那与他们似乎毫不相干的哲学，便不愿离开温暖舒适的兔毛深处，不愿像哲学家一样尽力去爬上脆弱的兔毛一看究竟。就是这样子，世界上的大部分人们都不会再去思考像"你是谁""世界从何而来"这样的问题了。其实，生活之中哲学似乎无处不在。《苏菲的世界》不是很薄但也不算非常厚，五百多页、四十几万字。苏格拉底、柏拉图、亚里士多德、笛卡儿、黑格尔、祁克果、弗洛伊德，中世纪、文艺复兴，浪漫主义……一千年、两千年、一个世纪、两个世纪，一种思想、另一种思想……像另一个爱丽丝漫游仙境一样，如梦如幻，却又无比真实。

读完《苏菲的世界》，内心中模糊不定的哲学的定义一下子也变得清晰起来。如果你阅读的时候不能一下子理解，那也没有关系，就像艾伯特说的："哲学便是教会人们思考，教会人们怎样面对生活，怎样生活得更好。"我想很多问题虽然不能得到答案我们还可以思考，很多事情虽然不能达到目的但我们还有过程。

作品概览

《苏菲的世界》以小说的形式，通过一名哲学导师向一个叫苏菲的女孩传授哲学知识的经过，揭示了西方哲学史发展的历程。自 1991 年出版发行之后，长期雄踞各国畅销书排行榜第一名，世界上已有 35 个国家购买了该书的版权。一部《苏菲的世界》就是一部深入浅出的人类哲学史。

14 岁的少女苏菲某天放学回家，收到了神秘的一封信——"你是谁？世界从哪里来？"从这一天开始，苏菲不断接到一些极不寻常的来信，世界像谜团一般在她眼底展开。在一位神秘导师的指引下，苏菲开始思索从古希腊到康德，从祁克果到弗洛伊德等各位大师所思考的根本问题。她运用少女天生的悟性与后天知识，企图解开这些谜团。然而，魔镜、少校的小屋、黎巴嫩寄来的明信片、会说话的汉密士、叫她席德的艾伯特、写着生日祝福的香蕉皮、梦中的金十字架、捡到的 10 元硬币……接踵而至的奇闻怪事让苏菲一步步走下去。事实真相远比她所想的更怪异、更离奇……

精彩摘录

你是谁？

她怎么会知道？不用说，她的名字叫苏菲。

但那个叫作苏菲的人又是谁呢？她还没想出来。

如果她取了另外一个名字呢？

比如说，如果她叫作安妮的话，她会不会变成别人？

这使她想起爸爸原本要将她取名为莉莉。

她试着想象自己与别人握手，并且介绍自己名叫莉莉的情景。

但觉得好像很不对劲，像是别人在自我介绍一般。

她跳起来，走进浴室，手里拿着那封奇怪的信。

她站在镜子前面，凝视着自己的眼睛。

“我的名字叫莉莉。”她说。

镜中的女孩却连眼睛也不眨一下。

无论苏菲做什么，她都依样画葫芦。

苏菲飞快地做了一个动作，想使镜中的影像追赶不及，但那个女孩却和她一般的敏捷。

“你是谁？”苏菲问。

镜中的人也不回答。有一刹那，她觉得迷惑，弄不清楚刚才问问题的到底是她，还是镜中的影像。

苏菲用食指点着镜中的鼻子，说：“你是我。”

对方依旧没有反应。于是她将句子颠倒过来，说：“我是你。”

故事

做自己人生的主人

2011年，对于57岁的大提琴演奏家马友友来说，绝对是不平凡的一年：美国纽约市将一条新建马路命名为“马友友路（Yo-YoMa Way）”，总统奥巴马还亲自为他戴上了象征着平民最高荣誉的总统自由勋章！

马友友的父母都是毕业留美的华人，在华尔街做经济研究员。从马友友一出生，父母就为马友友设计好了人生路线：做一位出色的经济人！马友友还没有学会讲话，父母就开始教他认数字，所以马友友最先学会说的话并不是“爸爸妈妈”，而是“一、二、三……”，两岁时，他的父母就开始教他算术。马友友在一种受命式的努力中，机械地过完了自己的童年。读小学的时候，马友友是学校的“数学之星”，在许多数学竞赛中夺了大奖，马友友的父母、老师和同学都为他开心，但马友友自己却觉得这丝毫没有乐趣可言。

有一个傍晚，天色不太好，马友友在放学路上怕被雨淋，就从一条非常僻静的小路往家里跑，在一幢老房子外面，他听到了一种极为美妙的音乐，那流水一般优美的旋律很快吸引住了马友友。他停住脚步往房子里面看去，只见一位老人正在拉大提琴，那位老人拉提琴的神情无比陶醉，身体随着音乐而轻轻晃动。眼前的画面不禁让马友友轻叹了一声："如果我能奏出这么美妙的音乐该多好啊!"就在这一瞬间，马友友发现自己真正喜欢的东西并不是数学，而是音乐!

那时候的美国到处都是各种各样的培训班和补习班、兴趣班，马友友的父母把他放在了一个数学培训班里，可是马友友的兴趣并不在这里，他时常"逃学"，溜到老人那里去听音乐，学拉大提琴。结果不难想象，他的数学成绩在下降，很快，他的父母也发现了这些问题，于是把马友友叫到身边来说："以前的事情，只要你改正就行了，以后，你一定要用心学好数学!""为什么一定要学习数学?"马友友反抗说，"我并不喜欢数学!"

"你只有学好数学，才能和我们一样做一位出色的经济师，甚至可以比我们更出色，成为一位伟大的数学家!"马友友的父母告诉他说。

"为什么一定要和你们走同一条路呢?我觉得音乐是最能让我开心的东西，而且我认为能把自己喜欢的事情做得更好，那样我会更开心!"马友友坚定地说出了自己的想法。他觉得，自己的人生之路一定要自己来把握方向，绝不能让他人来操纵，哪怕是父母。

任何人一旦做起自己真正喜欢的事情，进步都是特别快的，到中学毕业的时候，马友友就在曼哈顿得了全市学生音乐会的一等奖，并前往哈佛大学就读。

在之后的多年里，马友友在音乐路上不断探索、一路向前，多次受到白宫邀请演奏音乐，而且还多次获得"唐大卫奖"和"格莱美奖"，成为了一位名震国际的音乐大师!2006年，马友友被联合国任命为和平大使；2011年，马友友接受了由美国总统奥巴马亲自颁发的象征着平民最高荣誉的总统自由勋章。当晚，戴上总统自由勋章后的马友友无比感慨地说："自己的人生只有一个主人，那就是我们自己，行走在自己铺设的人生轨迹上，一定是最开心最能取得成就的!"

信息来源：励志一生网

果壳中的宇宙

—史蒂芬·威廉·霍金—

品读之路

病魔困住躯壳　科技点亮生命

史蒂芬·威廉·霍金，英国剑桥大学应用数学及理论物理学系教授，当代最重要的广义相对论和宇宙论家，被誉为继爱因斯坦之后世界上最著名的科学思想家和最杰出的理论物理学家，在世的最伟大的科学家，还被称为“宇宙之王”。2012 年 1 月 8 日，英国广播电台为庆祝霍金 70 岁生日，推出“问问霍金”电台节目，听众通过社交网站及电子邮件向霍金提问。有听众问：“你认为人类能否逃过所有灾难，并最终在其他星球殖民?”霍金说：“人类可能会绝种。我几乎肯定核战和全球暖化之类的大灾难，将于一千年内降临地球。”但人类灭绝并非无可避免，因为科技进步将带领人类走出太阳系，到达宇宙的远方：“我确信人类终将殖民太空，在火星及太阳系的其他星球上建立自给自足的殖民地，不过大概要一百年以后。”霍金以时光穿梭的眼界给了人们穿越历史的忠告，他的研究令世人大开眼界，他的人生本身也是一场传奇。

1963 年，时年 21 岁的霍金不幸患上了会使肌肉萎缩的卢伽雷氏症，俗称“渐冻症”，最终被禁锢在轮椅上达 50 年之久，除了两根手指还能活动

外，霍金失去了语言能力和行动能力。他的身体缺陷了，但是他的头脑却还聪明得很，他在轮椅上继续他的研究和写作。他提出宇宙大爆炸自奇点开始，时间由此刻开始，黑洞最终会蒸发，在统一 20 世纪物理学的两大基础理论——爱因斯坦的相对论和普朗克的量子论方面走出了重要一步，他所研究的虚拟空间、黑洞形成、时光倒流、宇宙起灭等成为人们争相讨论的内容。1988 年，霍金出版了《时间简史——从宇宙空间大爆炸到黑洞》，成为是宇宙学无可争议的权威，同时也是全球最畅销的科普著作之一，销量超千万册。该书以睿智真挚的私人访谈形式，叙述了霍金教授的生平历程和研究工作，展现了在巨大的理论架构后面真实的人性。然而，对于非专业读者，这本书只能当科幻小说看，绞尽脑汁都无法真正理解。霍金随后又出版了《霍金讲演录》《时空本性》《未来的魅力》等书，虽然霍金的书使用了不少模型和插图，在阐述自己观点的同时，还穿插解答了一些饶有兴趣的问题，但对于普通人群还是显得有点晦涩。与此同时，霍金坐着他的轮椅到各地演说，他生性幽默，将深奥的理论讲得平易近人，他讲时间起源与扭曲、宇宙黑洞、婴儿宇宙、宇宙终结、4 度空间、时光旅行、星际移民、外星人……演说时其受欢迎程度犹如“摇滚巨星”。值得一提的是霍金的“演讲”是通过手指或者眼睛移动光标输入单字，当单字累积到可以形成一个句子的时候，便通过语言合成器机器发音，他的“写作”速度是每分钟输入五六个单词，可想而知，他输入一个小时的演讲需要多少时间？著一本书需要多少时间？霍金在写作中付出的努力是常人无法想象的。

2001 年 10 月，《果壳中的宇宙》出版发行，该书是《时间简史》的姐妹篇，以相对简化的手法及大量图解，诉说宇宙起源。这位孜孜以求的科普作家终于写出了一本解读宇宙最前沿科学的，所有人都读得懂、喜欢读的科普小说。霍金教授在这本书中，再次把我们带到理论物理的最前沿，在霍金教授的世界里，真理和幻想有时只是一线之差。霍金教授用通俗的语言提示我们对宇宙展开充分的想象，并以他独特的热情，邀请我们一起展开一场非凡的时空之旅。霍金说：“在 200 年内，我们可能已经在月球建造永久基地，400 年内可能已经在火星建基地。但月球和火星都很细小，而且缺乏或完全没有大气层。我们不会找到像地球一样美好的地方，除非我们离开太阳系。”全球变暖、温室效应、核武战争、基因改造病毒以及一些我们想象不到的灾难在频繁的上演和科技进步中酝酿，地球上的生命受到灾难灭绝的危机愈来愈大。亲，你怎么看？要么像霍金一样研究地球以外哪个星球是我们未来的居所，要么像霍金一样珍爱生命、感恩生活、笑对人生、勤勉工作。

很多人都以为霍金研究宇宙一定是一个天文爱好者，其实不然。霍金对天文一点也不感兴趣，甚至在研究中逐渐也对宗教信仰失去了兴趣，他的思想像一只自由的鸟，在天空漫无边际的翱翔，甚至于霍金也不喜欢数学公式，霍金曾戏言，如果在他的书中加入一个数学公式，销量肯定要少一半。霍金认为："我们被教导很多常识，但常识往往只是偏见的代名词。"霍金喜欢的是自由的思考、平等的分享。品读霍金的书，教会你科普知识的同时也教会你一种生活的态度和思维方式。

同学们都喜欢看一部日本动画片《机器猫》，羡慕机器猫神奇口袋中能变出各种稀奇的东西，特别是那台穿梭宇宙和时间的时光机，品读霍金的作品你也可以拥有一台属于自己的时光机，穿梭宇宙、遨游太空、回到过去、飞去将来……呵，不止哆啦 A 梦拥有时光机。广袤深邃的宇宙总寄托着我们无限的揣想，激发着一代又一代的人们来挖掘它每一点滴的秘密，然而在逐步探索宇宙秘密路途中，许多新的未解之谜又浮现在眼前，让我们紧随霍金的脚步，进入这充满谜团却又神秘无穷的宇宙中吧。

作品概览

《果壳中的宇宙》（*The Universe in a Nutshell*）是一本图文并茂的科普著作，主题是宇宙学，涉及广义相对论、量子论、黑洞、时间旅行、弦论、超引力等诸多前沿概念。

在这部书中，霍金把我们带到理论物理的最前沿，真理在那里甚至比幻想更令人眼花缭乱。他利用通俗的语言解释制约我们宇宙的原理。

霍金教授和许多理论物理学家一道，正在寻求科学的最神圣的精华，那是谜一般的处于宇宙内核的万物理论。他以惯有的平易幽默的风格，引导我们走向探索宇宙秘密的征途，从超对称到超引力，从量子理论到 M－理论，从全息论到对偶论。他把我们领到科学的处女地，超弦理论和 P－膜也许是解开这个迷惑的最后线索。而且他还让我们见证他最激动人心的智慧探险，即"把爱因斯坦的广义相对论和费因曼的多重历史思想结合成能描述发生在宇宙中的一切完备的统一理论"。

霍金借大量彩色缤纷插图之助而变幻成超现实的奇境。在这个奇境里，粒子、膜和弦作十一维运动，黑洞蒸发并且和它携带的秘密同归于尽，我们宇宙创生的种子只不过是一个微小的硬果。

精彩摘录

宇宙具有多重历史，每一个历史都是由微小的硬果确定的。

哈姆雷特也许想说，虽然我们人类的肉体受到许多限制，但是我们的精神却能自由地探索整个宇宙，甚至勇敢地闯出入连《星际航行》都畏缩不前之处——噩梦不再纠缠的话。

宇宙究竟是无限的，或者仅仅是非常浩渺的呢？它是永恒存在的，或者仅仅是年代久远的呢？我们有限的思维何以理解无限的宇宙？我们是否冒着普罗米修斯命运的风险？在经典的神话中，他为了人类的用火从宙斯处盗取火种，因为愚勇而受惩罚，他被锁在岩石上，让鹰啄食他的肝脏。

我仍然相信，我们能够而且应该试图去理解宇宙。我们在这个方面已有了显著的进展，尤其是在前几年。当然，我们还未得到完整的图像，但已为期不远。

空间的最明显之处是它无限地向外延伸。现代仪器证明了这一点，譬如哈勃望远镜允许我们探测太空深处。我们所看到的是各种形状和尺度的数以亿计的星系。

每个星系包含难以记数的亿万个恒星，尤其许多恒星还被行星所围绕。我们生活在围绕着一个恒星公转的行星之上，而这个恒星位于螺旋形银河系的外臂上。螺旋臂上的尘埃遮住了我们在银河系平面上的宇宙视野，但是我们在该平面的每一边的方向圆锥中的视线都非常清晰，而且我们能够画出遥远星系的位置。我们发现星系大体均匀地分布于整个太空，有一些局部的聚集和空间。星系密度在非常大的距离外显得有些下降，但这也是因为它们如此遥远的暗淡，以至于我们看不见。我们所能说的是，宇宙在空间中永远延伸下去。

故事

活着就有希望——感恩生活 乐观不屈的“宇宙之王”

霍金从小就对自然科学拥有强烈的兴趣，在大学时代，他就意识到，肯定会有一套能够解释宇宙的万物理论，并陶醉于对其的思索之中，把之当作了自己的信仰，并具有极强的使命感。1963 年，在他 21 岁时得知自己患上了肌萎缩侧索硬化症，这种病会使他的身体越来越不听使唤，不治之症使他也消沉过一段时间。医生当时预测他最多只能活两年，但两年过后情况并不是非常糟糕，霍金想到了以前曾和自己一个病房的男孩，那个男孩第二天就死去了，他觉得自己还不算倒霉，不应该就这样放弃。霍金 17 岁就考上剑桥大学，拥有异乎常人的头脑，患病后，霍金对生活充满了感恩。霍金果断地“站了起来”，霍金在自己的生活中，只要能做到的事情绝不麻烦别人，他很憎恨别人把自己当作残疾人，他说：一个人身体残疾了，决不能让精神也残疾。

霍金的意志力非常坚强，同时他对生活永远充满了乐观和幽默的态度。在他患病后，曾有 6 次非常近距离地和死神交手，他都顽强地活了下来。一次霍金演讲结束后，一位女记者冲到演讲台前问道：“病魔已将您永远固定在轮椅上，你不认为命运让你失去太多了吗?”大师的脸上充满了笑意，用他还能活动的两根手指，艰难地叩击键盘后，显示屏上出现了四段文字：“我的手指还能活动，我的大脑还能思维，我有终生追求的理想，我有爱我和我爱的亲人和朋友。”在回答完那个记者的提问后，他又艰难地打出了第五句话：“对了，我还有一颗感恩的心!”现场顿时爆发出了雷鸣般的掌声……

霍金在 2006 年访问香港时回应一名叫斌仔（邓绍斌）的瘫痪病人，公开要求安乐死合法化：“我认为他（斌仔）应该有权决定结束自己的生命，但这会是一个很大的错误。不论命运看似有多糟，你依然可以有所作为、有所成就。生命尚存，总有希望。”的确，用霍金自己的话来说，活着就有希望，人永远不能绝望！比大海更广阔的是天空，比天空更广阔的是人的胸怀！即使病魔把霍金关在果壳中，他也是无限空间之王！

信息来源：百度百科

胡适文存

—胡适—

品读之路

科学理性之精神　自由健全之人格

在当下流行的豆瓣网上有一组讨论，话题就是“为什么要读胡适”？有人说“都是常识，写得很柔软”。有人说“自由之精神，独立之人格。他的文章、思想、主张、观念是很好的体现和阐述”。再有人说“读胡适可以明白‘面包和自由’的关系，当你再次面对历史抉择的十字路口时，你知道该怎么走”。但凡说到胡适，十八九岁的你们可能很容易联想到一个晦涩枯燥的老学究，如果不做学术史研究，读胡适有什么意义？是你们的疑虑，也是我们在推荐此书时思考的问题。

很多人都拿胡适和鲁迅以及其他新文化运动先驱来作比较，有学者这样归纳：“一个是谦谦君子，一个是铮铮铁骨；一个海纳百川，一个疾恶如仇。一个崇尚民主渐进改良，一个力推激进变化革命；一个以‘立’为主，一个以‘破’为心；一个是播种者，一个是医疗者；一个是‘饭’，一个是‘药’。”历史的车轮滚滚向前，选鲁迅还是胡适？其实是问题也不是问题。对于鲁迅的东西我们比较熟悉，读中学的时候课本里出现得比较多，总体上感觉鲁迅是在那个变数无穷的年代拿笔当枪使的革命战士。胡适的文章，中学生读得不太多，但是大学生却更偏爱一些，有评价说胡适是“新文化中旧道德的楷模，旧伦理中新思想的师表!”胡适是现代著名学者、诗人、历史学家、文学家、哲学家，他在美国留学时学的是农业，回国的时候24岁，已经是个博士了。后来一共得了36个博士头衔，26岁就做了北大教授，后任北大校长。作为文学革命的提倡者和新文化运动的领袖之一，胡适兴趣广泛，著述宏富，在文学、哲学、史学、考据学、教育学、伦理学、红学等诸多领域都有开创性的贡献。胡适有言：“哲学是我的职业，文学是我的娱乐。”张爱玲、钱钟书等文学巨匠也是踏着胡适的肩膀成长起来的，不少青年读过胡适的书后都将先生作为偶像。先生有云：“但开先河不为师。”大概他理解的为人师就是“授之以渔”和“授之以鱼”的关系，他只是给出了一些对社会的研究方法和思路而已。总体上感觉胡适是个非常有涵养的人，既有美国自由主义分子的犀利尖锐，又有中国儒家士大夫的仁者爱人，文笔犀利却句句中肯，思考透彻可拨云见日，修为之深，风骨长存。

对于初次了解胡适其人的应该读《胡适文存》，《胡适文存》一共四集，是胡适学术研究中的精华，但却并不晦涩，实质上是胡适自选的杂文集，深受人们的喜爱，曾经再版十余次。在1924年7月以前，《胡适文存》和《独秀文存》一样，有一段时间，在北京是不能卖的，作为禁书在私底下就流传很广，解禁后更是广受追捧。陈西滢1927年推选新文学十部杰作，《胡适文存》是列在首位的，郁达夫的《沉沦》、鲁迅的《呐喊》和郭沫若的《女神》都在其后。

今天，知识界关注着韩寒和方舟子的论战，在硝烟弥漫处深思，越发怀念胡适，他对待批评的理性态度，他的“有几分证据说几分话”，他对“容忍”的以身作则，都成了这个时代的空谷绝音。胡适有着大胆假设、小心求证的精神，在针砭时弊中也可以时刻透露出学者应有的理性温和。以胡适所著的《问题与主义》一文为例，告诉我们一个道理：一切主义，一切学理，都该研究。但只可认作一些待证的见解，不可认作天经地义的信条；只可认作参考印证的材料，不可奉为金科玉律的宗教；只可用作启发心思的工具，切不可用作蒙蔽聪明、停止思想的绝对真理。如此方才可以渐渐养成人类的创造的思想力，方才可以渐渐使人类有解决具体问题的能力，方才可以渐渐解放人类对于抽象名词的迷信。

“宁鸣而死，不默而生。”胡适90多年前的著述在许多人看来，句句言中今日之社会，社会之万象。读胡适，你会发现多少年后我们才明白过来的事儿，胡先生早就看透了。后人许多回忆胡适的文章喜欢用“我的朋友胡适之”来亲切地称呼这位大家。学者称之为朋友，大学生也称之为朋友，正应了先生不好为人师，只言真与理的作风。胡适讲哲学道理，也讲《学生与社会》《为什么读书》《非个人主义的新生活 》《领袖人才的来源》……胡适对科学理性精神的提倡，对自由主义和公民社会的提倡，对培养健全人格的鼓励，这些东西对现代社会任何一个公民都是适用的。另外胡适的东西一般都不深奥，这也是因为胡适更多期望自己是一个公共知识分子而不是大师胡适。除去诸如对中国哲学的考证、推广白话文这些胡适先生自己的专业研究外，进一步的开启民智才是更彰显他作用的地方。

作品概览

《胡适文存》由亚东图书馆于 1921 年 12 月出版，在民国一版再版，累计印了六万余部，是当时了不起的畅销书。有精装和平装两种，按胡适自序说：“是我这十年来的文章，因为有好几篇不曾收入，故名为《文存》。”

《胡适文存》分四卷，也就是四册，卷一是“论文学的文”，收录文章大致写于 1911 年 5 日至 1921 年 11 月；卷二和卷三是“带点讲学性质的文章”，分别于 1924 年和 1930 年由亚东图书馆出版；收录文章大致写于 1922 年至 1930 年；卷四则是“杂文”——杂散的文字，收录文章大致写于 1930 年至 1935 年。卷四“因为有许多讨论政治的文字……在这个时候不便收集印行”，所以把有关学术思想的部分抽出来，编了一本《胡适论学近著》，由商务印书馆在 1935 年出版。《胡适文存》的文章，基本上都是发表过的，由亚东图书馆的伙计，平时收集起来，请胡适审阅后编好目录印行的。对胡适来说，很为省心，他要做的只是对不满意的篇章做些修改。

《胡适文存》是胡适思想的精华，影响了一代又一代青年，从大学者梁实秋、钱钟书，到著名作家张爱玲，直到当代的李敖，都把《胡适文存》列为对自己影响最大的书。这本胡适亲选作品集，完整再现胡适本人最满意的民国最好底本的原貌，感受原汁原味的胡适思想精华。

精彩摘录

胡适：赠予今年的大学毕业生（节选）

这一两个星期里各地的大学都有毕业的班级，都有很多的毕业生离开学校去开始他们的成人事业。学生的生活是一种享有特殊优待的生活，不妨幼稚一点，不妨吵吵闹闹，社会都能纵容他们，不肯严格地要他们负责行为的责任。现在他们要撑起自己的肩膀来挑他们自己的担子了。在这个国难最紧急的年头，他们的担子真不轻！我们祝他们的成功，同时也不能不依据我们自己的经验，赠予他们几句送行的赠言——虽未必是救命毫毛，也许作个防身的锦囊罢！

你们毕业之后，可走的路不出这几条：极少数的人还可以在国内或国外的研究院继续作学术研究；少数的人可以寻着相当的职业；此外还有做官、办党、革命三条路，此外就是在家享福或者失业闲居了。第一条继续求学之路，我们可以不讨论。走其余几条路的人，都不能没有堕落的危险。堕落的方式很多，总括起来，约有这两大类。第一是容易抛弃学生时代的求知识的欲望。你们到了实际社会里，往往所用非所学，往往所学全无用处，往往可以完全用不着学问，而一样可以胡乱混饭吃，混官做。在这种环境里，即使向来抱有求知识学问的决心的人，也不免心灰意懒，把求知的欲望渐渐冷淡下去。况且学问是要有相当的设备的；书籍，试验室，师友的切磋指导，闲暇的工夫，都不是一个平常要糊口养家的人所能容易办到的。没有做学问的环境，又谁能怪我们抛弃学问呢？第二是容易抛弃学生时代的理想的人生的追求。少年人初次与冷酷的社会接触，容易感觉理想与事实相去太远，容易发生悲观和失望。多年怀抱的人生理想，改造的热诚，奋斗的勇气，到此时候，好像全不是那么一回事，渺小的个人在那强烈的社会炉火里，往往经不起长时期的烤炼就熔化了，一点高尚的理想不久就幻灭了。抱着改造社会的梦想而来，往往是弃甲曳兵而走，或者做了恶力的俘虏。你在那俘虏牢狱里，回想那少年气壮时代的种种理想主义，好像都成了自误误人的迷梦！从此以后，你就甘心放弃理想人生的追求，甘心做现成社会的顺民了。要防御这两方面的堕落，一面要保持我们求知识的欲望，一面要保持我们对于理想人生的追求。有什么好法子？依我个人的观察和经验，有三种防身的药方是值得一试的。

第一个方子只有一句话："总得时时寻一两个值得研究的问题!"

第二个方子也只有一句话："总得多发展一点非职业的兴趣。"

第三个方子也只有一句话："你总得有一点信心。"

一粒一粒的种，必有满仓满屋的收，这是我们今日应该有的信心。

我们要深信：今日的失败，都由于过去的不努力。

我们要深信：今日的努力，必定有将来的大收成。

佛典里有一句话："福不唐捐。"唐捐就是白白的丢了。我们也应该说："功不唐捐!"没有一点努力是会白白的丢了的。在我们看不见想不到的时候，在我们看不见想不到的方向，你瞧!你下的种子早已生根发叶开花结果了!

朋友们，在你最悲观最失望的时候，那正是你必须鼓起坚强的信心的时候。你要深信：天下没有自费的努力。成功不必在我，而功力必不唐捐。

故事

职校走出的知识型技师

2004年，朱卫峰从武汉职业技术学院毕业进入长动集团涡轮机厂工作时，最开始的工作是把一个平面铣平，月薪800元。但是，不管是什么活儿，朱卫峰都认认真真做，而且勤快，不光看，勤动手，把书本知识和实践结合起来。他将每一项生产任务当作提高操作技能的机会，刻苦钻研，虚心好学。

两年后，和日本一家企业合作生产的155MW超高压汽轮机组让朱卫峰碰到了硬骨头。当时，他负责加工高压外缸，需要加工出两个直径长达2.5米的半圆弧，十几个槽必须一一对缝，加工难度和精度极高。朱卫峰仔细琢磨图纸，充分运用所学数控编程和操作知识，通过"程序补偿"并参考国内外的先进加工方法，最终制订出一套科学合理的加工方案，保质保量地完成了生产任务。他因此获得"长动科技成果二等奖"。

"不能师傅教你什么，你就做什么。"这是朱卫峰的口头禅。在实际工作中，他总是比别人更喜欢琢磨问题。在汽轮机转子加工中，由于机床刀具在高速旋转中会产生高温，加之冷却不均匀，刀具损耗严重。不仅损耗严重，并且冷却方法也是完全手动，非常原始。他琢磨出将冷却液加入压缩空气，形成喷雾，冷却快而均匀，并用旧矿泉水瓶做出了一套简易耐用的喷雾式冷却装置，提高了刀具寿命和加工效率。后来，这一简单而实用的做法推广到其他机台使用，为厂里节省了数十万元的辅助设备费用。

在担任所在机台的班长以后朱卫峰言传身教，每个人的积极性和创造性都被激发了出来：16名班组成员中已经拥有1名高级操作工程师、3名中级操作工程师和两名技师。朱卫峰带领的班组获得武汉市工人先锋号荣誉称号。

如今，朱卫峰的同学基本上都转行了，但是朱卫峰还在数控机床操作的一线坚持，不断前行，不断创新。

信息来源：《中国青年报》

菜根谭

—洪应明—

品读之路

儒释道三教真理结晶　修身解惑传世宝训

《菜根谭》的智慧始于它的名。宋儒汪革语："人就咬得菜根，则百事可成。"明于孔兼在为《菜根谭》写的题词中是这么阐释的："固自清苦历练中来，亦自栽培灌溉里得，其颠顿风波、备尝险阻可想矣。"又引用洪应明的话说："天劳我以形，吾逸吾心以补之；天阨我以遇，吾亨吾道以通之。"于氏的解释，增加了这样一层含意，即一个人面对厄运，必须坚定自己的操守，奋发努力，辛勤培植与浇灌自己的理想。乾隆间有学者三山为《菜根谭》再作序则说："凡种菜者，必要厚培其根，其味乃厚。"古人云："谭者，谈也，性定根香。"说明只有心性淡泊沉静的人，方能领会其中的旨意。

在此给大家推荐的《菜根谭》是明代还初道人洪应明收集编著的一部论述修养、人生、处世、出世的语录世集。洪应明，字自诚，号还初道人，有《菜根谭》传世。著有另一部作品《仙佛奇踪》，冯梦桢在《仙佛奇踪》中的《寂光镜引》中谈道："洪生自诚氏，幼慕纷华，晚栖禅寂。"从早年的热衷世事，到后来的归心事佛，可知作者饱经忧患，所历风波顿挫，当是不可言喻，到此方足以论人生与大道。史家称他"有仙佛奇踪"。

《菜根谭》成书于明万历年间，距今已有近四百年的历史。在相当长的时间里，它并未受到足够的重视，清乾隆间编纂《四库全书》，连“存目”都未收入。但是近年来，一股《菜根谭》热风行于海内外，人们将其与《孙子兵法》《三国演义》等书一起视作中国传统文化的经典之作。特别是台湾漫画家蔡志忠从《菜根谭》中选择一百二十五则，以其独特风格的漫画形式表现了洪氏的儒、道、释思想之三昧，演绎出《漫画菜根谭——人生的滋味》，将《菜根谭》普及到了千家万户，读之颇令人心旷神怡。中国人民大学教授虞祖尧为蔡志忠《菜根谭——人生的滋味》作序称：《金瓶梅》以文艺小说的形式揭露社会的黑暗，令人触目惊心而深省；《菜根谭》则以道德格言的形式指示人性的善恶，教导人们如何从复杂的人际关系中得到超脱。《金瓶梅》以其恢宏的构筑、细腻描绘社会形象而成为文学珍品，广泛流传至今。《菜根谭》却只能以其孤高的道德说教流传于僧舍道观、骚人墨客之间，几百年间，时隐时现，险些失传。可是，《菜根谭》在日本却备受社会各界人士的珍视，事业上成功的人爱读它，失意者亦爱读它；企业界、商界的人爱读它，政界、学术界的人士也爱读它。

阅读一本好书，就像与一位智者、一位挚友交谈，在他那双洞悉人世的慧眼的凝望中，在他那沉甸甸又带着暖意的警策下，你必然心有所悟且有所得。《菜根谭》蕴含之意大致有三：其一就是努力培养处世之根。所有种菜人都知道，种菜之时重点必放菜根之上。人生在世，处世为人，也应厚培其根，这根就是对人生真谛的探求和理解。其二不可轻视菜根。同菜叶、菜茎相比，菜根多被人们所遗弃，有很多人认为，处世的道理就如同菜根，根本不值得重视。作者洪应明却认为处世之道不能等闲视之。其三菜根自有菜根的妙处。根与菜比，难以相提并论，但窘困之人常把菜根当作蔬菜食用。只要不奢望太高，贪欲太多，菜根吃起来也是很香，且别有风味。或许洪应明就是嚼着菜根谈“菜根”，他希望人们品读《菜根谭》时，就像咀嚼菜根，并能从中品味出一些为人处世的滋味来。正所谓花香可以用鼻来品味，果香可以用舌来品味，而根香却需要用一颗智慧的心灵来品味。《菜根谭》具有“儒释道”三教真理的结晶和万古不易的教人传世之道，为旷古稀世的奇珍宝训。对于人的正心修身，养性育德，有不可思议的潜移默化的力量。其文字简练明隽，兼采雅俗。似语录，而有语录所没有的趣味；似随笔，而有随笔所不易及的整饬；似训诫，而有训诫所缺乏的亲切醒豁；且有雨余山色，夜静钟声，点染其间，其所言清霏有味，风月无边。

《菜根谭》有云："宠辱不惊，闲看庭前花开花落；去留无意，漫随天外云卷云舒。"何等美意令人神往。从其秀美的文辞，工整的对仗，深邃的含义，耐人寻味的背后故事，我们体会着人生的滋味，当你回味人生滋味的时候，不论你的感觉是酸、是甜、是苦、是辣，请别忘记人生的本味只是清淡。难怪我们伟大的领袖毛主席也酷爱此书并警醒我辈"安贫者能成事，嚼得菜根者，百事可做"。

作品概览

《菜根谭》是以处世思想为主的格言式小品文集，采用语录体，糅合了儒家的中庸思想、道家的无为思想和释家的出世思想的人生处世哲学的表白。《菜根谭》文辞优美，对仗工整，含义深远，耐人寻味。是一部有益于人们陶冶情操、磨炼意志、奋发向上的通俗读物。作者以"菜根"为本书命名，意谓"人的才智和修养只有经过艰苦磨炼才能获得"。

《菜根谭》现存有大体两种不同版本——清刻版与明刻版，明刻版来自三峰主人于孔兼的题词，系日本内阁文库昌平坂学问所的藏本，据说当初刊载于明代高濂编辑的《雅尚斋遵生八笺》中。书分前后两集，前集 225 条，后集 135 条，共 360 条。清刻版，以光绪丁亥年扬州藏经院木刻本为主，参以二十三年佛学书局排印本。此书与《围炉夜话》《小窗幽记》并成为"处世三大奇书"。

《菜根谭》采儒、佛、道三家之精髓，以心学、禅学为核心，融处世哲学、生活艺术、审美情趣于一体。《菜根谭》分为修身、应酬、评议、闲适四个部分。这四部分也正如我们的人生历程：少年时努力学习，提高品格素养；青年时进入社会，与形形色色的人接触交际；待中年时期，阅历进一步丰富，对人生也有一定的评价；最后到了晚年功成名就之时，可以放松身心，返璞归真。古人云：修身、齐家、治国、平天下。《菜根谭》以众多富含哲理的名言警句教予世人出世入世之法则及为人处世之道，引人入胜，令人深思且耐人寻味。

精彩摘录

修身

欲做精金美玉的人品，定从烈火中煅来；思立掀天揭地的事功，须向薄冰上履过。

一念错，便觉百行皆非，防之当如渡海浮囊，勿容一针之罅漏；万善全，始得一生无愧。修之当如凌云宝树，须假众木以撑持。

有百折不回之真心，才有万变不穷之妙用。

立业建功，事事要从实地着脚，若少慕声闻，便成伪果；讲道修德，念念要从虚处立基，若稍计功效，便落尘情。

面上扫开十层甲，眉目才无可憎；胸中涤去数斗尘，语言方觉有味。

完得心上之本来，方可言了心；尽得世间之常道，才堪论出世。

立百福之基，只在一念慈祥；开万善之门，无如寸心挹损。

塞得物欲之路，才堪辟道义之门；驰得尘俗之肩，方可挑圣贤之担。

应酬

士君子之涉世，于人不可轻为喜怒，喜怒轻，则心腹肝胆皆为人所窥；于物不可重为爱憎，爱憎重，则意气精神悉为物所制。

倚高才而玩世，背后须防射影之虫；饰厚貌以欺人，面前恐有照胆之镜。

好丑心太明，则物不契；贤愚心太明，则人不亲。士君子须是内精明而外浑厚，使好丑两得其平，贤愚共受其益，才是生成的德量。

好察非明，能察能不察之谓明；必胜非勇，能胜能不胜之谓勇。

随时之内善救时，若和风之消酷暑；混俗之中能脱俗，似淡月之映轻云。

思入世而有为者，须先领得世外风光，否则无以脱垢浊之尘缘；思出世而无染者，须先谙尽世中滋味。否则无以持空寂之后苦趣。

与人者，与其易疏于终，不若难亲于始；御事者，与其巧持于后，不若拙守于前。

故事

淡定面对“飞来横财”

一天，结束了上午的学习后，重庆工业职业技术学院的大二女生刘春拿着自己的农业银行储蓄卡到位于学校食堂的自动柜员机，准备支取100元做生活费。柜员机上显示出的余额让她一下子惊呆了，400866.72元!

面对自己卡上的这笔“天上飞来的横财”，刘春为这笔意外飞来的巨款该如何找到主人发愁起来。顾不上吃饭，刘春找到班主任老师商量后，到渝北区双凤桥派出所报了案，希望通过警方确认失主身份，将钱物归原主。最终，经过银行、警方多方确认，将这笔钱错汇到刘春卡上的是某通讯公司财务负责人刘女士。

原来，刘春大一时曾在该通讯公司做过促销员，因为都姓“刘”，刘女士在网上转账时点击账户，一时疏忽，将原本要转账到自己卡上的钱转给了刘春。在经银行出具相关手续及警方核实相关情况后，刘春将这笔巨款归还了主人。

刘春说，虽然自己出生在农村，家里有70多岁的老奶奶，体弱多病的妈妈，还有正念初二的弟弟，全家人都靠父亲在福建打工，挣取生活费和学费，生活得很窘迫，“但不论我的家庭有多困难，我都不能动不属于我自己的东西”。

“她是我们班上家庭最贫困的几个学生之一”，麻灵老师介绍，刘春每月的生活费只有400元。“这样的孩子，能在40万元巨款进入自己的银行卡以后，毫不动心，实在难能可贵。”麻灵说。刘春是班上出了名的“孝顺妹”和“节俭妹”，懂事的刘春很少跟人提及自己不富裕的家庭，她说：“我感谢父母赐予我生命，不管我的家庭背景如何，不论我的父母从事何种职业。”看得出，这是她内心真正的表达，因为当她说这些话的时候，眼睛是明亮的、有神的，嘴角是扬起的、微笑的。

根据刘春的表现，学校拟授予她“最佳诚信学生”称号。

信息来源：高职高专网

没有任何借口

——费拉尔·凯普——

品读之路

敬业责任服从诚实　用西点准则规划人生

今天在这里给同学们推荐《没有任何借口》这本书有点纠结。这本书的知名度大，所传达的是西点军校 200 年来视为最重要的行为准则“No Excuse”，对于职业院校的同学来说更是颇有价值，值得推荐；但如果你要到书店去买或者图书馆去借阅，再或者到网络上去搜索一下，你便疑惑了。这本书的版本之多，令人眼花缭乱，比如本页插图中的两本《没有任何借口》是一样的吗？名字完全一样，构图也很像，乍眼一看就是同一本书嘛，但仔细看却有诸多不同，甚至连书的作者、字数、单价都完全不同。更不要说在书名上加前缀后缀的出版物了，比如《执行没有任何借口》《工作没有任何借口》《落实责任没有任何借口》《人生没有任何借口》《优秀员工没有任何借口》……每一本都极力与“经典”和“权威”沾边，就连我这个书虫也感到有点头晕和滑稽。我纠结着是否推荐这样一本在市场上已经泛滥

了的书籍？推荐哪一本？怎么给大家写品读推荐语？但是作为一个在高职院校从教多年的教育者，以我对高职学生的了解，即将走上职场的你们太需要这样一种思维了，我必须推荐这本书。

我想，如果我要推荐，应该推荐出版最早的一本。我想起了十多年前，我读大学的时候就买过这本书。那时候此书刚刚出版，在社会上反响很强烈，大学老师也很热衷推荐此书作为我们的课外读物。书不厚，也不晦涩，如果读书速度快的人估计一天就能读完。当然，那时，此书只有一个版本。我从书架上找出了这本略染灰尘的书籍，是 2004 年出版的，《没有任何借口》，署名“〔美〕费拉尔·凯普著　金雨编译”，由机械工业出版社出版。

据了解，这本书一出版就火了，短短几个月再版 24 次，销量超过 200 万册，一大批国内赫赫有名的企业批量购买，发给员工人手一册，甚至还要求员工学习以后谈“体会”，写“读后感”。这本书卖得实在是太火了，以至于图书市场上很快就搭车跟出了多种版本的《没有任何借口》。8 月，中国工人出版社推出《没有任何借口Ⅱ》，朝华出版社推出《没有任何借口Ⅱ（完结版）》；9 月，企业管理出版社则推出了《没有任何借口全集》；10 月，机械工业出版社也推出了他们自己的《没有任何借口（提升版）》。2005 年，这本书被揭发为伪书，据反映，美国既没有 *No Excuse*（机械工业出版社出版的《没有任何借口》标注的英文原名）这本书，也没有“作者简介”中称“职业演说家、咨询专家、美国职业训练与发展中心创始人，毕业于美国西点军校，曾任美国陆军特种部队指挥官，多家著名公司独立董事和职业培训专家”的凯普这个人。但很快，机械工业出版社向国家新闻出版总署递交了一份说明材料证明他们出版的不是“伪书”。其实，我觉得，这些争执并不重要，商业竞争中出现什么样的插曲都是正常的调味剂，这阻止不了此书的畅销、再版和被模仿。

仅仅因为它号称是美国人写的“最完美的企业员工培训读本”，就能如此畅销吗？显然不是这么简单。请看《没有任何借口》是怎样给企业员工们上课的：“如果你为一个人工作，如果他付给你薪水，那么你就应该真诚地、负责地为他干，称赞他、感激他，支持他的立场，和他所代表的机构站在一起。”“我们需要的是具备这种精神的人：他们想尽办法去完成任务，而不是去寻找任何借口，哪怕看似合理的借口。”句句都说到了老板的心坎儿上。

美国成功学家格兰特纳说过：如果你自己有系鞋带的能力，你就有上天摘星的机会！人生没有借口，失败也没有借口！生活只有两种态度：要么努力去实现，要么不停地辩解。玛瓦·科林斯曾写过一首小诗，名叫《“本来想”先生》：

“本来想”先生有个朋友，名叫“没去做”先生。

你是否碰见过他们？他们是否拜访过你？

我听说，这二位住在一座叫“从来不会赢”的屋里。

屋子周围常有幽灵出没，这幽灵名叫“本来能够”。

制造和接受借口会产生一系列问题，从愤恨、抱怨、推诿、卸责、拖延发展成为部分或全部失败的恶性循环。经常意识不到自己正在找借口，因为这已经成为一种无知的、下意识的习惯，而这一习惯更因为和其他借口制造者的联合而变得更加顽固。“没有任何借口”首先是一种自我负责的精神，把“没有任何借口”理念细化为自我责任、目标、服从、正直、宽容、自尊等品质，只有对自我负责的人才能对工作、对家庭、对社会负责。

作品概览

“没有任何借口”是美国西点军校奉行的最重要行为准则，是西点军校传授给每一位新生的第一个理念。其核心是敬业、责任、服从、诚实。这一理念是提升企业凝聚力、建设企业文化的最重要的准则。秉承这一理念，众多著名企业建立了自己杰出的团队。

《没有任何借口》全书分为四部分：一、没有任何借口。没有任何借口；借口是拖延的温床；借口的实质是推卸责任；找借口，不如说“我不知道”；执行，不找任何借口。二、服从，行动的第一步。视服从为美德；说谎是最大的罪恶；纪律——敬业的基础；对立情绪要不得；工作中无小事；记住，这是你的工作；立即行动。三、做最优秀的员工。工作就意味着责任；负责任的人是成熟的人；责任——荣誉——企业；多加一盎司，工作就大不一样；我心目中的优秀员工；全力以赴。四、超越雇佣关系。工作是我们要用生命去做的事；忠诚是无价之宝；怀抱一颗感恩的心；带着热情去工作；荣誉感——团队的灵魂。

精彩摘录

在西点，我作为新生学到的第一课，是来自一位高年级学员冲着我大声训导。他告诉我，不管什么时候遇到学长或军官问话，只能有四种回答：

"'报告长官，是'；'报告长官，不是'；'报告长官，没有任何借口'；'报告长官，我不知道'。"除此之外，不能多说一个字。

他曾问我："你为什么不把鞋擦亮?"，我说，"哦，鞋脏了，我没时间擦。"这样的回答得到的只能是一顿训斥。因为军官要的只是结果，而不是喋喋不休、长篇大论的辩解！

西点让我明白这样的道理：如果你不得不带队出征，那就别找什么借口了，并在当晚给士兵的母亲写信。如果你不得不解雇公司的数千名员工，那也没什么借口，因为你本应预见到要发生的事，并提前寻找对策。

"没有任何借口"是西点军校奉行的最重要的行为准则，它强化的是每一位学员想尽办法去完成任何一项任务，而不是为没有完成任务去寻找任何借口，哪怕看似合理的借口。其目的是为了让学员学会适应压力，培养他们不达目的不罢休的毅力。它让每一个学员懂得：工作中是没有任何借口的，失败是没有任何借口的，人生也没有任何借口。

"没有任何借口"看起来似乎很绝对、很不公平，但是人生并不是永远公平的。西点就是要让学员明白：无论遭遇什么样的环境，都必须学会对自己的一切行为负责！学员在校时只是年轻的军校学生，但是日后肩负的却是自己和其他人的生死存亡乃至整个国家的安全。在生死关头，你还能到哪里去找借口？哪怕最后找到了失败的借口又能如何?"没有任何借口"的训练，让西点学员养成了毫不畏惧的决心、坚强的毅力、完美的执行力以及在限定时间内把握每一分每一秒去完成任何一项任务的信心和信念。

故事

越挫越勇的创业人

张继华，2002年毕业于宁波职业技术学院市场营销专业。

毕业后，他选择了去舅舅的公司上班。"当你刚踏上社会，一无所有的时候，你首先要学会吃苦，还要吃得起苦。这是一笔宝贵的财富，你要好好珍惜。"每次想放弃的时候，他都会这样鼓励自己。于是，他放平了心态，与普通工人一起上下班。面对舅舅的特殊照顾，他总是笑着拒绝。他不仅经常工作到深夜十二点，还主动在双休日加班。三年如一日的忘我工作，锤炼了他吃苦耐劳的精神，使这个青年多了一份异于常人的魄力。

2005年2月，张继华创办了金华市美雅手袋有限公司。万事开头难，四处筹钱采购原材料，接手的外贸订单金额小、时间短。一次，为了保质、保量地按时完成客户的订单，他和全体员工通宵达旦地工作，连闭一下眼睛的时间都舍不得。成功交单后，大家都激动地拥抱着痛哭。7 月，公司已经初具规模，员工达 100 多人，每月的生产总值在 30 万元左右。但好景不长，商海变幻莫测。年底，公司所经营的产品外贸价格急剧下降，销售利润相当微薄。祸不单行，2006 年 2 月，一个长期合作的中间商被其外国客户诈骗了 138 万元货款，货款中也有张继华公司的二十多万元。他的公司不仅血本无归，流动资金也受到了严重的影响。2006 年 4 月，张继华的父亲被诊断为晚期胃癌。那时，他几乎崩溃了，完全没有心思去经营公司，一心只想筹钱为父亲治病，公司关闭了。

2006 年 7 月，他处理完父亲的后事，擦干眼泪，他再一次勇敢地走上了创业之路。次年 3 月，他选择开办资金投入较小的副食品批发部，同时刚好遇上雪花啤酒寻求东阳发展经销商。他东拼西凑了两万元钱，租了个二十几平方米的仓库，买了辆货车开始铺货。每天早出晚归，至少要走访五十个终端，游说饭店和超市进货。一星期下来，他的喉咙也嘶哑了，但仍意志坚定地继续着。天道酬勤，短短半个月他就有 200 多家终端了。当时有个饭店的老板得知他是大学学历，就不解地问，好好的大学生不当，大热天卖什么啤酒呀？读大学有什么用？他沉默了，暗自决心用事实证明一切。

经过一年的发展，他的批发部已经扩建到两百平方米，有了三辆货车，每月的销售额在十万元左右。张继华的人生并非是一帆风顺的，他尝试过失败，品味过痛苦，但这一切一切的挫折并没能击垮他。最终，张继华再一次勇敢地走上了创业之路，并且证明了自己的实力。

信息来源：高职高专网

平凡的世界

—路遥—

品读之路

平凡不平庸　生命开鲜花

这一部伟大的巨著，为我们解说了平凡和苦难，阐释了生活的意义。书中为我们描述的是一个平凡的世界，一个黄土地上的世界。这里生活着一群世世代代面朝黄土背朝天的普通人，他们演绎着一幕幕生老病死、悲欢离合、贫穷与富裕、苦难与拼搏、世事变更的戏剧。是喜剧？悲剧？正剧？也许都有一点。在这本书里，没有华丽的辞藻，没有惊险离奇的情节，没有惊天动地的场面，有的只是平凡的人、平凡的生活、平凡的感情、平凡的故事。

写底层生活而获得巨大成就的作家很多，甚至摘得了诺贝尔文学奖桂冠，但是把生活的苦难、残酷和卑微描写得如此无辜、纯洁甚至可爱，在我所了解的作家中恐怕只有路遥一人能够做到。路遥曾经写过一篇散文《早晨从中午开始》，让人们了解了《平凡的世界》创作背后的艰辛，从贫困中成长起来的路遥为了写好作品又深入贫困和寂寞寻找灵感，他形容自己："像牛一样劳动，像土地一样奉献。"这是一部用生命来写成的书。当他写《平凡的世界》才到三分之二时，已经病入沉疴，甚至可以说是奄奄一息，为了写作，路遥选择了与时间拼命赛跑。他希望自己能给读者一部完整的作品，他用生命来实现了这个承诺！在亘古的大地与苍凉的宇宙间，一种平凡的声音，荡气回肠。《平凡的世界》这部泣血之作最终获得了中国第三届茅盾文学奖，但不久后，路遥与世长辞，年仅42岁！贾平凹评价路遥："他是一个优秀的作家，他是一个出色的政治家，他是一个气势磅礴的人。但他是夸父，倒在干渴的路上。他的文学就像火一样燃出炙人的灿烂的光焰。"

路遥去世后20年间，社会巨变，人们越来越讲究实际，但是中国青年报做了项调查，结果发现很多青年人，仍然把《平凡的世界》列为对他们人生影响最大的文学作品。在获得茅盾文学奖的作品中，《平凡的世界》可说是读者面最为广泛、对读者影响最深远、魅力最持久的。2012年在"文明中国"全民阅读调查活动中，《平凡的世界》甚至超过了《红楼梦》，荣获2012年读者最想读的图书第二名；由中共北京市委宣传部和北京市新闻出版局等17家成员单位组织的"大众有奖荐书活动"中，《平凡的世界》荣登榜首。这些都显示出其作为经典文学作品对读者们的恒久吸引力。没有组织，没有炒作，这一切都是悄悄发生的。它似乎又一次证明了一个道理，就是真正的敬意总是起自于默默地阅读。

路遥熟读世界文学、外国名著，但是他不愿意这样写。他用最老实本分的东西写平凡的世界、平凡的劳苦大众，他的现实主义是诗意的现实主义。只有一个人对世界了解得更广大，对人生看得更深刻，那么，他才有可能对自己所处的艰难和困苦有更好意义的理解；甚至也会心平气和的对待欢乐和幸福。因此，在《平凡的世界》中，平凡都变得美丽而有诗意，劳动者是幸福的，无论在哪个时代。人，无论在什么位置，无论多么贫寒，只要一颗火热的心在，只要能热爱生活，上帝对他就是平等的。只有做一名劳动者，不把不幸当作负担，才能去做生活的主人，用自己真诚的心去体验，毕竟生命属于我们只有一次。

《平凡的世界》洋洋百万字，人物交错，故事曲折，一股正能量穿透陕北的黄土地，激荡、生辉。我们活在人世间，最为珍视的应该是什么？金钱？权力？荣誉？人们宁愿去关心一个蹩脚电影演员的吃喝拉撒和鸡毛蒜皮，而不愿了解一个普通人波涛汹涌的内心世界。精神的年轻，内心的温暖和希望，才是生活最广阔的意义，是付出而不是得到，是奋斗而不是索取，虽平凡但不平庸。

作品概览

《平凡的世界》是一部现实主义小说，也是一部小说形式的家族史。时间跨度从 1975 年到 1985 年，浓缩了中国西北农村的历史变迁过程，在小说中全景式地表现了中国当代城乡的社会生活。在近十年的广阔背景下，以孙少安和孙少平两兄弟为中心，以整个社会的变迁、思想的转型为背景，通过复杂的矛盾纠葛，刻画了社会各阶层普通人们的形象，成功地塑造了孙少安和孙少平这些为生活默默承受着人生苦难的人们。在这里，人性的自尊、自强与自信，人生的苦难与拼搏，挫折与追求，痛苦与欢乐，纷繁地交织，深刻地展示了普通人在大时代历史进程中所走过的艰难曲折的道路，读来令人荡气回肠，不忍释卷。被誉为“茅盾文学奖皇冠上的明珠，激励千万青年的不朽经典”。而书中最引人感动的，还是孙氏兄弟不甘为命运的玩偶，在沉重的生活中发掘自己被禁锢的价值，自强不息的主旋律。

精彩摘录

1975 年二三月间，一个平平常常的日子，细蒙蒙的雨丝夹着一星半点的雪花，正纷纷淋淋地向大地飘洒着。时令已快到惊蛰，雪当然再不会存留，往往还没等落地，就已经消失得无踪无影了。黄土高原严寒而漫长的冬天看来就要过去，但那真正温暖的春天还远远地没有到来。

在这样雨雪交加的日子里，如果没有什么紧要事，人们宁愿一整天足不出户。因此，县城的大街小巷倒也比平时少了许多嘈杂。街巷背阴的地方，冬天残留的积雪和冰溜子正在雨点的敲击下蚀化，石板街上到处都漫流着肮脏的污水。风依然是寒冷的。空荡荡的街道上，有时会偶尔走过来一个乡下人，破毡帽护着脑门，胳膊上挽一筐子土豆或萝卜，有气无力地呼唤着买主。唉，城市在这样的日子里完全丧失了生气，变得没有一点可爱之处了。

只有在半山腰县立高中的大院坝里，此刻却自有一番热闹景象。午饭铃声刚刚响过，从一排排高低错落的石窑洞里，就跑出来了一群一伙的男男女女。他们把碗筷敲得震天价响，踏泥带水、叫叫嚷嚷地跑过院坝，向南面总务处那一排窑洞的墙根下蜂拥而去。偌大一个院子，霎时就被这纷乱的人群踩踏成了一片烂泥滩。与此同时，那些家在本城的走读生们，也正三三两两涌出东面学校的大门。他们撑着雨伞，一路说说笑笑，通过一段早年间用横石片插起的长长的下坡路，不多时便纷纷消失在城市的大街小巷中。

在校园内的南墙根下，现在已经按班级排起了十几路纵队。各班的值日生正在忙碌地给众人分饭菜。每个人的饭菜都是昨天登记好并付了饭票的，因此程序并不复杂，现在值日生只是按饭表付给每人预订的一份。菜分甲、乙、丙三等。甲菜以土豆、白菜、粉条为主，里面有些叫人嘴馋的大肉片，每份三毛钱；乙菜其他内容和甲菜一样，只是没有肉，每份一毛五分钱。丙菜可就差远了，清水煮白萝卜——似乎只是为了掩饰这过分的清淡，才在里面象征性地漂了几点辣子油花。不过，这菜价钱倒也便宜，每份五分钱。

故事

生活包含着更广阔的意义，而不在于我们实际得到了什么；关键是我们的心灵是否充实。对于生活理想，应该像宗教徒对待宗教一样充满虔诚与热情！

生活不能等待别人来安排，要自己去争取和奋斗；而不论其结果是喜是悲，但可以慰藉的是，你总不枉在这世界上活了一场。有了这样的认识，你就会珍重生活，而不会玩世不恭；同时也会给人自身注入一种强大的内在力量。

——《平凡的世界》

做喜欢的事情 并将它变成自己的职业

王警，中国航天科工集团二院23所数控车技术员，天生浅黄色的头发，和大多数80后一样，在下班之后会迷恋“中国好声音”和“非诚勿扰”，而和其他人不太一样的地方，就在于他特别爱和机器打交道。小时候，家里的收音机、缝纫机、电冰箱等凡是“带有金属外壳”的机器，基本上都经过他的手。多年之后，每当航天部门的领导表扬这个小伙子时，常会说这样一句话：“王警装出来的东西，别人拆都拆不了。”听到这儿，他便会心一笑。

王警在天津职业大学机械制造及自动化专业读大二时报名参加了全国职

业院校技能大赛。一年多的理论和实训学习，使他对数控机床有了感性的认识，但几乎没有“动大机器”的课程安排，让他始终觉得有些“手痒痒”。一年多后，他摘得2008年全国职业院校技能大赛（高职组）产品部件的数控编程、加工与装配项目比赛一等奖，并获得一个免试“专升本”的机会。王警毫不犹豫地选择了再读两年本科，毕业后，他十分顺利地跨过了中国航天界最为高端科技企业的门槛。更为重要的是，入职不到半年，王警再次出征，在他所在的航天二院技能竞赛中，一路过关斩将，最终战胜诸多强手，脱颖而出，夺得数控组竞赛中理论知识和实际操作的“双料冠军”。他还因此荣获了航天科工集团公司“航天技术能手”荣誉称号。所有这一切，为王警不经意间成就了一段略带传奇色彩的故事，在学校和单位传播开来。

王警所在车间的党支部书记王健一提起王警，就称赞他是同事们眼中的“热心人”“实在人”。王健提到一个细节：在一次党员创先争优活动中，上级要求每位党员都要将自己的创先争优想法落实到具体工作中，故活动名之“亮任务”。轮到王警时，却成了“量（化）任务”。“每周义务加班4个小时，每周义务帮助其他师傅做20个工时……”王健看到后，差点笑了出来，不过很快，他开始由衷地佩服这位年轻人，因为，这些量化可查的任务，他都做到了。王健告诉记者，当初招聘这位满身挂着荣誉的年轻人时，就把他当作单位的“宝贝”。如今，在单位里，王警已经开始“发光发热”。

在一个多数80后为理想而迷茫，乃至为现实的房子、车子、票子而苦恼时，王警却很少发愁。他说：“能把自己想要的东西通过双手从一个想法打造成现实，就是最大的满足。”

信息来源：高职高专网

追忆似水年华

—马赛尔·普鲁斯特—

品读之路

用意识流思维悟道、追梦、品人生

《追忆似水年华》是20世纪法国伟大小说家马塞尔·普鲁斯特（1871—1922）的代表作。马塞尔·普鲁斯特十分内向，敏感到了近于病态的程度，他的毕生精力都投入到《追忆似水年华》这部作品的创作修改之中。作品以其出色的心灵追索描写、宏大的结构、细腻的人物刻画以及卓越的意识流技巧而风靡世界。用“意识流小说的最高成就”来形容普鲁斯特的《追忆似水年华》并不算过分。尽管同时代就有乔伊斯的《尤利西斯》，过后还有获得诺贝尔文学奖的福克纳的《喧哗与骚动》，但谁能像他那样用七卷之多的皇皇巨著展示了纷繁美丽的法国社会形态以及形形色色的人物内心？全书以叙述者“我”为主体，将其所见所闻所思所感融合一体，既有对社会生活、人情世态的真实描写，又是一份作者自我追求、自我认识的内心经历的记录。整部作品没有中心人物，没有完整的故事，没有波澜起伏、贯穿始终的情节线索。它大体以叙述者的生活经历和内心活动为轴心，穿插描写了大量的人物事件，犹如一棵枝丫交错的大树，可以说是在一部主要小说上派生着许多独立成篇的其他小说，也可以说是一部交织着好几个主题曲的巨大交响乐。在小说中，叙述者“我”的生活经历并不占全书的主要篇幅。这种回忆表现的东西是“自我”，是人的内心世界，是人的精神生活。这种表现大量采用了“自由联想”方式，一物诱发一物，一环引出一环，形成作品意识联想自由流畅的态势，这就是意识流小说的基本特征。因此，这部小说被称为意识流小说的先驱，并宣告了“意识流小说”文学流派的形成。

有位普鲁斯特的研究者说过，读普鲁斯特，并不是要学习他的什么写作手法，而是要学会用他的眼光来看世界。我对这句话深表赞同。教堂的彩色长窗，河边的静谧睡莲，贡布雷的美丽山楂花……普鲁斯特将整个世界美好的东西用微妙缓慢的节奏铺成在你面前。谁没喝过果汁呢，可谁像普鲁斯特这样喝果汁的：没什么比果子的颜色转化成美味更叫人喜欢的了。煮过的果子，仿佛退回到开花的季节。果汁就像春天的果园，呈现出紫红色；或者像果树下的和风，无色、清凉，让人一滴滴呼吸，一滴滴凝视。这样细碎精致而又贴切的比喻，让我们重新换了一种态度来品尝果汁，那种温润甜美的回味和明亮宜人的熨帖，让寻常变得不同寻常起来。在普鲁斯特看来，没有什么是毫无意义的，一则香皂的广告也可以像《沉思录》一样，令人回味无穷；一则新闻也可以像世界名著一样，耐人寻味。人生是经不起半点删削压缩的，相反，它值得我们仔细推敲。生活之美，根本上是在于有一双善于观察的眼睛，熟视无睹会使许多本可以情味盎然的人生体验被埋没。感谢普鲁斯特，他将这些珍奇都一一挖掘出来，呈现在我们面前。

法国著名传记文学家兼评论家 A. 莫罗亚在《追忆似水年华》序言中写道：“一九〇〇年至一九五〇年这五十年中，除了《追忆似水年华》之外，没有别的值得永志不忘的小说巨著。不仅由于普鲁斯特的作品和巴尔扎克的作品一样篇帙浩繁，因为也有人写过十五卷甚至二十卷的巨型小说，而且有时也写得文采动人，然而他们并不给我们发现‘新大陆’或包罗万象的感觉。这些作家满足于挖掘早已为人所知的‘矿脉’，而马塞尔·普鲁斯特则发现了新的‘矿藏’。”由此可见，此书给我们的不仅仅是一部小说，而是一种思维方式、一种艺术表现形式、一个“新”的宝藏。

这部著作，一直是被大众视为阳春白雪并敬而远之的。即便是在小众读者群里，也是被谈论得多、被阅读得少——坚持读到最后一页的更少。有评论家这样说：那种漫长得风雅、细致到繁复、“把一根头发劈成四根”的文风，适合现代的有钱有闲读者于神定气闲中细细品来，不适合被肾上腺素驱动的后现代那囫囵吞枣的速食文化。这部小说的故事没有连贯性，中间经常插入各种感想、议论、倒叙，语言具有独特风格。这部作品改变了对小说的传统观念，革新了小说的题材和写作技巧。

作品概览

《追忆似水年华》全书共七部，十五卷，从1905年开始创作，至作者逝世前全部完成。1912年，他将小说前三部交给出版商，受到冷遇，1913年他自费出版了第一部《斯万之家》，市场反应冷淡。1919年，小说第二部《在少女们身旁》由卡里玛出版社出版，并获龚古尔文学奖，作者因而成名。随后发表小说第三部《盖尔特之家》、第四部《索多梅和戈莫勒》。作品的第五部《女囚》、第六部《女逃亡者》和第七部《重现的时光》，是在作者去世后发表的。这部小说中反映的是十九世纪八九十年代的巴黎，是反映临近巨大的变革与转折点时刻的法国社会的小说。

《追忆似水年华》这部长篇小说，除了第一部中关于斯万的恋爱故事采用第三人称描写手法外，其余都是通过第一人称叙述出来的，但作品中的“我”并不是传统小说中的第一人称，他只是一个穿针引线的人物，通过“我”的观察、感受引出其他人物和绘成绚丽多姿的画面。小说中的叙述者“我”是一个家境富裕而又体弱多病的青年，从小对书画有特殊的爱好，曾经尝试过文学创作，没有成功。他经常出入巴黎的上层社会，频繁往来于各茶会、舞会、招待会及其他时髦的社交场合，并钟情于犹太富商的女儿吉尔伯特，但不久就失恋了。此外，他还到过家乡贡柏莱小住，到过海滨胜地巴培克疗养。他结识了另一位少女阿尔伯蒂，发现阿尔伯蒂是同性恋，便决心娶她为妻，以纠正她的变态心理。他把阿尔伯蒂禁闭在自己家中，阿尔伯蒂却设法逃跑，于是，他多方打听她，寻找她，后来得知阿尔伯蒂骑马摔死。在悲痛中他认识到自己的禀赋是写作，他所经历的悲欢苦乐正是文学创作的材料，只有文学创作才能把昔日失去的东西找回来。小说开卷，“我”从床上醒来，在梦幻般的状态中千思百想集于心头。这时，由于一杯茶和一块点心的触发，使他回忆起小时候在姑妈莱奥妮家生活的情景。这不仅引出了叙述者的家庭身世和个人经历，还引出了盖尔芒和斯万两大家族，引出了形形色色的人物事件，整部小说的内容就是通过叙述者的回忆向纵深发掘，逐步推进，最后完整地呈现出来。小说故事套故事，人物事件众多。小说除了描写上流社会的生活外，还涉及文学、绘画、音乐、建筑，以及战争等诸多方面的内容。

整部作品对外部世界的描述同叙述者对它的感受、思考、分析浑然一体，又互相引发，互相充实，从而形成了物从我出、物中有我、物我合一的艺术境界。

精彩摘录

有回忆才是完美人生。

当一个人不能拥有的时候，他唯一能做的便是不要忘记。

生命只是一连串孤立的片刻，靠着回忆和幻想，许多意义浮现了，然后消失，消失之后又浮现。

且让我的泪流到那么远吧，这样，我的爱人将永远不会知道，曾有那么一天，我为他而哭；且让我的泪流到那么远吧，这样，或许我就能遗忘了琵卓河、修道院、比利牛斯山的教堂、那些迷雾，以及我俩曾一起走过的小径。

当现实折过来严丝合缝地贴在我们长期的梦想上时，它盖住了梦想，与它混为一体，如同两个同样的图形重叠起来合而为一样。

尽管我们知道再无任何希望，我们仍然期待。等待稍稍一点动静，稍稍一点声响。

故事

大学教我的第一课

本文作者李惠普，为麦可思研究院实习生、麦可思大学招生战略设计组成员。在成都外国语学校完成高中学习后，于 2009 年进入布林莫尔学院，写作本文时为数学系三年级生。让她的回忆录带我们一起感受一下国外大学的不同思维方式。

“礼貌待人，但做自己”

第一天的“破冰”活动中，为了让大家彼此认识，国际学生办公室的老师和学生志愿者从我们的申请文书和学前调查问卷中抽出一些我们介绍自己做过的事，比如说曾去过五个大洲，曾上过国家电视台，曾玩过蹦极等，列在给我们每人发的纸上。我们的任务就是在半个小时内通过不断跟人交流，找到做过这些事情的人，并把她们的名字写下来。刚开始大家还有点害羞，很快打招呼、问问题、讲故事的声音就充满了房间。半个小时后，我的单子上满是人名，每一个名字背后都是一段发生在不同文化背景下的新奇故事。看着一屋子来自各个国家的同学们，我觉得每个人怎么都这么特别。我印象最深的是宿舍长的一句话："礼貌待人，但做自己。"之后每当我遇到文化冲突带来的问题，都会想起这句话，觉得特别受用。

"你是学校的主人"

迎新会的第一天，学校发给我们每人一个文件夹，里面有接下来几天的活动安排和一张学校地图。迎新会的活动包括了一系列的讲座，讲座由学校各个学生工作办公室负责，内容从选课到安全常识无所不包。麻烦的是，每个讲座都在不同的建筑里。每次去听讲座我们都拿着地图，边找边走。遇到特别难找的建筑也会抱怨学校为什么不把所有讲座都安排在一个教室里进行。结果开学后看到课表上写着每门课在哪里上，发现那些教室自己都找得到，才明白学校是用这个办法来帮助我们熟悉校园。

图书馆也有类似的举措：在文件夹里有一张纸印满了问题，全和图书馆有关，比如"编号Q打头的书是什么类别?""哲学类的书在第几层楼?""编号为LB880F××××的书第5页第一个词是什么?"这些问题都只有在图书馆实地查看后才能回答。在迎新周结束前完成这些问题可以领奖品，我领到一个水壶，但比水壶更重要的是我知道了怎么在图书馆找书、借DVD、查看特殊藏品。

学校的建筑是哥特式，跟城堡似的。大礼堂有个房间从门上的小窗户望进去有很多书和老家具，我很想去看看，但又担心是什么重地不准随便进入，便问宿舍长能不能进。她说："为什么不可以呢?如果门上没有'禁止入内'的标志，门又可以打开，那就表示你可以随便进。你是学校的主人，可以随便使用学校的设施。"

"不试一试你怎么知道呢?"

因为在进校前填写的主任问卷（Dean's questionnaire）中我提到自己感兴趣的专业是经济和教育，学校便给我安排了一位经济学教授做我大一的学业导师（Academic Advisor），并在迎新周跟我第一次见面，了解情况。他很耐心地听我用英语磕磕巴巴地讲了我的选课计划，然后问我为什么要选两门经济课。我说因为我对经济比较有兴趣，很有可能学经济专业，所以想多上一点课。他笑笑说大部分像我这样的学生最后都没有学经济专业，所以让我不要过早限制了自己的选课。他还问我对其他哪些学科感兴趣，我说了教育，之后想了半天又说了个地理，他说不如选门地质课来上，或者选一点其他系的课上，兴趣这种东西，“不试一试你怎么知道呢？”

见完学业导师的第二天下午，学校在大礼堂举行了院系宣传展会，每个系都在礼堂中摆一张桌子，放上课程手册和传单，几名教授坐镇，向前来咨询的新生宣传本系的课程。东亚研究系的教授在桌子后架起了印有国画的屏风，桌子上放了个小盆景，几个教授都手持纸扇，吸引了很多学生前去询问。据说学中文和日文的美国学生一年比一年多，院系宣传会功不可没。近东考古系（Classical and Near Eastern Archaeology）的桌上摆了几个瓶瓶罐罐，桌旁边的宣传板上印着学校师生在希腊现场挖掘的照片，一旁的系主任滔滔不绝地讲着布林莫尔的近东考古系有多牛，全美第一云云，让人心痒痒的。每个系的介绍宣传看得我眼花缭乱，我第一次感到知识的魅力就这样立体形象地展现在我面前，于是第一个学期，我果断选了一门地质课，虽然证明我确实对地质没有兴趣，但不试一试我怎么知道呢？

后来的每个学期，我都有意识地选两个没有接触过的学科的课程，从中我知道了我特别喜欢逻辑性与思辨性强的学科，而我最初以为自己喜欢的经济学，其实也不是我的真爱，我最终选择了数学作为我的专业，“不幸地”再次印证了学业导师的话。但我感谢他给我的建议，我想在接下来的生活中，当我在面对新选择、新挑战时，我会鼓励自己去尝试，在不断地探索中更了解自己和世界。

信息来源：《麦可思研究》2012 年 8 月上旬刊

第三部　青春与励志

青春，是多么美好的字眼，是多么令人难忘的人生阶段，任何人都想拥有它，任何人都会怀念它。青春就像新发的嫩芽，显示出勃勃生机；青春犹如东升的太阳，射出万缕光芒。青春是首热情的诗，韵律优美，韵味深远，耐品耐读；青春是首励志的歌曲，旋律美妙，词意进取，鼓舞人心；青春还是幅缤纷的画作，色彩谐和，意境悠远，令人回味无穷……青春就是一首颂不完的诗，唱不完的歌，画不完的画。而我们，正是这诗、这歌、这画作当仁不让的创作者。

青春不孤单。青春的内涵不仅仅是一段年轻的时光和无限的活力，它更是对理想的追求、对挫折的挑战、对未来的奋力拼搏和对人生的尽力尽责。所以，青春的路上需要志存高远，励志奋斗！对于每一个年轻人来说，需要好好把握青春，凭着执著和激情无悔地去唤醒内在的创造力，寻求生命中的价值。

青春很公平。无论你怀抱的是怎样的理想，无论你坚守的是何样的道路，只要不断地开拓人生，不断地创造、前进、再前进，珍惜青春，迎难向上，就能真正彰显生存的标记。这一原则不管是在求学时，还是在就业后，在人生的任何时候都适用！

屈原小时候不顾长辈的反对，不论刮风下雨，天寒地冻，躲到山洞里偷读《诗经》。经过整整三年，他熟读了《诗经》305 篇，从这些民歌民谣中吸收了丰富的营养，终于成为一位伟大诗人；邓亚萍曾因为身材矮小，手腿粗短而无法进入国家队，但她并没有气馁，而是把失败转化为动力，坚持不懈苦练球技，最终如愿以偿站上了世界冠军的领奖台；肯德基的创始人桑德斯上校于年龄高达六十五岁时才开始从事这个事业，在被拒绝了一千零九次，花了整整两年时间之后，才终于获得成功……

犹如辛尼加所说:“青春并不是生命中一段时光，它是心灵上的一种状况。它跟丰润的面颊、殷红的嘴唇、柔滑的膝盖无关。它是一种沉静的意志、想象的能力、感情的活力，它更是生命之泉的新血液。”是的，青春，并不是我们所不能触及的，而是化为另一种表现张力，诠释着它存在的意义。所以，青春其实并不短暂，只要你拥有一颗年轻进取的心，只要你的生命中盛满了勇敢、奋斗与坚持的激情，你，就拥有了一份和太阳一样灿烂的青春。

青春，多姿！青春，多彩！青春是智慧，是力量；青春是奋斗，是进取。只要你愿意，青春，永远伴你而行！

青春之歌

——杨沫——

品读之路

别样的青春激情　独特的青春旋律

青春，是人生的一首歌，热情飞扬是她的歌词，奋力拼搏是她的乐曲，坚持不懈、永不放弃是她的主旋律。

塞涅卡说："青春不是人生的一段时期，而是心灵的一种状况。"是的，青春是属于每一个人的，没有年龄的界限，没有身体的约束，有的是激情，有的是挑战，有的是暴风雨过后的芳香……

每一个人都经历过或者正经历着充满活力与憧憬的美好青春，而《青春之歌》正是这样一本用激情唱响青春的经典之作。作品中所表达出的生命本真、大无畏精神、人性关怀和对理想的执著追求，始终能够打动和激励着我们。

这部小说自1958年出版后，便深受广大读者喜爱，尤其是青年读者对它更是加倍的关注和喜爱，并引起了当时学界和社会的巨大反响，引发出如潮评论，持久不退。其实，无论众多学者、作家、评论家如何从不同的角度来评价这部作品，无论作品中所展示出的艺术创作与历史真实有多大的差异，无论该作品在今天还存在着怎样的褒贬分歧，我们都不能否认，这部影响了整整一代人甚至是几代人的作品，的确是部不朽的经典之作。至今，它所绽放出来的青春气息，它所彰显的理想追求，仍然能够深深地打动我们，并且激励着我们执著地坚守心中的信念，不懈地追求心中的理想，并为之奋斗不已！

在《青春之歌》中，作者赋予女主人公林道静的青春激情不只是对理想人生的追求，还伴随有对纯真爱情的追求。在林道静的人生追求中，理想人生、纯真爱情是和独立的人格、自身的价值、对黑暗社会的反抗、对美好未来的憧憬融合在一起的。因此，正是林道静这种对理想人生和理想爱情永不懈怠的追求，使小说真正有了一股鲜活的生命之源。也正是燃烧着狂热激情的林道静才成为最后走向成功的新知识女性，也为人性自身作了一个最好的阐述，这一种青春激情不只是那个随处充满斗争的年代所需要的，也是现在和平年代所需要的，是人类所需要的！

《青春之歌》的作者杨沫，在小说中融入了很多自己的生活经历，书中的几位主人公也在现实生活中有着真人的影子。作品中的林道静，是一位地主家庭出身的小姐，不甘做花瓶，不愿授受父母包办的利益婚姻，克服重重苦难，挣脱精神的枷锁，最终成为一名勇敢坚强的共产党员。而杨沫也有着类似的经历，因家庭破产而从温泉女中辍学，为逃离父母包办的婚姻，当过小学教员、家庭教师和书店店员。抗战爆发后到冀中参加中国共产党领导的游击战争，做妇女、宣传工作。中华人民共和国成立后，曾任北京电影制片厂编剧、北京市作协副主席、中国作协理事、全国人大常委等职务。

这部作品多次再版，总发行量逾500万册，被译成近20种文字介绍到国外，至今，仍然可以称得上是中国当代文学中最重要的经典之一。著名作家茅盾、何其芳等都给予这部作品高度评价。而1959年由杨沫改编，崔嵬、陈怀皑执导的同名电影《青春之歌》被搬上银幕之后，立刻与小说一道在全国刮起了青春旋风。无论是小说还是电影，《青春之歌》都洋溢着对理想的执著追求、为民族解放的献身精神。这种精神指引着几代人的人生之路和精神历程，很多曾红极一时的应景之作随着时间的淘洗，渐渐淡出了人们的视线，然而《青春之歌》所具有的超越性价值，使作品始终如一地散发着其耀眼的艺术光泽。

青春，在人的一生中都有其特殊的价值，并占据着特殊的地位。一部《青春之歌》唱出了那个时代年轻人的心声，它以火一样的热情感染着每一个懂她的人，以独特的青春旋律鼓舞着每一个想要前进的人！这是洋溢着激情的青春，蕴含着无限力量的青春，青春给予了我们无尽的活力和美好的憧憬，我们，又怎么能够辜负她?！所以，请珍惜青春吧，无论这个时期的你处于坦途还是坎坷之路，都要把握好每一天，紧跟青春的节拍，勇敢磨砺自己，努力追求理想并为之奋斗，以激越的热情点燃美好的青春气息，谱写出属于自己的青春之歌！

内容概览

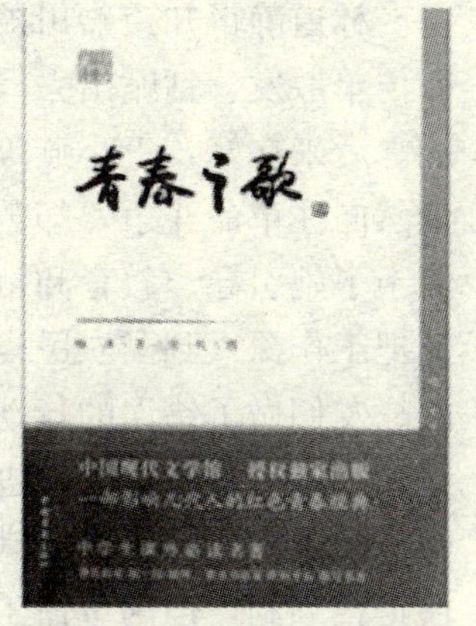

《青春之歌》主要是通过对小知识分子林道静不屈服于命运的安排，从资产阶级家庭中逃离出来，追求人生理想，努力进步，最后投入时代洪流走上革命道路的艰难曲折的历程的生动叙述，从而提炼出一个革命的思想主题：一切知识分子，只有把个人前途同国家民族的命运、人民的革命事业结合在一起，投入到时代的洪流中去，在改造客观世界的同时不断改造自己的主观世界，才有真正的前途和出路，也才有真正值得歌颂的美丽的青春。

林道静出身于一个地主家庭，18 岁时，为抗拒养母因钱而包办的婚姻，逃离封建家庭，投奔在北戴河教书的表哥。到了之后，才知道表哥已走。在走投无路时，遇到了人面兽心的校长余敬唐，林道静发现了余敬唐的无耻阴谋后，深感无助绝望，想要跳海自尽，幸而被一直在暗中关注她的北大学生余永泽救起，并与余永泽恋爱，使从小孤苦无依，没有得到过家庭温暖的林道静暂时享受到了人生的快乐。林道静在学校代课期间，偶然认识了另一北大学生卢嘉川，这个正直、充满朝气的进步青年成了她的第一个启蒙领路人，使她对革命斗争产生向往，开始在教学中宣传爱国主义思想。因受到余敬唐阻止，她愤然离开，回到北平，与余永泽生活在了一起。

虽然林道静很想独立，也坚持为之付出了很多的努力，但因社会旧观念的缘故，终究只能依靠余永泽过着平庸的生活。余永泽虽然深爱着她，但个人主义占据着他的整个心灵，使他和林道静之间渐渐出现了分歧。在一个除夕夜，白莉平公寓里，卢嘉川以及一些进步青年的演讲，使林道静第一次听到革命宣传，受到深刻的革命启蒙教育，并激起了她的爱国热情。孤军奋战的她找到了集体斗争的光辉道路，逐渐觉醒起来了，她从卢嘉川那里借来革命书籍，如饥似渴地吸收着进步思想。林道静的生活开始变得充实，思想快速进步，也因为此，她与余永泽的思想冲突与矛盾日益加剧。

在聚会后不久，林道静参加了由许宁、卢嘉川等人组织的“三·一八”纪念游行。林道静第一次感受到群众的力量和革命斗争的激情。在卢嘉川与徐辉等人的交往中，道静的思想不断提高，与余永泽之间的分歧越来越大，终因余永泽赶走在他家暂避特务盯梢的卢嘉川使之被捕，而导致夫妻感情彻底破裂。

林道静得知卢嘉川被捕后，心中悲愤难忍，毅然拿出卢嘉川留下的标语和传单散发、粘贴出去，第一次变得坚强起来。但是不久，林道静也不幸被捕。后来在好友王小燕等人的帮助下逃到定县，当起了教员。林道静在学校依然向往革命斗争，却苦于无人指导行动。就在她焦灼不堪时，江华到来，给予了她引导、教育和帮助。她积极投入工作，不仅在学校宣传爱国思想，还把工作深入到了农民当中。然而当叛徒戴愉到定县后，故意指示道静及她的战友们做了错误的行动，以至活动遭到破坏。林道静在学生和学生家长的帮助下逃过追捕，并由进步青年李永光的母亲安排到地主宋贵堂家做家庭教师。在李永光的母亲和满屯的教育下，她有了正确的阶级意识。工作本来开展得很顺利，但因革命工作者名单的泄露，她的身份也被暴露，她又一次走上了出逃的道路。

逃回北平后，林道静又一次暴露了形迹而被捕。在狱中她受到了严酷的刑罚，但监狱却成了林道静的革命大学，她在这里又受到第三个引路人林红的教育。这位美丽坚强的女战士，把牢房当课堂进行革命宣传。使林道静在狱中逐步消除着自身的脆弱，更坚定了斗争信念，使她对革命有了更深刻的理解，思想有了升华。道静出狱后，终于被吸收入党，成了一名真正的共产党员，并和革命战友接受了革命工作安排。到北大开展工作，就是她的工作之一。初到北大，因为叛徒戴愉的一系列破坏，导致工作困难重重，而且晓燕相信了戴愉的谎言，在她到北大的第三天就被打。但她还是克服了种种困难，成功组织了“一·二九”运动。谱写了一曲壮丽的青春之歌。

精彩摘录

迷人的爱情幻成的绚丽虹彩，随着时间渐渐褪去了它美丽的颜色。林道静和余永泽两个年轻人都慢慢地被现实的鞭子从幻觉中抽醒过来了。

一个木字是独木，两个木就成了林，三个木变成巨大的森林，那么，狂风再也吹不倒它们。你一个人孤身奋斗，当然只会碰钉子。可是当你投身到集体的斗争中，当你把个人的命运和广大群众的命运连接在一起的时候，那么，你，你就再也不是小林，而是——而是那巨大的森林啦。

只要你对我们的事业不失掉信心，只要你能为着未来的幸福的日子坚持斗争下去，那么，你一定会达到目的、达到你的理想的。

清晨，一列从北平向东开行的平沈通车，正驰行在广阔、碧绿的原野上。茂密的庄稼，明亮的小河，黄色的泥屋，矗立的电杆……全闪电似的在凭倚车窗的乘客眼前闪了过去。

这女学生穿着白洋布短旗袍、白线袜、白运动鞋，手里捏着一条素白的手绢，——浑身上下全是白色。她没有同伴，只一个人坐在车厢一角的硬木位子上，动也不动地凝望着车厢外边。她的脸略显苍白，两只大眼睛又黑又亮。这个朴素、孤单的美丽少女，立刻引起了车上旅客们的注意，尤其男子们开始了交头接耳的议论。可是女学生却像什么人也没看见，什么也不觉得，她长久地沉浸在一种麻木状态的冥想中。

走路的时候，她还是那么沉闷。她跟在脚夫后面低头走着，不言也不语。后来转了一个弯，走到个小岗上，当蔚蓝的天空和碧绿的原野之间突然出现了一望无际的大海时，这女学生迟滞的脚步停下来了。她望着海，那么惊奇，明亮的眼睛露出了欢喜的激动，“呵！呵！”她连着呵呵了两声，脚步像粘在地上似的不动弹了。“第一次看见——多么美呀！”

她贪婪地望着微起涟波的平静的大海，忘记了走路。

她心里像火烧，眼里含着泪，一个人在庙门外站着、站着，站了好久。明月升起来了，月光轻纱似的透过树隙，照着这孤单少女美丽的脸庞，她突然伏在庙门前的石碑上低低地哭了。

人在痛苦的时候，是最易回忆往事的。林道静一边哭着，一边陷入回忆中——她怎么会一个人来到这举目无亲的地方？她为什么会在这寂寥无人的夜里，独自在海边的树林徜徉？她为什么离开了父母、家乡，流浪在这陌生的地方？她为什么，为什么这么悲伤地痛哭呵？……

故事

勇敢奔跑着的青春

“如果我离开运动，我想我的生命就会停止。”这是伊拉克短跑选手达娜·侯赛因·阿卜杜勒-拉扎克因对记者说的话。大家一定还记得这位年轻漂亮的女短跑运动员吧？她就是2008年出现在北京奥运会赛场上的伊拉克运动员，那个穿着旧运动服、二手“新百伦”跑鞋的女孩。

参加奥运会是一名运动员的终身梦想，而饱受战火摧残的伊拉克运动员对这个梦想则更为强烈。达娜出身于体育世家，然而因为政治恐怖，直到2003年才第一次穿上跑鞋，开始她的奔跑之路。这条路并不好走，对于达娜来说，破旧开裂的跑鞋和简陋陈旧的跑道相比于死亡威胁和宗教暗杀简直算不上问题。她经常在训练时或者是去训练场地的路上，遭遇火拼和枪击，面对乱世，达娜的态度显得很“超然”：“我雄心勃勃。如果街道被封锁了，如果枪战发生了，我会绕路走，因为我要实现新的目标，我要前进。”能参加北京奥运会对达娜来说就是她最大的梦想，当宗派仇杀使伊拉克一度笼罩在极度恐惧之中时，无论训练环境有多险恶，达娜仍然和她的教练在破败不堪的灰泥跑道上坚持练习着100米和200米跑，一次又一次……

作为伊拉克参赛队的一员，达娜的梦想的实现跟其他国家运动员比较起来更为坎坷，更为让人感动。当听说因政治原因，伊拉克运动员无法参加北京奥运会后，她一直在哭。教练优素福安慰达娜说：“你还可以参加2012年伦敦奥运会。”达娜伤心地回答道：“照伊拉克这个样子，我不知道自己能不能活到2012年……”这句话让全世界心酸不已，潸然泪下。是啊，战火后的伊拉克还在重建中，现在的政局连人的性命都保不住，又怎能保得住四年之后的奥运梦想呢？好在最后关头，达娜终于如愿以偿站在了北京奥运会的赛场上。

虽然环境险恶，达娜从没有放弃过梦想，哪怕下一分钟就会受到枪击倒在训练场地上，她的梦想仍然远远重于生命，执著地为着理想坚持着、奋斗着、奔跑着……相信每个人都向往这样无悔的青春、美好的理想、精彩的拼搏，谁都不愿虚度此生，不愿在困难与挫折面前一次又一次的低头、避让。那么，你，还等什么呢？

少年维特之烦恼

——约翰·沃尔夫冈·歌德——

品读之路

至真至纯　美轮美奂　理想与现实的碰撞

1774年，《少年维特之烦恼》一问世，便迅速在沉闷的德国乃至欧洲掀起了巨大的波澜，人们被那个热情、有才华、有着高尚追求的小伙子维特深深地感动了。尤其在青少年读者间，更是爱不释手，广为流传，几乎全球各地都刮起了《少年维特之烦恼》热旋风，青少年竞相模仿维特的风格，对他穿着及气质的模仿成了一种潮流。连德高望重的大人物如拿破仑、恩格斯、郭沫若等，都不禁迷恋这部小说。《少年维特之烦恼》被译成英、法、意、西等20多种语言，有些国家还出版多种不同译本。就连当时我国广州特为外国人准备的名贵瓷器上也画有维特和绿蒂的肖像。1922年《少年维特之烦恼》由郭沫若翻译出版以来，在中国几乎是家喻户晓，译本一版再版，仅1922年后不到14年的时间里再版重印就多达37次。至今这部小说仍受到各国读者的喜爱，已经成为经久不衰的世界名著。

本书的作者歌德，出生于美因河畔法兰克福，作为诗人、自然科学家、文艺理论家和政治人物，歌德是魏玛的古典主义最著名的代表；而作为诗歌、戏剧和散文作品的创作者，他是最伟大的德国作家之一，也是世界文学

领域的一个出类拔萃的光辉人物。当时 25 岁的歌德，也因为《维特》的轰动效应和全球流行，更进一步奠定了其在文坛的崇高地位，从此，歌德也像作品中的维特一样，成为人们崇拜和敬仰的偶像。在欧洲，几乎半个世纪里，歌德的名字总是和《少年维特之烦恼》连在一起，只要一提起“《少年维特之烦恼》的作者”，不必言明，几乎人人皆知就是指歌德，这已成为他最著名的头衔。并且在很大程度上改变了歌德的命运，魏玛公国的公爵卡尔·奥古斯特慕名邀请歌德去他的国家，让他担任了国务参议员等职务。

到底《少年维特之烦恼》魅力何在？是什么使之产生如此巨大的影响？相信看过小说的年轻人对于作品的喜爱，大多来自于对维特追求美好爱情的认同，对维特捍卫爱的真诚与美丽的崇敬，对维特深陷悲苦的爱情而无法得到解脱的同情……或许这只是其一。其二，引用恩格斯曾对《少年维特之烦恼》给予的高度的评价也可为作品产生如此大的影响的原因做一个解答：“歌德写成了《少年维特之烦恼》，建立了一个最伟大的批判的业绩。《少年维特之烦恼》不像那些从人的观点来读歌德的人们所认为的只是一本平凡的感伤的恋爱小说。维特的自杀，不是为了他的恋爱，而是因为他不能认清自己与世界的相互关系。在《少年维特之烦恼》里面用艺术的手法揭发了社会的全部腐败现象，指出了社会弊病的最深根源。”歌德本人也就此解释说：“这主要是因为它的出现适逢其时的缘故。就像爆炸一只地雷只需一点导火索那样，这次在读者中引起的爆炸也是这样。”是的，《少年维特之烦恼》的确触发和引爆了淤积在青年一代人心中对现实不满的火药，同时也表达了青年一代既憎恶社会又找不到出路的苦闷彷徨情绪。维特所表现的不仅是一个人的孤立的感情，而是个时代的痛苦和憧憬。

而在今天，置身于完全不同于维特的时代和环境中，我们再次捧读《少年维特之烦恼》其实更能够意识到：《少年维特之烦恼》的魅力是超时空的。是的，这部作品之所以如此受欢迎、如此久久打动人心，最主要的原因应该就是因为作品淋漓尽致地表露了主人公维特的“心”，一颗参透生命本真的高尚之“心”。这颗心至纯至洁，崇尚着人与人、人与自然的和谐美好，它坚守人与人的平等互爱，鄙视并排斥世俗的等级差别；它尊崇自由至上，反对为功名利禄所驱使；它推崇真诚与善行，厌弃圆滑世故，冷漠狡诈；它珍视纯洁高尚的爱情，至情至性，真心投入，反感带有杂念与欲望的爱情。所以，这颗热情真诚的年轻人的“心”，理所当然地引起了人们的共鸣，使之魅力有着无法阻挡之势。所以，它完全征服了拥有它的维特，征服了读者，让人在对维特之死深切痛惜之后，又回味深长，思索再三……

作品概览

《少年维特之烦恼》是一部篇幅不长，情节也并不复杂曲折的长篇小说，主要角色只有维特和绿蒂两人，全书以书信体形式，将主人公维特不幸的恋爱经历和在社会上处处遇到挫折这一根线索串联起来，信里时而写景，时而抒情，时而叙事，时而议论，好似一首伤感的抒情诗，向读者展示了激情与迷惘交错的真心，激起读者情感上的强烈共鸣和精神上的极度震撼。

全书分为上、下两卷。

上卷

维特出生于一个较富裕的中产阶级家庭，受过良好的教育。他一身才气，能诗善画，热爱自然，多情善感，依靠父亲的遗产过着无忧无虑的生活。1771 年春天，为了帮助母亲料理遗产事宜，他来到了一个偏僻的风景优美小山村。山村的一切如天堂般美好，无论是美不胜收的大自然美景，还是当地农村质朴的农民，都使他产生了浓厚的兴趣，宛如生活在世外桃源，以致流连忘返，忘掉了一切烦恼。不久，他在一次乡间舞会上认识了年轻貌美、善解人意且富有教养的法官的女儿绿蒂。两人一见如故，维特热烈地爱上了这个漂亮的姑娘，久久不能忘情。从此以后，他周围的整个世界都消失了，在他心中只有绿蒂。维特感受到了前所未有的幸福和欢乐，也感觉到了绿蒂给予他的爱。但是幸福的日子没有持续多久，绿蒂的未婚夫阿尔伯特回来了，他是个英俊、稳重且值得人尊敬的人，并在此间侯爵府任职，阿尔伯特很爱绿蒂，对维特也给予最亲切的友情。因此，那千姿百态、蜿蜒曲折的山谷，四处啼鸣、可爱的小鸟，悠然的溪水，飘浮的白云再也不能使维特平静了，面对昏暗的前程，他终于感到了不自在与绝望。为了摆脱这种精神上的烦恼和尴尬的处境，最终在朋友的劝说下，维特下决心离开心爱的绿蒂，离开那曾经给他带来欢乐与幸福的小山村，到某地一公使馆任职。

下卷

维特在公使馆当了办事员。他十分勉强地适应了当地的生活和公使馆的工作，但还是经常受到迂腐的公使的百般挑剔。幸而他结识了一位令人敬重的C伯爵。C伯爵思想开明，博学多才，富有爱心，与维特十分投机，对维特坦诚相待，推心置腹，给维特带来一丝安慰。翌年春季的一天，维特正在C伯爵家中吃饭，碰巧赶上当地的贵族先生和太太们到伯爵家聚会。维特从未想到过像他这样的小人物是无权跻身于他们其间的，因而遭到这些贵族乡绅的奚落和排挤，而且将此事闹得沸沸扬扬。维特忍无可忍，愤而辞去了公使馆的工作，到另一位侯爵的庄园作客。侯爵待他很好，但他与这位侯爵没有任何共同语言志趣，在那儿始终感到不自在。加上一直怀念着绿蒂，在心的牵引下他又回到原先的山村。他循着当初去接绿蒂参加乡间舞会的大路，追忆着当年的往事，可此时当地已景物全非，一切成了过眼云烟，绿蒂也已为人妻。爱情上的绝望，世态的炎凉，官场的腐败，这一切使维特再也无法忍受，产生了告别尘世以求永生解脱的念头。同年圣诞佳节前不久的一个晚上，他又一次来到绿蒂住所，作最后的诀别。两天后，他留下令人唏嘘不已的遗书，午夜时分，他一边心里默念着“绿蒂！绿蒂！永别了！永别了！”，一边拿起她丈夫的手枪结束了自己的生命，同时也结束了自己的烦恼。按他自己的遗愿，当地百姓将他葬在他自己选定的地方，没有任何牧师或教士来给他送葬。因为按照基督教规，自杀者是不能进入公墓安葬的。

精彩摘录

反之，如果我们竭尽自己虚弱和疲惫之力，一个劲地勇往直前，那么我们往往便会发现，尽管我们步履蹒跚，而且逆风而行，却比那扬帆使桨的人走得更远——而且——如果能同别人并驾齐驱或者甚至超而过之，就会真正感觉到对自己充满了信息。

尤其讨厌的是，大家都是年轻人，处在生命的繁忙时节，却愚蠢地拉长了脸，把彼此的若干美好时光给糟蹋了，等他们认识到这些时光一旦浪费便无法弥补却为时已晚。

人啊，自己在这里抱怨又有何用？亲爱的朋友，我向你保证我要改变自己，我不会再像往常一样反复咀嚼命运赐给我的点滴不幸，我要享受现在，过去的事情就让它过去吧！

我们不得不逆来顺受，正像一个必须跨越一座山岭的旅行家；如果前面没有山岭，路程当然方便得多，也近得多；现在它既然挡在那里，就应该翻越过去！

这个天堂般的地方，寂寞对我的心灵真是一帖珍贵的良药，这青春焕发的季节，将它全部温暖注入我时刻寒颤的心房。一棵棵树木，一排排树篱，都是花团锦簇，我愿变成一只金甲虫，在这芬芳的海洋中浮游，觅取全部养料。

当雾霭自秀丽的山峡冉冉升腾，太阳高悬在浓荫密布的森林上空，只有几缕阳光潜入林荫深处时，我便躺在涓涓溪流旁，倒卧在深草里，贴近地面，观赏千姿百态、形状迥异的细草；我感到我的心更贴近草丛间熙熙攘攘的小天地，贴近无数形态各异的虫蚁蚊，这时，我便感觉到全能的上帝的存在，他依照自己的形象创造了我们，我感觉到博爱众生的上帝的气息，他支撑我们在永恒的欢乐中翱翔。

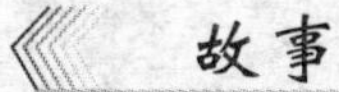

故事

刻骨铭心的切身经历

众所周知，《少年维特之烦恼》是部半自传体的小说，其故事原型基本源自作者歌德本人的一些情感经历，婉转记述了歌德年轻时代的一段刻骨铭心的爱情。因此，《少年维特之烦恼》一书也常常被称之为“少年歌德之烦恼”。主人公绿蒂的原型是夏绿蒂·波甫，是歌德至暮年依旧念念难忘的最纯真、最伟大的情人。歌德曾说：“使我感到切肤之痛的，迫使进行创作的、导致产生《少年维特之烦恼》的那种心情，无非是一些直接关系到个人的情况。原来我生活过、恋爱过、苦痛过，关键就在这里。”

1771年歌德获法学博士学位，回到故乡，被聘为法兰克福陪审法庭的律师。翌年他参加了达姆斯塔特的一个感伤主义文学社团，常常一起聚会。《少年维特之烦恼》中所流露的感伤情绪，正是当时社会思潮的真实写照。1772年5月，歌德到韦茨拉尔的帝国高等法院实习，结交了一批公使馆的年轻官员，如凯斯特纳、耶路撒冷等。他还常到风景秀丽的城郊村庄加本海姆（《少年维特之烦恼》中改为瓦尔海姆）去漫游。一次歌德去参加乡村舞会，认识了韦茨拉尔德意志骑士团的法官布甫的女儿夏绿蒂·波甫，并对这位风姿绰约、纯朴端庄的姑娘一见钟情。但是她已同凯斯特纳订了婚。不久，绿蒂就告诉歌德，他们之间的关系不可能超出友谊的范围。她对歌德的态度恰如其分，不让歌德对她萌生非分之想。为了摆脱无望的爱情的痛苦，歌德于 9 月 11 日不辞而别，返回法兰克福。

归途中，歌德顺道到女作家索菲·冯·拉洛歇伯爵夫人在埃伦布赖特施泰因的乡村别墅小住。伯爵夫人的女儿玛克西米莉安娜又使他萌生了新的情愫。这位姑娘的一双乌黑的眸子一直深深地印在诗人心里，直到他生命的晚年。回到法兰克福以后，旧情未了，一连串新的刺激又灼伤了诗人的心：他亲爱的妹妹出嫁了，随丈夫去了巴登的埃门丁根；玛克西米莉安娜成了富商彼得·勃伦塔诺的妻子；绿蒂和凯斯特纳的婚礼也没有如约通知歌德；而韦茨拉尔公使馆的秘书卡尔·威廉·耶路撒冷因单恋友人之妻而自杀的噩耗更让他心碎，也使他“找到了《少年维特之烦恼》的情节”。

卡尔·威廉·耶路撒冷（Karl Wilhelm Jerusalem）是歌德的泛泛之交，他于 1772 年 10 月自杀。此事是凯斯特纳告诉歌德的。具有悲剧性的是，耶路撒冷用来自杀的手枪是凯斯特纳借给他的。这使歌德想要通过文字来倾吐自己的痛苦、感受和对令人窒息的社会的愤懑，于是他把自己在 1772 年夏天的经历和耶路撒冷的命运混合起来，而在小说的第二部分，耶路撒冷的命运越来越多地成为叙述的主要对象。歌德将耶路撒冷的许多性格特点和其他特征转移到他的维特形象上。为了更近地了解耶路撒冷自杀的情况，歌德于 1772 年 11 月初再次来到韦茨拉尔。他以与熟悉耶路撒冷的人的谈话，以及他自己对耶路撒冷的记忆构成了小说的基础。他甚至原文引用了凯斯特纳对耶路撒冷之死的报告的一些段落。终于，歌德闭门谢客，集中精力奋笔疾书，不用写作提纲，只用了四个星期的时间，《少年维特之烦恼》就一气呵成。据歌德本人说，他在四周的时间内写出这部书信体小说，以抵消爱情的痛苦并使自己从自杀的念头中摆脱出来。小说中的一部分情节，特别是结尾的部分，不同于歌德的经历。维特自尽了，歌德却沉浸在痛苦与写作中。而耶路撒冷在韦茨拉尔的墓地也成了不幸的年轻恋人的朝拜圣地。

信息来源：《维特：“反叛的受难者”》

钢铁是怎样炼成的

—尼古拉·奥斯特洛夫斯基—

品读之路

积极进取 顽强勇敢 永不退缩

学生时代，曾读过《钢铁是怎样炼成的》这本书，由于当时的生活阅历较浅，感受没那么的深刻。今天，我再次品读本书，并以一名普通教育者的身份再次向学生推荐，不仅因为它在世界文学史的重要地位，更是因为它蕴含的催人奋发的精神力量。这种精神，对于任何时代、任何一个力图有所作为的人都是同样需要的，这也正是本书出版 70 多年以来经久不衰的魅力所在。自 1942 年被译成中文以来，本书一直被视为青年人的生活教科书，它对读者影响的深度和广度是绝无仅有的。

小说《钢铁是怎样炼成的》是苏联著名作家尼古拉·奥斯特洛夫斯基以自己的战斗经历为素材，撰写而成的带有自传性质的小说。这部作品没有优美的语言，离奇的情节，其取胜之处就在于塑造了保尔·柯察金这个共产主义典型的人物形象。

本书是以苏联国内战争和国民经济恢复时期的严峻生活为背景，讲述了主人公保尔·柯察金平凡的一生、战斗的一生及和病魔作斗争的一生。保尔的一生非常艰辛和坎

坷，他出身贫寒，早年辍学后当小工，此后一直生活在社会的最底层。十六岁时，保尔加入红军。在那个战火纷飞的年代，保尔同外国武装干涉者和白匪军浴血奋战，在一场战斗中，他英勇负伤，眼睛失明。在恢复国民经济的艰难岁月中，保尔参加了抢修窄轨铁路工程，由于条件恶劣，他患上了严重的关节炎，但他仍不肯躺下，凭着顽强的毅力，坚持工作，与战友们一起努力，铁路如期竣工，为苏维埃政权的建立做出了应有的贡献。在全身瘫痪、双目失明的情况下，他曾经一度绝望，想过自杀，但他最终战胜了自己，拿起手中的笔，开始写作。为了抓紧生命中的分分秒秒，保尔废寝忘食，没日没夜地赶着稿子。小说《暴风雨所诞生的》最终得以成功出版，获得了巨大的成功。

保尔是一个坚强刚毅的革命战士，他在人生的各方面都接受了考验。从一个普通的战士成长为一个坚强的革命勇士的过程中，其奋斗历程是何等的艰辛。是什么力量支撑他历尽磨难依然百折不挠呢？是坚强的毅力和钢铁般的意志。正如保尔在悼念同事们时所说的："人最宝贵的是生命，生命对于每个人只有一次，人的一生应当这样度过：当回忆往事时，他不会因为虚度年华而悔恨，也不会因为碌碌无为而感到羞愧；在临死之前的时候，他能够说：'我的整个生命和全部精力，都已经献给了世界上最壮丽的事业——为人类的解放而斗争。'"这是保尔的生命誓言，也是激励保尔不断进取的精神力量。时至今日，保尔已成了他所在那个时代的精神旗帜，他崇高的革命品德、坚强不屈的斗争意志以及为共产主义事业奋不顾身的牺牲精神激励了一代又一代、为革命事业和理想目标奉献一生的青年人，同时也影响了无数青年的人生观和价值观。正如作者所说的："我在书中描写的不是某一个保尔·柯察金，而是千千万万个保尔·柯察金，千千万万个为争取自己的幸福而奋不顾身地投入战斗的男女青年。"保尔是一个平凡而伟大的英雄人物，在他的一生中，他没有做出过惊天动地的伟大业绩，他的伟大，体现在平凡的小事中。同时，保尔也是在革命的烈火中逐渐历练成熟起来的钢铁战士，是一个有血有肉的、让人感到亲切的榜样式人物。正是由于这些，保尔的这一形象显得尤为可亲，它既是特定时代背景下的革命英雄，又是一个超越时空限制的人性英雄，人类精神世界中永远的强者。

作者奥斯特洛夫斯基与书中保尔有着相似的生活经历，他1904出生于一个贫苦的工人家庭，从小就生活在社会的底层，饱受折磨和侮辱。由于家庭贫困，他只读完了小学三年级便辍学了。11岁时开始当童工，随后加入了苏联红军参加国内革命战争，因长期的革命斗争而负伤累累。1929年他全身瘫痪，双目失明，但是他没有向命运屈服，以顽强的意志开始从事文学创作，最终完成了《钢铁是怎样炼成的》这部长篇小说，以另一种方式践行自己的生命誓言。

不论是书中的保尔还是现实中的奥斯特洛夫斯基，他们身上都有着在困难和挫折面前永不言败的精神。正如一句古诗说得好："宝剑锋从磨砺出，梅花香自苦寒来。"和保尔相比，我们在学习和生活中遇到的困难实在是不值得一提的。不要惧怕困难，只要有信心、有决心、有毅力，任何的困难都可迎刃而解。也许，你可能会认为，我们现在处在和平时代，衣食无忧，还需要保尔精神吗？的确，我们现在处在和平时代，处在和谐社会的大环境下，不可能像保尔那样遇到类似的困难和挫折，然而在面临物质生活日渐富裕的同时，我们谈物质多了，谈精神却少了。一些大学生每天对着电脑玩玩游戏，看着毫无文学素养的网络小说，不知不觉中已经了成为思想的弱者。也许我们的一生都无法达到保尔那种人生的精神境界，但我们也要做最好的自己。作为大学生的我们，以后人生道路还很漫长。在这漫长的人生旅途中，可能会一帆风顺，当然也有可能会困难重重，只有经历磨炼的我们才能更加成熟、更加坚强，才能成为一个乐观向上、积极进取的人，才能像保尔一样生命不息，奋斗不止。虽然生活的时代背景不同，但保尔精神却能跨越时空的限制，给我们的学习和工作带来鼓舞和力量。品读《钢铁是怎样炼成的》，感受保尔精神给我们带来的震撼，让浮躁的心灵能够获得片刻的宁静，这对以后的人生也是一种激励与鼓舞。

作品概览

保尔·柯察金出生在乌克兰小镇上一个贫苦工人家庭，早年丧父，母亲替人洗衣维持家庭生计，哥哥是个铁路工人。12岁时，母亲把他送进了学堂，由于保尔对教书先生的不公平和百般刁难感到非常愤恨，因而做出了一系列的报复行为。很快，他被学堂开除了。而后，为了生计，母亲把他送到车站食堂当杂役，在那里，他受尽了人格屈辱，看到了社会的黑暗面，也了解到了社会最底层人的生活。

“十月革命”爆发后，帝国主义和反动派妄图扼杀新生的苏维埃政权。苏联红色政权遭到了外国势力干涉和本国反动派的联合围攻，乌克兰的政治形势也更加激烈动荡，保尔的家乡谢别托卡镇也经历了外国武装干涉和内战的岁月。解放了谢别托夫卡镇后，红军很快就撤走了，只留下老布尔什维克朱赫来在镇上做地下工作。借住保尔家时，朱赫来给保尔讲了很多关于工人阶级革命斗争的故事，激发了保尔的革命热情，成为他走上革命道路的启蒙师。

由于叛徒告密，朱赫来被捕。保尔到处打听他的下落，在匪兵押送朱赫来的途中，保尔扑过去，把匪兵打倒在壕沟里，与朱赫来一起逃走了。由于波兰贵族李斯真斯基的儿子维克多的告密，保尔被抓进了监狱。在狱中，保尔坚强不屈，经受住了严刑拷打。为了迎接白匪头子彼得留拉来小城视察，一个二级军官错把保尔当作普通犯人放了出来。保尔害怕重新落入魔掌，不敢回家，于是来到了冬妮娅的花园门前，纵身跳进了花园。由于保尔曾救过冬妮娅，加上冬妮娅很喜欢他热情和倔强的性格，保尔的到来，使她非常的高兴。保尔也觉得冬妮娅跟别的富家女孩不一样，他们都感受到了朦胧的爱情。为了避难，保尔答应了冬妮娅的请求，住了下来。几天后，冬妮娅找到了保尔的哥哥，他把保尔送到喀查丁参加了红军。

保尔参军后开始当侦察兵，后来又当了骑兵，成为最英勇的骑兵之一。在战场上，保尔不但是一个敢于冲锋陷阵的战士，而且还是一名优秀的政治宣传员。保尔特别喜欢读《牛虻》《斯巴达克思》等作品，经常给战友们朗读或讲故事。在一次激战中，保尔的头部受了重伤，但他用顽强的毅力战胜了死神。由于身体状况越来越差，保尔无法再回到前线继续战斗，于是他立即投入了恢复和建设国家的工作。特别是修建铁路的工作尤为艰苦，饥饿、寒冷、疾病，还有武装匪徒的袭击威胁着保尔和他的战友们，但是坚定的信念使他们坚持了下来，在保尔和战友们的努力下，铁路如期修通了。由于条件恶劣加上疾病困扰，保尔得了伤寒并引发了肺炎，体质也变得越来越差，组织上不得不把保尔送回家乡去休养。病愈后，他又回到了工作岗位，并且入了党。这时，保尔的革命信念已经很坚定了，他坚决和各种不符合主流革命的思想作斗争。由于伤病困扰及忘我的工作和劳动，保尔的体质越来越坏，丧失了工作能力，党组织不得不暂时解除他的工作，让他长期住院治疗。在海滨疗养时，保尔认识了他的妻子达雅并相爱。保尔一边不断地帮助达雅进步，一边开始顽强地学习，提高写作的本领。到1927年，保尔几乎完全瘫痪了，接着又双目失明。肆虐的病魔终于把这个充满战斗激情的战士束缚在床榻上了，当时的保尔曾经万念俱灰，想过自杀，但坚强的革命信念使他重新振作起来，这个全身瘫痪、双目失明并且没有丝毫写作经验的人，开始了他的文学创作道路。保尔起初先是忍受着肉体和精神上的巨大痛苦，用硬纸板做成框子来写，后来完全瘫痪时，自己口述，请人代录。在母亲和妻子的帮助下，他用生命写成的小说《暴风雨所诞生的》终于出版了！保尔拿起新的武器继续战斗，直至生命的最后一刻。

精彩摘录

人最宝贵的是生命。生命对于每个人只有一次。人的一生应当这样度过：当回忆往事时，他不会因虚度年华而悔恨，也不会因为碌碌无为而感到羞愧；在临死的时候，他能够说："我的整个生命和全部精力，都已经献给了世界上最壮丽的事业——为人类的解放而斗争。"人应当赶紧地，充分地生活，因为意外的疾病或悲惨的事故随时都可以突然结束他的生命。

生活赋予我们的一种巨大的和无限高贵的礼品，这就是青春：充满着力量，充满着期待、志愿，充满着求知和斗争的志向，充满着希望、信心的青春。

勇敢产生在斗争中，勇气是在每天对困难的顽强抵抗中养成的。我们青年的箴言就是勇敢、顽强、坚定，就是排除一切障碍。

故事

永远的丰碑：夏明翰——砍头不要紧 只要主义真

"砍头不要紧，只要主义真。杀了夏明翰，还有后来人！"这是中国共产党党员夏明翰在被国民党反动派杀害前，写的一首气壮山河的就义诗，一直为人们所传颂。

夏明翰，字桂根，祖籍湖南衡山县，1900年农历八月生于湖北秭归。1917年春，夏明翰考入湖南省立第三甲种工业学校。在校期间，他追求进步，积极参加反对北洋军阀的斗争。1919 年“五四”运动波及湖南，夏明翰和同学们走出校门，开展大规模的爱国宣传活动，声援北京学生的反帝反封建斗争。

1920 年秋，经过“五四”运动洗礼的夏明翰来到长沙，结识了毛泽东。1921 年冬，经毛泽东、何叔衡介绍，夏明翰加入中国共产党。入党后，夏明翰在长沙从事工人运动，参与领导了人力车工人罢工斗争。

1924 年，夏明翰担任中共湖南省委委员，负责农委工作。他十分注意培养农运干部，保送革命青年到广州农民运动讲习所学习，为湖南农民运动培养了大批骨干和积极分子。1926 年 2 月，夏明翰被党调到武汉工作，担任全国农民协会秘书长，兼任毛泽东和中央农民运动讲习所秘书。

1927 年 4 月 12 日，蒋介石发动反革命政变。夏明翰闻消息，悲愤地写道：“越杀胆越大，杀绝也不怕。不斩蒋贼头，何以谢天下！”

1927 年 6 月，夏明翰回湖南任省委委员兼组织部长。同年 7 月大革命失败后，夏明翰参与发动秋收起义。10 月，湖南省委派他兼任平（江）浏（阳）特委书记，领导发动了平江农民暴动。

1928 年初，夏明翰被党调到湖北工作，任中共湖北省委常委。由于叛徒的出卖，同年 3 月 18 日他不幸在武汉被敌人逮捕。3 月 20 日清晨，他被敌人押送到汉口余记里刑场。当敌执行官问夏明翰还有什么话要说时，他大声说：“有，给我拿纸笔来！”于是，夏明翰写下了上述那首大义凛然的就义诗。

为了中国人民的革命事业，夏明翰悲壮地牺牲了，时年仅 28 岁。

信息来源：新华网

不抱怨的世界

—威尔·鲍温—

品读之路

建设性的永久改变——改变自己

这是一本伟大的心灵励志书，一本指引你能做到建设性永久改变的指南。这本书改变了无数人的命运！因为它让我们反思抱怨的危害并展现简单易行的摆脱抱怨的路径。

大千世界，茫茫众生，每个人都有自己的无奈，自己的烦恼。然而，面对“人生不如意，十之八九”的现实，每个人所做出的反应却大不相同，是乐观向上，还是消极低沉，即便表情上我们没有表露，但在言语上或多或少有抱怨的产生。读《不抱怨的世界》一书，很多人都会在作者轻轻细语、平易亲近的指引下觉察到自己身上存在的抱怨阴影。抱怨，就是心中怀有不满，责怪别人的意思。具体表现一是心怀怨恨，二是埋怨，心中不满，说别人的不对。抱怨把焦点放在我们不想要的事情上，所谈论的东西也是负面或错误的。更大的危害在于抱怨会传染，有时，我们会把抱怨当成是一种宣泄情绪的调节方式，认为偶尔发发牢骚有助于自己内心平衡的调节，有助于摆脱心灵的阴影。但你的抱怨会唤起他人的共鸣，当抱怨成为一种习惯时，不但不能找到解决的方法，还有可能让你因为抱怨的快感而升级抱怨的程度，最终导致不可收拾的结果。我们都有过这样的经历：一群人坐在一起，当有一个人开始抱怨自己的不幸，总会有下一个接着说："你那还不是最难堪的，我有一次……"然后，所有人都会七嘴八舌地参与到这个"抱怨比赛"，试图把自己的不幸无限扩大，来"击败"所有的"选手"。因为人们知道，最不幸的人将会得到大家的帮助和关注，我们无意识地在"诅咒"自己生病，"诅咒"自己的状况变得更糟。即使你希望变好，但是你的抱怨行为，就是在限制正能量流向全身，我们该做的，其实，是感恩。感恩，无非就是对这个世界充满感激，把在生活中所遇到的种种，都当成是生活的赏赐。在哈佛的校训中，有一条就是："你所厌恶的今天，是昨天死去的人奢望的明天。你所浪费的现在，就是明天的你回不去的曾经。"我们现在所度过的每一分钟，经历的每一件事情，都是上天给予的历练，是其他人无法奢求的美好。为了让大家意识到这一点，威尔·鲍温发起了"不抱怨"运动。

作者威尔·鲍温是美国当代最伟大、受尊崇的心灵导师之一，是密苏里州堪萨斯市基督教会联盟的主任牧师。他在牧会之前，有多年从事广播和行销等工作的经验。他发起了"不抱怨"运动。"不抱怨"运动，就是邀请每位参加者戴上一个特制的紫手环，只要一察觉自己抱怨，就将手环换到另一只手上，以此类推，直到这个手环能持续戴在同一只手上21天为止。紫色的神奇手环具体用法如下：

1. 将手环戴在一只手腕上。

2. 当你发现自己正在抱怨、讲闲话或批评时，就把手环移到另一只手上。

3. 如此交替更换，直到养成连续21天不抱怨、不批评、不讲闲话的目标为止。

4. 如果听到其他戴紫手环的人在抱怨，你可以指出他们应该把手环移到另一只手上；如果这么做，你先要移动你的手环，因为你在抱怨他们的抱怨。

5. 坚持下去。21天连续不抱怨手环不换手。

不到一年，全世界就有80个国家、600万人热烈参与了这项运动。截至2012年4月，在其成立的"不抱怨网站"上，中国的访问者数量始终居于第二位。

《不抱怨的世界》中没有居高临下的训教和指责，但是方向清晰，态度明确。比尔·盖茨曾说过："人生是不平等的，去接受他吧。请记住，永远都不要抱怨！"任何人和团队要想成功，就永远不要抱怨，因为抱怨不如改变，要有接纳批评的包容心，以及解决问题的行动力！你是幸运的，是无可取代、无法击垮的。拥有这么多别人无法奢望的能力的我们，有什么理由，让自己甘于平庸；有什么理由，让自己碌碌无为；有什么理由，不去感激生活中的一切；又有什么理由，因为琐碎的事情，而忽视生活的美好？活出感恩的生命，而非抱怨的生命，把焦点放在一切美好的事物上，就能发挥这种确保美好人生的力量。

孟子曰："故天将降大任于斯人也，必先苦其心志，劳其筋骨，饿其体肤，空乏其身，行拂乱其所为，所以动心忍性，曾益其所不能。"用一句歌词来概括，"不经历风雨，怎么见彩虹"。人生旅途不可能一帆风顺、四通八达，免不了磕磕绊绊。在危机和困难来临时，我们应该端正态度，不抱怨，不放弃，勇敢接受挑战。诚如《不抱怨的世界》书中所言："凡是你所渴望的东西，你都有资格得到，快朝梦想前进吧。不要打压自己、替自己找借口，或是假借批评和抱怨，将注意力转移。你应该要接受不安感来袭，同时在这样的时刻支持自己。"

作品概览

《不抱怨的世界》是一本由美国当代著名心灵导师威尔·鲍温所写的心灵励志书。书籍内容丰富具体，择选精彩；章节体形式，层层深入，方法实际；鞭辟入里地展示了抱怨的危害和克服抱怨的作用。本书语言优美幽默，简洁的话语括析出了一种"不抱怨"的务实人生哲学，是一部难能可贵的励志佳作。赢得了包括奥普拉、比尔·盖茨及李开复、马云、张德芬等中外成功人士的推崇，成为世界500强企业团购率第一名，并荣登美国亚马逊、中国台湾金石堂、诚品书店心灵励志新书销量冠军。被《纽约时报》《时代周刊》《卫报》《芝加哥太阳报》《洛杉矶时报》《新京报》《成都商报》《南方都市报》《新快报》《中国青年报》《羊城晚报》和NBC电视台

等全球超过 100 家重量级媒体誉为“让你的家庭、工作、人际关系变得美好圆满的心灵圣经!”

本书将告诉你如何在各种关系中，实现爱、平和、喜乐，使人生变得美好而圆满。它的内容包括：前言，“紫手环的力量”，让我们意识到抱怨离每个人都不远，它具有传染性；第一部分，“无意识的无能”，包括我怨故我在和抱怨与健康两个部分，向我们展示抱怨的广泛存在和对我们身体的影响；第二部分，“有意识的无能”，包括抱怨与人际关系和觉醒时刻两个部分，向我们展示抱怨对周围环境的危害和终结的必要性；第三部分，“有意识的有能”，包括沉默与怨言和批评者与声援者两个部分，继续深入剖析抱怨的传染性；第四部分，“无意识的有能”，包括臻入化境和天优胜者，再次强调转化抱怨的重要性；结语，“己立立人，己达达人”，号召我们不再怨天尤人，不做无谓的抱怨，只有这样才能时刻把握命运的主动权，掌握幸福人生的秘密。

精彩摘录

很多时候，我们在生活中都面临着这样的处境，迎面是肆虐的风雨，我们本能的选择就是要逃离，但是，逃离往往会让我们走进更大的危险之中，只有迎上去，经历风雨，我们的人生才能够更加辉煌，更加美丽。

改变别人远没有改变自己来得容易。现实世界中，有着太多的不如意，自你投生在这个世界的那一刻起，为了生存，你已别无选择，与其不断地抱怨世界，不如试着改变自己。

其实上帝对每一个人都是公平的，当他给你关上一扇门时，必然会在另一处地方为你打开一扇窗。你所要做的，不是在门前徘徊、抱怨，或乞求上帝为你开门，而是应该转移视线，搜寻那一扇希望之窗，当你推开窗子时，你会发现另一片崭新的天地。

不久前，我和一个朋友在打壁球，在赛局间稍做休息时，他问：“你寄出多少个‘不抱怨’紫手环了?”我说：“大约十二万五千个。”然后又补了一句：“到目前为止是这样。”他思索片刻，喝了点水，然后说：“十二万五千……比一个中型美国城市的人口还要多。”我说：“对啊。”一边仍盘算着是不是这个数字。

“那这件事你做多久了?”他问。我回答：“七个月。”“七个月寄出十二万五千个手环。”他反复说着，一边摇头觉得不可置信。他调整了运动头带，再换上护目镜，准备打最后一局，又问道：“你觉得人一天会抱怨几次?”我说：“不知道。我刚开始尝试二十一天不抱怨运动时，一天大概要移动紫手环二十次。”

他站了起来，准备好要继续打球。他拿起球拍挥了几下，让肩膀保持灵活，然后说道：“算一下数学。”我还以为是算错了上一局的分数，于是问他：“什么数学?”

他说：“如果有十二万五千个手环，乘上每天二十次抱怨，再乘每个月三十天，再乘上七个月，那就是……呃，是……呃，简直是多得不得了！你想想看，有多少抱怨，从那天开始就‘不见’了。”我站立片刻，想了一想，然后走回壁球场上。他进入球场，走向发球线，开始发球。我满脑子都是他的论点。我挥了空拍，没接到这个球。我不禁一直想着朋友说的话，最后他赢了那场比赛。这个简单的想法，已经预防了多少抱怨、批评和闲话的发生呢?

它显然发挥了相当的影响力，而且正持续地在扩张、发展。根据我们的工作人员估计，“不抱怨”紫手环平均每一周被索取的数量是七千个。我们已经把紫手环寄送到全球八十个国家；遭逢背叛、贫穷、致命疾病、裁员，甚至是天灾等威胁的人们，都开始接受挑战，试图将抱怨从自己的生活中驱除。

故事

屡败屡战的坚持

林肯，美国历史上一位伟大的总统，因为他百折不挠，终成大器。他在51岁之前，经历了许多次灾难。1832年，他失业，并且竞选失败；在一年里遭受两次沉重的打击，这对他来说无疑是痛苦不堪的。后来，林肯着手自己开办企业，可一年不到，这家企业又倒闭了。在以后的17年间，他不得不为偿还企业倒闭时所欠的债务而到处奔波，历经磨难。1834年，林肯决定再一次参加竞选州议员，这次他成功了。他内心萌发了一丝希望，认为自己的生活有了转机。1835年，他订婚了。但离结婚还差几个月的时候，未婚妻不幸去世。这对他精神上的打击实在太大了，他心力交瘁，数月卧床不起。1836年，他得了神经衰弱症。1838年，林肯觉得身体状况良好，于是决定竞选州议会议长，可失败再次降临在他身上。1843 年，他又参加了竞选美国国会议员，仍然以失败告终。至此，他已连续遭受了七次重大的打击，无论是在事业上、感情上还是在他的政治前程上，他接连遭遇失败。如果是一个不敢面对失败的人，一定早就放弃了。可是，林肯的选择却是坚持下去。1846 年，他又一次参加竞选国会议员，最后终于当选了。两年任期很快过去了，他决定要争取连任。他认为自己作为国会议员表现是出色的，相信选民会继续选举他。但结果很遗憾，他落选了。因为这次竞选他赔了一大笔钱，林肯决定申请当本州的土地官员。但州政府把他的申请退了回来，上面指出“做本州的土地官员要求有卓越的才能和超常的智力，你的申请未能满足这些要求”。他又一次失败了。1854 年，他竞选参议员，失败；两年后他竞选美国副总统提名，失败；又过了两年，他再一次竞选参议员，还是失败了。失败，失败，再失败，28 年中 12 次失败的打击，并没有让他放弃自己的追求，他一直在做自己生活的主宰。终于在 1860 年，他当选为美国总统。30 年的苦苦拼搏，顽强不息，经历了 12 次重大失败和无数次屈辱和打击，林肯并没有退缩，而是选择了迎着失败走上去，最后，失败远离了他。

如果林肯在成为总统之前被任何一次失败打倒，那美国的历史可能改写。有时候，我们的抱怨不仅会针对人、也会针对不同的生活情境，表示我们的不满。而且如果找不到人倾听我们的抱怨，我们会在脑海里抱怨给自己听。抱怨自己的人，应该试着学习接纳自己；抱怨他人的人，应该试着把抱怨转成请求；抱怨老天的人，请试着用祈祷的方式来诉求你的愿望。这样一来，你的生活会有想象不到的大转变，你的人生也会更加的美好、圆满。所以，让我们向“抱怨”开战吧！

唤醒心中的巨人

——安东尼·罗宾——

品读之路

激发潜能 释放潜能 回归真正自我

不逼迫自己一下，你永远不知道自己有多优秀。这句话说得很对，因为人人身上都蕴藏着巨大无比的能量，人人心中都沉睡着一个巨人。但是同时，可怕的惰性很容易滋生并像病毒一样迅速繁殖蔓延。许多人败给了惰性，最终碌碌无为地度过一生。我们不想一事无成，我们想把内在的潜能激发出来，该怎么做呢？世界第一潜能开发大师安东尼·罗宾著作的《唤醒心中的巨人》可以给大家带来很好的指导方法。

《唤醒心中的巨人》一书立足神经语言学理论，紧紧围绕着坚毅品格的培养，以及广博的社会交际、珍爱宝贵生命和成功资本的探索，落脚点是人人必须面对的，也是衡量生命价值的伟大事业。给读者展示了一个循序渐进的过程，从梦想开始，逐步写到影响的力量、情绪的作用、时间的利用、健康与生命，并向我们提出一个问题——一个人究竟能做什么。我们可以在书中的许多故事中找到灵感，逐步学会激发自己的潜能，激发控制命运的能力。

我们中间的大多数人都具有非凡的潜在能力，但这种潜能大部分时间里都处于一种沉睡的状态，客观存在一旦被唤醒，就会做出许多令人神奇的事情。人生实在宝贵，它赋予我们每个人独有的权利、机会和责任。条条大道通罗马，人生中任何一种经历都是一种财富，人们可以选择不同的成功机会，积累得越多，人就越成熟、越充实，成功的机会也就越多。只要你稍稍留心，就会发现生活中许多成功者，都曾经历过无数次的失败。但他们靠着强烈的自尊心和自信心，才能跌倒了重新爬起来，更加努力地奋斗。在本书中你将会知道为什么自己会有某种行为，为什么会引发某种情绪反应，进而了解如何一步步有效地建立起积极的信念，除去消极的心态，让自己的潜能完全地发挥，以达成所企望的人生。首先从自己做起，然后扩展到周围的人身上，你将会发现什么是你最高的价值、什么是你最期望的目标、你应该运用何种人生游戏规则，以及如何给其他的人定位。当你熟悉了建立人际关系的技巧后，便会很容易地和人们建立最诚挚的关系，并从其中获益良多。

《唤醒心中的巨人》风格坦诚真切且富有哲理，仿佛是一次心灵的对话。作者用丰富的人生经验、远见卓识循循善诱地去教导我们，进而唤醒我们沉睡的潜能。而作者安东尼·罗宾正是这样一个在一无所有、跌跌绊绊中唤醒自己的人。

作者安东尼·罗宾是美国著名心理学专家以及个人、事业和组织问题的协调人，是公认的成功学、激励学方面顶尖的大师，《效能人士的七个习惯》的作者史蒂芬·柯维评价他是“最伟大的影响者”，《纽约时报》评价安东尼是人类潜能级别最高的导师，布兰查德博士说他影响了美国的商业历史，改变了无数美国企业的命运。

然而，安东尼·罗宾却并不是一个一帆风顺的人。他原来只是一名贫穷潦倒的小伙子，没有显赫的学历，没有父辈的荫庇；十几岁就离家出走，第一份工作是在银行洗厕所，26 岁时仍然住在仅有 10 平方米的单身公寓里，甚至只能在浴缸里洗碗刷盆；生活一团糟，人际关系恶劣，前途十分暗淡。然而，自从他发现内心蕴藏着无限的潜能后，生活便开始大为改观。他协助职业球队、企业总裁、国家元首激发潜能，渡过各种困境及低潮。曾辅导过多位皇室的家庭成员，被美国前总统克林顿、戴安娜王妃聘为个人顾问；曾为众多世界名人提供咨询，包括南非总统曼德拉、苏联总统戈尔巴乔夫、世界网球冠军安德烈·阿加西等，并让来自八十个国家的五千万人接受咨询和激励。他的专业能力帮助无数个人、团体和企业转变了生存发展的轨迹。

他的著作已被翻译成四十种语言在世界范围内发行，包括广为人知的

《唤醒心中的巨人》《激发无限的潜力》《巨人的脚步》和《朋友的心得》等。他也是畅销的“个人发展”系列片《个人的力量》的作者。他演讲的录像带和光碟累计发行达 3500 万套，数以百计的人参加了他的现场咨询活动。1995 年安东尼·罗宾斯当选为“美国十大杰出青年”，1994 年获评杰出“人类活动家”与“布莱恩怀特公正奖”。

正如安东尼·罗宾自己所说，一个人如何面对逆境和挑战，是决定命运最重要的事。从一个一无所有的穷小子，到当今世界最顶尖的潜能大师，在世界各地举办潜能开发课程，受到巨星般的狂热欢迎，安东尼·罗宾本身就验证了人类潜能的无限可能。

阅读《唤醒心中的巨人》会让我们明白这样一个道理：只要我们能够将潜能发挥得当，我们也能成为爱因斯坦，也能成为爱迪生。无论别人对我们评价如何，无论我们年纪有多大，无论我们面前有多大阻力，只要我们相信自己，相信自己的潜能，我们就能有所成就。事实上，人生到底是喜剧收场还是悲剧落幕，是丰丰富富的还是无声无息的，就在于这个人到底持的是什么信念并多大程度挖掘自己的潜能。

作品概览

安东尼·罗宾在本书中，提供了一个基础的循序渐进的课程，使你通过富于灵感和乐趣的轶事、例子和一步步扎实的策略，组成一个控制情绪和财政困难并获得巨人般灿烂生活的程序，用来帮助你发现你的真实目的，并控制你的生活，激发你控制命运的能力。

序言开篇就提醒所有想要改变的人，期待成功人生在于唤醒你自己。第一卷，释放你的力量吧，包括十三章的内容。第二卷，学会控制——主宰系统，包括五章内容。第三卷，七天塑造人生，包括七章内容。第四卷，命运课堂，提出一个问题终结全篇，即终极挑战：一个人究竟能做什么，起到了篇终奏雅的作用。

《唤醒心中的巨人》从出版以来，就长期占据《纽约时报》非小说类畅销书榜前列，被翻译成数十种文字在全世界发行，销售量均超过百万册，畅销近 20 年。《成功》杂志总编斯科特·狄加莫评价说：“《唤醒心中的巨人》

由始至终充满了科学的原理和方法，每一页都充满了精炼出来的立即就能付诸行动的指导方针，可以把你自己的思想和情绪集中到你要达到的目标上。”这本书中的理论和实践激励人们形成向上的积极心态，启发人们释放内在的巨大潜能，因而改变了许多人的人生。

精彩摘录

八十六岁的纳迪娜·斯泰尔说得好：

如果我的人生可以重新来过，我愿犯更多的过错，我要让自己放松，我要比今生更单纯，我将不会在那么多的事情上严肃认真，我要把握更多的机会，我将旅行更多的地方，爬更多的高山，涉更多的水；我将多吃冰激凌，少吃豆子；我或许会碰到更多的实际困难，但是想象的麻烦会减少。你看，我是理智、冷静的人们中的一员，一小时一小时，一天天地生活。

哦，我拥有了生命的分分秒秒，如果能重新来过，我愿拥有更多的分分秒秒。事实上，我别无他求，只是想过好分分秒秒，而不愿空活许多年。我曾经是那些出门就带着热水瓶、雨衣和降落伞的人，如果能重新来过，我愿意轻装旅行。

如果生命能重新来过，我愿从春天就开始赤脚，直到秋天；我要去参加更多的舞会；我要多去骑旋转木马；我要采更多的雏菊。

你希望后人怎样记住你？当成一个伟人吗？如果是这样的话，那么现在就做得像个伟人吧！为什么一定要等到死后才为人所纪念？把每一天都当成生命中最宝贵的一天，那么活得就会有全然不同的感受。有些人一心想活得寿命长些，我不知道你是怎么想的，但我认为与其活得长，倒不如活得好。我宁愿生命是耗尽的，而不是朽坏的，就算是大限来到，我们还依然在攀登另一座高山。

造物主送给我们最好的礼物，我认为就是对未来的期待与狐疑，想想看，如果人生中样样都能事先就知道，那将是多么的无趣。在真正的人生中，我们永远不知道下一步会发生什么事，很可能就是下一刻所发生的事，整个改变了我们的人生方向，在一瞬间展现出另一副人生面貌。所以，我们应当试着去喜欢变动，因为只有变动才是世间唯一的真理。

故事

打好自己手中的牌

艾森豪威尔出生在德克萨斯州的阿比林，在当时，这里是一个正逐渐被荒弃中的社区。他的父亲是一个铁路低等工，性格内向，脾气暴躁。母亲艾达则温和言明，讲究方法和策略。艾森豪威尔继承了父亲暴躁的个性，时常发怒得满脸通红，甚至无节制地用狂暴行为加以宣泄，哪怕是一些极小的事情。一天晚饭后，他像往常一样和家人打牌。这一次，他的运气简直差到了极点，每次抓到的都是很差的牌。他开始嘀咕、烦躁，最后竟发起了少爷脾气。一旁的母亲看到他这个样子，正色道："既然要打牌，你就必须把自己手中的牌打下去，不管牌是好是坏。谁也不可能永远都是好运气。"艾森豪威尔总听到母亲告诫要"打好自己手中的牌"，之前他对这句话总是不甚理解。这时，他对艾达的这种理论已经厌倦了，刚要争辩，却听到母亲接着说："我们的人生又何尝不像这打牌一样啊。发牌的是上帝，不管你手中的牌是好是坏，你都必须拿着，你都必须面对。你能做的，就是让浮躁的心情平静下来，然后认真对待，把自己的牌打好，力争达到最好的效果。这样打牌，这样对待人生才有意义！"

艾森豪威尔此后一直牢记母亲的话，无论遇到什么情况，都会尽全力打好自己手中的"牌"。据暮年的艾森豪威尔回忆，他一直谨记母亲的这些话，并对行为卑劣且冒犯自己的人也尽量一笑了之，从不在大庭广众之下言词激烈地指名攻击，但在私下场合要仗义执言。这样，即使他有时态度生硬，部下也能欣然从命。他认为这些是做人不可或缺的品德和修养。

就这样，他一步一个脚印地向前迈进，成为中校、盟军统帅，最后登上了美国总统之位。

人生不设限

—力克·胡哲—

品读之路

快乐人生 精彩人生 奇迹人生

“没有一本书，比力克的故事更能带给人希望!”——这是人们给予《人生不设限》这本书最高的评价！也是人们给予该书的作者力克·胡哲那拒绝放弃的精彩人生的最高评价！

大家对力克·胡哲一定不会感到陌生，因为这个快乐的家伙在决定以“激励他人”为生命目标后，创设了“没有四肢的人生”非营利组织，实行各种创意行善，迄今他已到过35个国家和地区，举办了1500多场演讲，其中有6次是来到中国。所以，关于力克·胡哲，几乎无人不知，无人不晓。他用自己的经历激励了超过三百万人，而且这个数字还在增加。

其实，我们身边耳熟能详的励志故事、励志人物已不胜枚举，似乎力克的故事也并没有什么特别之处，但是，翻开《人生不设限》这本薄薄的小册子，却越来越受到它的吸引，准确地说，是越来越受到作者力克快乐情绪与幽默语言的吸引。不幸的人生，不幸的经历，我们或多或少都体验过，挫败感与绝望感也会在刹那击打到我们的自信和希望。但是，力克·胡哲，他用轻松幽默而富有哲理的语言娓娓道来他在他那独特的、不幸的、与众不同的人生经历中，是如何快乐地生活，如何快乐地享受他的精彩人生、奇迹人生的。我们无法想象，没有四肢的力克，到底是怎么做到这一点的，他到底有着多么强大的内心与毅力，才可以活得如此自信，如此积极呢?

在书中，力克坦诚地告诉大家，在10岁以前他曾三次尝试自杀，可是在他10岁那年第一次意识到“人要为自己的快乐负责”之后，就不愿再沉溺于绝望与愤怒的困境之中，开始正视自己的特殊与价值。他认为自己之所以不同于正常人，是因为上帝对他有个特别的计划，他是上帝的特质品，用以显明出特别的作为来，而自己也可以运用这与众不同对世界做出特殊的贡献。力克领悟到这一点后，立即以乐观积极的心态，将它加以推广，并用轻松风趣的基调将他的经历与感受化为文字，结合自己独特的生命体验和成长经历，向世人展示了乐观、热情、勇敢、信念和坚持将使我们的人生充实而不受限制，无论面临何种苦难，无论身处何样的逆境，我们都要勇敢地接受自己，并努力显现出自身的作为来，那么，就一定能够活出自己的精彩人生！他希望他的生命体验能鼓励更多的人，创造自己美好的人生，书中的观念带给我们的启示除了积极的人生态度外，还带给我们一些对生命、对生活的全新认识。

力克·胡哲，天生没有四肢，在医学上被称为“海豹肢症”。他刚刚懂事后，就明白自己的与众不同，明白自己要独立生活而不成为别人的累赘是多么的困难。他时常被人嘲笑，经历了漫长的挫折与黑暗。从失望到绝望再到充满希望，他用积极乐观的心态和行动告诉了大家什么叫“永不放弃”的精神，以及在心灵强大的旅程上如何做一个智者、强者。他是澳大利亚第一批进入主流学校的残障儿童，也是高中第一位竞选学生会主席的残障者，还是第一位登上《冲浪客》杂志封面的菜鸟冲浪客，在夏威夷与海龟游泳，在哥伦比亚潜水，踢足球、溜滑板、打高尔夫球样样行。力克21岁大学毕业后，取得了会计及财务规划双学位，熟稔投资，并拥有了自己的公司，2005年被提名为澳洲年度青年楷模。出版过两张畅销全球的DVD，写了一本书，为他量身打造的电影《蝴蝶马戏团》则在2009年获“门柱影片计划”最大奖。他还获得各国、各界领袖接见，在国会发表演说，也不断造访教会、学校、垃圾城、贫民窟、勒戒中心、监狱和红灯区。

香港特首曾荫权曾说：“虽然没有手脚去接触世界，但力克看清世情，也能用说话触动人心。他令我印象最深刻的话是‘决定我们将来的，不是环境，是态度’。不论际遇顺逆，只要认清目标，积极面对，生活其实满是祝福。”是的，天生残疾的力克，表现得极为出色，他不以悲情、颓废的态度面对人生，而是保持着积极的信念和热情，以乐观的心态面对人生的挑战及处事的智慧，享受着自己丰富且有意义的人生。所以，无论你有多少对生活的抱怨，无论你有多少对自己的失望，无论你有多少自以为无法跨越的低谷，只要站在他的面前，你就无法再对生活失望、对自己绝望。也许，我们都会向上天祈求所有好运的降临，而他，只不过想拥有四肢，踏足大地，拥抱爱人……

作品概览

《人生不设限》是作者力克·胡哲推出的个人第一本贴近生活的自传风格的励志书。书中讲述了这样的故事：力克·胡哲天生没有四肢，这个消息连其亲生父母也无法接受，父亲在医院刚看到他的样子时忍不住呕吐，而母亲直至他四个月大时才接受现实第一次抱他。渐渐地，虔诚的基督徒父母认为这一定有其原因，于是，他们决心把这个孩子当正常人般养育，并且给他正常人应有的生活。年幼的力克·胡哲并不知道自己的未来将会充满挫折，愉快地度过了他的童年。当他上小学时，意识到了自己与其他人的不同，时常被小孩子们嘲笑，尤其进入青春期后，无所适从的他深感绝望，觉得自己永远也不可能“正常”，即使被家人的爱所包围，仍然觉得孤单。他心中充满迷茫和埋怨，曾经三次尝试自杀。但他最终放弃了这个愚蠢的念头和不负责任的想法，他知道，他的离开只会为一直为他辛苦坚持的父母增添悲伤和愧疚。十岁那年，力克·胡哲第一次意识到“人要为自己的快乐负责”。于是力克决定好好地活下去。他喜欢与人分享他的经历，但渐渐地，力克发现他的故事竟能给予他人无限的鼓舞，于是，他开始到不同的地方去演讲，学校、教会、贫民窟、监狱，甚至垃圾城，跟不同的人分享他的人生经历，散播希望与爱。

力克在书中通过对自己独特生命体验和成长经历的讲述，向人们提供了在痛彻心扉的磨难中找到希望的方法，他告诉世人，在苦难的另一边，有一条不同的路，会让你更坚强、更坚定，让你找到自己想要的人生。力克·胡哲不以悲情的态度面对人生，在处事上也有他独特的智慧，本书除了与大家交流展示力克积极的人生态度外，还有全新的观念。

全书包括以下内容：

前言：我真是幸福得不像话；第一章：如果没有得到奇迹，就成为一个奇迹；第二章：没手没脚，没有限制；第三章：对生命的无限可能保持信心；第四章：爱上不完美的自己；第五章：态度决定高度；第六章：跟恐惧做朋友；第七章：跌倒七次，要爬起来八次；第八章：面对未知，迎向改变；第九章：信任他人，组成梦幻团队；第十章：如果机会没来，就自己创造机会；第十一章：我的“可笑法则”；第十二章：你的任务是付出走出去的热情。

精彩摘录

大部分有智慧的人都知道恒久的幸福没有捷径，如果你押宝在短暂的快乐上，就只能得到短暂的满足。

我十分确定上帝不会制造错误，他会创造奇迹。我是一个，你也是。

如果此刻你所希望的奇迹还没出现，或者愿望尚未实现，你无须焦虑——请记住：天助自助者。

真正改变命运的，并不是我们的机遇，而是我们的态度。

你现在的生活或许一团乱，不知道明天是否会更好，但我要告诉你，只要拒绝放弃，就会有超乎想象的美好在前方等着你。请把焦点放在你的梦想上，尽你所能去逐梦；你有改变环境的力量，所以就去追求你真心的渴望吧，无论那是什么。

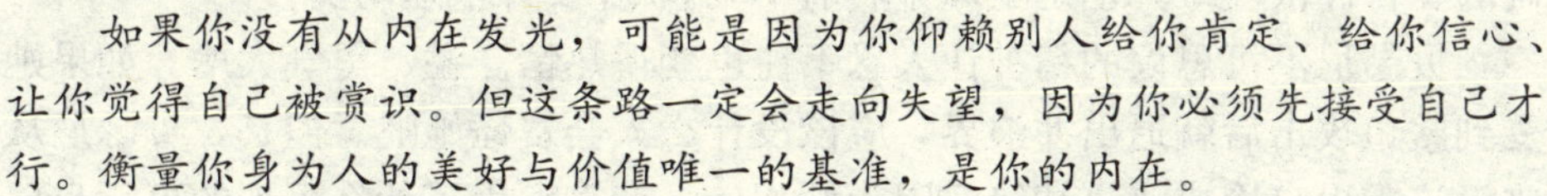

如果你没有从内在发光，可能是因为你仰赖别人给你肯定、给你信心、让你觉得自己被赏识。但这条路一定会走向失望，因为你必须先接受自己才行。衡量你身为人的美好与价值唯一的基准，是你的内在。

当你放弃梦想，就把上帝框住了。毕竟，你是他的创造物，他创造你是有目的的。因此，你的生命不应该受到限制，就像神的爱不受局限一样。

我有选择，你也有选择。我们可以选择对那些令人失望与不足之处念念不忘，可以选择苦涩、愤怒或悲哀；或者，在面对艰难时刻和那些对我们心怀恶意的人时，我们可以选择从经验中学习，然后继续往前走，为自己的快乐负责。

如果你每天都过得很挣扎，请记住，在我们的苦难背后有个远超乎我们想象的人生目的在等着我们。

你或许会碰到艰难的时光，或许会倒下，然后觉得自己没有力量站起来。我懂那种感觉。我们都会碰上那样的状况，生命不会一直轻松愉快，但是当我们克服了挑战，就会变得更强壮，也会对于能有那样的机会更感恩。真正重要的是你一路上接触到的人，以及你如何走完你的旅程。

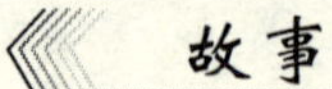

故事

灵魂冲浪人

贝瑟尼·汉密尔顿1990年2月8日出生在一个冲浪世家，她很小的时候就显示出了自己在冲浪方面的才华。8岁那年，她首次参加冲浪比赛就在长板和短板两个组分别夺冠。不过，好运却并没有一直伴随着贝瑟尼。在2003年，贝瑟尼13岁那一年，她还是和往常一样到熟悉的海面上去冲浪，一条14英尺（约4.3米）长的虎鲨袭击了她，咬掉了贝瑟尼的左臂。在遭受袭击之后，贝瑟尼的生命曾经一度处在"病危"的状态。她损失了60%的血液，还有很多内伤。被抢救过来之后，很多人觉得贝瑟尼的冲浪职业生涯就到此为止了。就在所有人都在准备为贝瑟尼另谋出路的时候，贝瑟尼却做出了一个惊人的决定：她决定用自己残缺的身体重返冲浪的赛场。在家人和朋友们的帮助下，受伤一个月后，贝瑟尼用自己惊人的毅力重新起立，站在了冲浪板和浪头之上。并在之后的各项比赛中，获得了多项冠军。2007年，贝瑟尼正式成为世界职业冲浪协会的职业选手。如今，贝瑟尼是全美家喻户晓的独臂冲浪英雄，也是全球排名前10的职业女冲浪运动员。

贝瑟尼不可思议的精神让人忍不住也变得热情洋溢、勇气大增。如果她受到鲨鱼攻击后就退出冲浪界，应该没什么人会责怪她吧。但是，贝瑟尼从来没流露出自怜或悲哀情绪，因为她相信，就算发生了什么可怕的事，只要拒绝放弃，朝着自己的梦想紧追不止步，还是会带来美好的结果。贝瑟尼作为一个失去左臂的人，不但没有被困难打垮，而且还成功地利用了困难，我们作为健全的人，又有什么做不到的呢？那么，就从现在开始，行动吧！

信息来源：《广州日报》

假如给我三天光明

—海伦·凯勒—

品读之路

乐观坚强　感恩情怀　温暖的爱

假如只给你三天光明，三天后你将陷入无边无际的黑暗，这三天拥有光明的日子，你将会做些什么呢？很少会有人想到这个问题，因为大多数人都拥有一双明亮的眼睛，可以看到多姿多彩的世界，可以看到繁华的车水马龙，可以看到那一张张微笑的脸，这就是我们所拥有的幸福。然而，有少数的人却一直生活在黑暗中，无法体会外面的光明世界，著名聋盲人女作家海伦·凯勒就是其中一个。假如有三天光明的日子，她将会做些什么呢？带着这个疑问，让我们一起品读《假如给我三天光明》这本书，一起看看海伦·凯勒的答案，感受她生命中那无与伦比的坚强意志、感恩情怀和温暖的爱。

《假如给我三天光明》是由海伦·凯勒的《我的生活》《走出黑暗》《老师》三本书以及发表在美国《大西洋月刊》上的著名散文《假如给我三天光明》编译而成的自传性文学作品。全书系统完整地介绍了海伦·凯勒丰富、生动、真实而伟大的一生。海伦·凯勒的一生共著有 14 部作品，本书中收录的《我的生活》是她的处女作。作品一经发表，立即在美国引起了轰动，被称为“世界文学史上无与伦比的杰作”，出版的版本超过百余种，在世界上产生了巨大的影响。

海伦·凯勒

本书的作者海伦·凯勒是19世纪著名盲聋女作家、教育家和社会活动家。她毕业于哈佛大学的德克丽夫学院，是世界上第一个完成大学教育的盲聋人。创造这一奇迹，全靠她坚强的毅力和一颗不屈不挠的心。马克·吐温曾说过：“十九世纪出了两个杰出人物，一个是拿破仑，另一个就是海伦·凯勒。拿破仑试图用武力征服世界，他失败了；海伦·凯勒试图用笔征服世界，她成功了。”海伦接受了生命的挑战，用爱心拥抱世界，用惊人的毅力面对困难，终于在黑暗中找到了光明，最后又把慈爱的双手伸向世界。她曾被美国《时代周刊》评选为20世纪美国十大英雄偶像，除了创作，她的一生都在为盲人学校募集资金，她把自己的一生献给了盲人福利和教育事业。她的精神受人尊崇，赢得了世界各国人民的赞扬，得到许多国家政府的嘉奖，1964年获得总统自由勋章，后被授予“总统自由奖章”。

《假如给我三天光明》是一部伟大的励志书籍。本书以翔实的笔触描写了一个盲聋人的奋斗历程，以一个身残志坚的柔弱女子的视角，告诫人们应该珍惜生命，珍惜所拥有的一切。本书以真实、自然的笔触再现了海伦丰富生动、真实而伟大的一生，书中朴实无华的文字使我们得以领略到她惊人的智慧和伟大的人格。一个多世纪过去了，人们重读这部作品时，依然会被其间闪耀的人性光辉和人生华彩深深震撼，依然能从中汲取前行的勇气。作者海伦所展现出来的品质、意志、毅力强烈地震撼着读者，给蒙尘的心灵以洗涤。海伦的坚强勇敢、友谊的真挚、莎莉文老师的无私……许许多多都激起心灵的共鸣与碰击。海伦曾经说过“征服一个困难，随后而来的事情将会变得容易很多!”一个盲聋人，能够创造如此的奇迹，除了个人的努力外，与周围人对她的关爱也是分不开的。透过书中质朴的文字，不难发现海伦的成长秘密：爱与勇气——这两个人类亘古不变却时常被人们所忽视的话题。海伦是不幸的，但又是幸运的，她遇到了信任她、关爱她的人。父母毫无保留的人性之爱、老师循循善诱的师生之爱，加上自我对生命、对生活的热爱，像三股清澈的泉水，给予了海伦源源不断战胜困难的勇气与力量。

一本好书可以体现一个人的思想，但更多地体现一个人的灵魂，用心去品味本书，可以激励我们的精神、洗涤我们的灵魂，给予我们思想上的慰藉。学会用爱去关心别人，用心去体会作为一个健康人的幸福，用心去珍惜我们所拥有的幸福，像海伦一样，坚持自己的梦想，遇到困难，不要畏惧，为了梦想，敢于向前冲刺。

作品概览

《假如给我三天光明》是美国著名盲聋女作家海伦·凯勒的自传体文学作品，整本书一共五章：第一章张开心灵的眼睛，第二章信心与希望，第三章走出黑暗与安静，第四章春风化雨——莎莉文老师的故事，第五章假如给我三天光明。前四章以记叙的形式讲述了海伦·凯勒从失明到重新树立信心，再到在哈佛大学求学的自身的经历，第五章讲的假如给她三天光明之后她的愿望。

海伦·凯勒1880年6月27日出生于亚拉巴马州北部一个叫塔斯喀姆比亚的城镇。她天生聪明伶俐，出生不到六个月，便能清楚地发音，说出“茶”（tea）等几个单词。然而，不幸的是，她在一岁半的时候得了猩红热，从此失去了视力和听力。不久，她又丧失了语言表达能力。在她绝望准备放弃时，安妮·莎利文老师出现了，在老师的耐心指导下，海伦开始重新振作起来，用顽强的毅力克服了生理缺陷所造成的精神痛苦。

在本书前四章的自述中，对一个人的描述占据了很大一部分的篇幅，这就是引领海伦走向成功的关键人物，奉献了一生来教导海伦的人——安妮·莎莉文老师。海伦·凯勒在书中写道：“命中注定从这一天起，我要告别以前的日子，重新开始另一种生活，每念及此，我总是感慨万千。”正是莎莉文老师的出现使海伦的生活有了翻天覆地的变化，同时也改变了海伦的一生。她教会了海伦感知世界、认知世界；教会她认识大自然、触摸大自然，用心去感受世界；教会她用手指在对方的手心拼写不同的词组，组成不同的句子，从此她就慢慢地对生活充满爱，重新对生活充满了希望。此后，莎莉文老师陪伴着她，照顾她每天的生活，甚至在她以后的求学道路上也都是莎莉文老师一直在照顾她，帮助她学到了很多的知识，克服了难以想象的困难。教会她说话和盲文读写，让她感受到了语言的神秘，领悟出了知识的神奇并逐渐走出了黑暗与孤独。正是由于莎莉文老师的鼓励和教导，海伦变得热爱生活，学会了骑马、滑雪、下棋，还喜欢看戏剧演出，喜爱参观博物馆和名胜古迹，并从中获得了知识；学会了读书和说话，并开始和其他人沟通。而且以优异的成绩毕业于美国拉德克利夫学院，成为一个学识渊博和掌握了英、法、德、拉丁、希腊五种文字的著名作家和教育家。

全书第五章以议论的形式赞扬了视觉的伟大，告诉健康的人们要善待眼睛、珍惜视听，同时也尽情抒发了作者假如能用耳目来直接接触这个世界的欣喜。她在短暂的三天中选择：第一天，看清身边的亲朋好友，体验大自然；第二天，看日出，参观博物馆，欣赏戏剧和电影；第三天，去纽约看繁华的街市和破落的贫民窟，晚上再去一趟戏院……

精彩摘录

知识给人以爱，给人以光明，给人以智慧，应该说知识就是幸福，因为有了知识，就是摸到了有史以来人类活动的脉搏，否则就不懂人类生命的音乐。

结交一些益友是人生中最值得庆幸的事情，这些益友如同一首优美的诗歌。

每一次奋斗就意味着一次胜利，再坚持一下，我就能达到璀璨的云端、蓝天的深处——希望中的顶峰。

故事

向天空敞开的轮椅梦

1955 年，张海迪出生在山东济南。5 岁之前，张海迪像其他孩子一样，拥有许多美好的梦想。其中，她最大的梦想就是上学读书，可是，她却从来都没有得到走进校门的机会。不到 6 岁，她患上了脊髓病，胸以下全部瘫痪，病情反复发作，非常难治。5 年中，她做了 3 次大手术，脊椎板被摘去 6 块，最后高位截瘫。

在残酷的命运挑战面前，张海迪没有沮丧和沉沦，她以顽强的毅力和恒心与疾病做斗争，经受了严峻的考验，对人生充满了信心。虽然没有机会走进校门，但她却发奋学习，自学完了小学、中学全部课程，自学了大学英语、日语、德语和世界语，并攻读了大学和硕士研究生的课程。1983 年张海迪开始从事文学创作，先后翻译了《海边诊所》等数十万字的英语小说，编著了《向天空敞开的窗口》《生命的追问》《轮椅上的梦》等书籍。其中《轮椅上的梦》在日本和韩国出版，而《生命的追问》出版不到半年，已重印3次，获得了全国“五个一工程”图书奖。在此之前，这个奖项还从没颁发给散文作品。

为了对社会作出更大的贡献，她先后自学了十几种医学专著，同时向有经验的医生请教，学会了针灸等医术，为群众无偿治疗达1万多人次。

1983年，《中国青年报》发表《是颗流星，就要把光留给人间》，张海迪名震中华，获得两个美誉，一个是“八十年代新雷锋”，一个是“当代保尔”。

在荣誉面前，张海迪并没有停止不前，多年来，她始终艰难地不断进步，绝不放弃每一次的努力，也没有白白度过生命的每一程。与那些不珍惜生命的正常人相比，张海迪更加热爱生命，热爱生活，也更加顽强，更加勤奋。对张海迪来说，知识是一种财富，但自强却是更珍贵的财富，有了它，就能够战胜一切困难，把爱心洒遍人间。

信息来源：新浪网

世界上最伟大的推销员

——奥格·曼狄诺——

品读之路

坚持等于习惯　习惯决定成功

乍一看书名，还以为是一本为推销员写的书，仔细阅读之后，却被书中美妙的文字和蕴含的哲理所吸引。这是一本鼓舞士气、振奋人心、催人奋进的励志好书，适合所有渴望成功、有上进心而又决定改变自己命运的人学习。

奥格·曼狄诺

本书的作者奥格·曼狄诺是当今世界上最能激发起读者阅读热情和自学精神的作家，是世界上最具激励效应的畅销书作家，还是世界上最受追捧的演讲家之一。他于1924年出生在美国东部的一个平民家庭，28岁以前，他的人生是美满而幸福的，退伍后找到了工作，成了家，有了孩子。但后来，在面对人世间的诱惑与选择时，由于愚昧无知和盲目冲动，他犯了一系列不可饶恕的错误，最终失去了所拥有的一切——家庭、财产和工作，以至于穷困潦倒，流落街头。期间，他一直被内心的疑惑和痛苦折磨着。两年后，在一座教堂里，他认识了一位受人尊敬的牧师，解答了他的困惑。临走时，牧师送给他一部圣经，还有一份书单，上面列着11本书的书名。从这一天开始，他每天抽空去图书馆阅读这些书，开始了崭新的生活。在随后的日子里，他当过卖报人、公司推销员、业务经理……遇到困难或者失败时，他就用书中的语言来激励自己：坚持不懈，直至成功！35岁那年，奥格·曼狄诺创办了自己的企业——成功无止境杂志社，成了美国家喻户晓的商界英雄。

44岁那年，奥格·曼狄诺创作出了震撼人心的好书——《世界上最伟大的推销员》。这是一部伟大的作品，它凝结了作者一生的心血。该书一经出版，当年销售量就超过100万册，被译成18种语言，每年的销售量有增无减。社会各个行业、各个阶层人士，都被这部充满魅力的作品深深吸引，人们争相阅读，至今，发行量超过了1800万册。

这是一本在世界范围内影响巨大，获得了很多的赞誉的励志书籍。有人认为它是“最鼓舞士气、振奋人心、激励斗志的一本书”，有人认为它是“一本应该随身携带的好书”。我国著名的经济学家茅于轼在评价这本书时写道：“这本书告诉我们应如何对待财富和幸福。读了这本书，我们会觉得生活更充实，目标更明确，人生更有意义。”读过此书的人都称该书充满智慧、灵感和爱心，书中蕴含的哲理与箴言能够直达人的心灵，他们从中获得了一种神奇的力量和成功的法则，改变了他们的生活。

仔细阅读本书，给我印象最深的是牧童海菲不畏艰险、历经曲折的故事。正是由于他的坚持不懈，海菲在经历失败后才最终得以成功，成了一名伟大的推销员。他的故事让我明白，成功不会从天而降，需要坚持，需要努力，更需要一个良好习惯的养成。良好习惯，是一个人思维和行动的真正领导者，将会影响一个人的一生。本书的精彩之处并非在于故事本身，而在于书中所强调的做事的心态，强调点滴进步，强调执行，强调每天努力与计划。

本书以十张羊皮卷的形式引导读者阅读，每张羊皮卷阐述了一个成功的、改变人的内心箴言，并将其融入一个故事中，增强了趣味性和可读性。

细细品读本书，反复诵读10张羊皮卷，用心体会其中所蕴含的智慧、哲理和方法，你将收获的不只是信心、决心和勇气，还有书中的大量优秀品质。用心、认真执行书中的每一个计划，了解羊皮卷中每一卷包含的优秀品质及学习方法，并将其贯彻应用到日常行为当中，坚持下来，那些优秀品质将以一种习惯的形式影响着你，从而帮助你成为一个优秀的人。你可能会想，作为大学生，毕业后从事营销行业的人并不多，本书可以给我们什么启示呢？生活是由一系列的推销组成的，不论以后从事哪种职业，你都需要向别人推销自己，展示自己，让别人了解你、喜欢你、信任你。当你能够真诚、自信地向别人推销自己时，你就开始迈出了成功的第一步。

作品概览

《世界上最伟大的推销员》是美国作家奥格·曼狄诺最具影响力的代表作之一。讲述了2000年以前耶稣时代三位伟大的推销员柏萨罗、海菲、保罗的故事，从而引出了以神秘方式逐代相传的推销秘诀——从不示人的十卷羊皮。该书内容主要分为三部分："羊皮卷的故事""羊皮卷的实践"和"羊皮卷的启示"。

第一部分通过一个羊皮卷的故事，告诉我们十条成功原则，即习惯、爱心、坚持不懈、信心、珍惜时间、情绪、微笑、重视自己的价值、付诸行动和要有信仰。书中记载了一则感人肺腑的传奇故事，讲述了很久以前，在阿拉伯地区的沙漠地带，有位名叫柏萨罗的皮货商人，他有一个名叫海菲的仆人——一个赶骆驼的男孩。海菲是一个非常聪明能干且具有一颗非凡的爱心的人。他有理想、有目标，非常渴望成功，想成为一名伟大的推销员。有一天，主人给了他一件袍子，如果他能卖掉袍子，主人就给他机会，让他成为一名推销员。于是他带着袍子开始了他的推销生涯，在推销的过程中，他在山洞中遇到了一对贫苦的夫妇带着一个刚刚出生的婴儿，而此时，山洞里非常寒冷和潮湿。经过激烈的思想斗争，海菲把这件对自己有着重大意义的袍子送给了这位刚出生的婴儿。当海菲沮丧地返回主人那里时，主人听他介绍了事情的经过，不但没有责备他，反而被他诚挚的爱心所感动，并赠给他十张神秘的羊皮卷。海菲按照羊皮卷的指引，遵循其中的原则，开始了他执著的营销创业生涯，最终成了一名伟大的推销员，建立起了一座浩大的商业王国。

第二部分讲述了羊皮卷的实践方法和9个成功记录表，按照书中的计划，每天花上十分钟，坚持45周，你就更有潜能，你的生活会更加美好，人生更有意义。

第三部分讲述了羊皮卷的启示和10个成功誓言。成功誓言一：我永远不再自怜自贱；成功誓言之二：面对黎明，我不再茫然。成功誓言之三：我永远沐浴在热情的光影中；成功誓言之四：我拥有神奇的力量，我不再难以与人相处了；成功誓言之五：在每一次困境中，我总是寻找成功的萌芽；成功誓言之六：做任何事情，我将尽最大努力；成功誓言之七：我将全力以赴地完成手边的任务；成功誓言之八：我不在空等中期待机会之神的拥抱；成功誓言之九：我将在每晚反省一天的行动；成功誓言之十：我许诺、我宣布、我发誓。

这三部分内容环环相扣，为每个渴望成功的人设计了一条成功之路。

精彩摘录

不要计较成败，一个从来没有失败过的人，必然是一个从未尝试过什么的人。

只要决心成功，失败就永远不会把你击垮。

事实上，成功与失败的最大分别，来自不同的习惯。

爱是我打开人们心扉的钥匙，也是我抵挡仇恨之箭与愤怒之矛的盾牌。爱使挫折变得如春雨般温和，它是我在商场上的护身符：孤独时，给我支持；绝望时，使我振作；狂喜时，让我平静。这种爱心会一天天加强，越发具有保护力，直到有一天，我可以自然地面对芸芸众生，处之泰然。

故事

“天价”习惯

1992 年的某个周四的下午，比尔·盖茨来到纽约的一所小学，看望那里的师生，并且给全体小学生做了一场励志报告。临走时，比尔·盖茨表示，自己会在某个周四的下午再次来学校看望大家，如果发现到时谁的课桌收拾得最整洁、最有条理性，谁就将会获得他免费赠送的一部个人电脑。电脑在当时还非常昂贵和稀有，大家自然都希望能得到。

因此当比尔·盖茨走后，每逢周四的下午，大家都会不约而同地将课桌收拾得整整齐齐，因为这是比尔·盖茨承诺来访的时间，而其他时候则不愿意动手收拾。但有一个学生却觉得比尔·盖茨有可能会在周四的上午就来，于是，每个周四的上午他就开始动手收拾课桌。

之后，他又觉得，比尔·盖茨也许会在除周四之外的其他日子里来访，于是他又决定每天都要收拾一次课桌，可是，每次收拾后不久，桌子便又会乱了，他想，如果刚好这个时候比尔·盖茨恰巧来了，那么自己之前付出的劳动和坚持岂不是白费了。

于是，他又决定，必须要让自己的课桌每时每刻都保持整洁，这样就万无一失了。

可遗憾的是，比尔·盖茨此后却一直也没能再来，其他的同学早就忘记了要继续收拾课桌，但这个学生却因此养成了一个随时保持整洁的习惯，并且从此学会了做事一定要有条理性和坚持性，这让他在后来的人生中受益颇丰。

多年后，他终于再次见到了比尔·盖茨，但这次见面，比尔·盖茨并不是为了兑现当年的承诺——送他一台电脑，而是来送给他一件更大的礼物——用2.4亿美元购买他公司1.6%的股权，这还是因为他感激当年比尔·盖茨对他的无形影响而做出的让步。不错，他创立的公司就是Facebook（脸谱网），世界第一社交网站，而他则是马克·扎克伯格。

信息来源：励志一生网

成长比成功更重要

—凌志军—

品读之路

做最好的自己

为什么是成长，而不是成功呢？因为成功只是人生中的一个阶段，而成长却能伴随我们的一生。成长的过程固然辛苦，但亦是不可避免的。只有在成长的道路上走得很远，历练得足够从容，才有资格担当起“成功”二字。成功需要经历千辛万苦才能达到，而成长就是这“千辛万苦”。

我们可以不成功，但不可以不成长。

成长是一个关于教育、人才乃至整个社会的话题，是人生中的一个重要命题。人活着，就是要将命运活成人生，而这个过程其实就是在不断地成长。当将付出转化为成长时，就会有收获。每个人都渴望成功，成长，不只是通过努力就能够获得，往往还需要经过较长时间的积累沉淀，才能获得预期的结果。真正意义上的成功，并不一定非要达到那个最终的目标，而是在面临挑战时，学会如何克服困难，如何超越自己，更重要的是使自己在磨炼中得到成长。

当前，人们在热衷于如何成功时，对成长的关注却越来越少。没有成长，成功又何从谈起?《成长比成功更重要》一书是凌志军先生所著的经典励志之作，书中运用了100多个真实的案例，讲述了中国北京微软亚洲研究院最具有代表性和富有特色的30位研究人员的成长故事和成长历程。李开复、许峰雄、张亚勤、沈向洋、张宏江、王坚……一个个生动精彩、意味深长的小故事，告诉我们“所有天才都是可以教育出来的”，最重要的不是“打败别人”，而是“成为最好的你自己”。作者凌志军先生选取了他们成长过程中能够和读者产生共鸣的故事，让我们感受到书中所介绍的每一个人物，每一个真实的故事，每一段生动的点评，每一句诚恳的话语都可以成为我们成长路上的坚实阶梯，可以让我们知道怎样成为“最好的自己”。作者在书中介绍的这些成功人士，他们并不比我们更聪明，所经历的教育制度也和我们一样。那么，他们凭什么变得和我们不一样呢?阅读完本书，相信能给你带来诸多启发和感悟。

《成长比成功更重要》是由当今时政作家的代表性人物，被誉为“中国的威廉·曼彻斯特”、当代中国记者的“标杆”的凌志军先生所著。凌志军是个具有传奇色彩的作家，他生于上海，长在北京。十五岁到工厂做工，十六岁做农民，十九岁当兵，二十五岁成为新华社记者。三十岁考入中国社会科学院研究生院，三年后获得法学硕士学位，现为人民日报社高级编辑、资深记者。凌志军善于从生活中采撷那些看似质朴、平凡，实则意味深长的小故事，加以独到的阐发和论述，使得他的作品通俗易懂，趣味性强。他于2003年所著的《成长》，即本书第一版，在众多学生和他们的父母中引发了极大共鸣，改变了他们的命运和对教育的看法，直到今天，仍有很多读者写信给他。在过去十多年间，他曾出版的九部作品，全部进入了畅销书排行榜，且有的还以多种文字在世界各地出版。

在本书中，凌志军给我们介绍了这样一个人物：他家境贫寒，渴望成功，但高考失利，连份正式的工作都找不到。他不在乎人们对成功的定论，在成长中学习，不断挑战新的高度，随后取得了令人羡慕的成功。在成长的道路上，他脚踏实地，一直不断进步，这就是成长，他就是微软亚洲研究院院长沈向洋。成长和成功的关系正如“人”这个庄重的字中撇和捺的关系，一撇是成长，一捺是成功。如果没有成功，成长照样潇洒、昂扬，而捺只是撇的一个分支，没有了成长，成功便摇摆不定。

著名资深节目主持人杨澜曾说过：“这辈子你可以不成功但是不能不成长。我想说的是每个人都在成长，这种成长是一个不断发展的动态过程。我们虽然再努力也不能成为刘翔，但我们仍然能享受奔跑。可能有人会阻碍你的成功，却没人能阻止你的成长。”在这个世界上，更多的成长，都是经过不断地摸爬滚打，经由时间历练，才获得成功的。也许目前你还没有成功，但是在成长的道路上，小至每一次成长，大至你的人生，都需要脚踏实地一步步走出来。

在《成长比成功更重要》这本书中，作者告诉我们所谓“成功”，不是以获得“第一”“第二”的成绩来衡量的，而是最大限度地发挥了自身的潜力。同时，在这本书中，我们可以看到一大批聪明、主动的学生不断超越自己，挑战极限，一个又一个伟大的父母、师长用劳动和心血为子女的成长之路默默付出……可以说，任何的成功都无法复制，但是可以借鉴。《成长比成功更重要》像一部小说，更像一部奏鸣曲，是每个渴望成功者最好的心灵驿站。希望有更多的读者，在本书激励下，享受成长过程，克服困难，能够找到真正属于自己的广阔天地。

作品概览

全书分为 8 个章节三大部分内容，即情商比智商更重要、自信和我到底想要什么。作者分别一一进行了举例和阐述。

第一部分：“E 学生”成长的第一个秘密——情商比智商更重要。在这部分内容里，作者把学生分为五类：A 级厌学型学生、B 级被动学习型学生、C 级机械型学生、D 级进取型学生和 E 级主动型学生。“E 学生”有三个特征：具有更强的自主意识和很高的情商，享受学习。李开复、张亚勤、沈向洋等都属于 E 学生类型，作者介绍了他们的成长经历和成长过程中的一些故事，告诉了我们他们成长的家庭背景以及成长过程中的经验和教训，这些都值得我们学习和借鉴。

第二部分：“E 学生”成长的第二个秘密——自信。在这部分内容里，作者告诉我们首先要相信自己最聪明，每个人都希望得到别人的夸奖，如果得不到奖励，那就相信自己。书中介绍了张宏江被老师体罚揪出教室的故事，告诉我们，孩子自尊和自信常因为小事被老师和父母击碎，常给孩子表现的机会，帮助孩子树立自信比给他一大堆的知识更重要。张宏江的自信之所以没被击碎，并不在于他拥有超越其他孩子的能力，而在于他能够发现自己的能力，并且有机会表现出来。微软亚洲研究院的主任研究员周明从小非常自卑，有一次老师带着全班去食品厂，为了激发大家的积极性，老师举行了一个刷瓶子的比赛。比赛结束时，周明得了第一，这件事情带给了周明自信，从此，他的生活发生了改变。在这部分内容里，作者还介绍了王坚等人对自信的看法。王坚认为自信是你内心的标准，世界上没有人比你自己更清楚你自己，不用通过考试来证明你学习好不好，也不要在乎别人怎样评价你。沈向洋认为自信就是对自己的成长能力抱有信心。这些成功人士对于自信的看法，可以让我们更加坚信，自信是成长中必须锻炼起来的心智，每一次克服困难就会让我们变得更加自信，更能发现我们的自身优势和价值。

第三部分："E学生"成长的第三个秘密——我到底想要什么？这是成长路上的方向标，也是我们的目标和理想。作者告诉我们每一个学生身上都拥有无限的潜力，大多数学生从来没有尽善尽美地表现自己的能力，是因为他们从来没有想清楚自己到底想要什么，从来没有产生过一种想要抓住什么东西的冲动。只有很少部分人能够意识到自己真正想要的东西，感觉到它正在前边召唤，想不顾一切地去抓住它。强烈的渴望不但产生了勤奋，还创造着天分，激励着他们超越一切障碍，从而与众不同。这部分人在老师眼中不是听话的好学生，不喜欢按照老师的计划走，喜欢做自己想做的事情，许峰雄、凌小宁、张益肇等就是属于这种类型的学生。通过他们的成长经历，引出了中美教育制度和教育方法的不同。由此告诉我们通向"E学生"的第一动力不是天赋聪慧，不是重点学校，不是"名师家教"，也不是来自外界的压力，而是"发自内心的渴望和热爱"。正是这样，他们才能充分发挥自己的潜能，才能不断成长直至成功。

精彩摘录

我没有发现他们具有超越常人的智商。事实是，在任何一个学习阶段，情商都显示出比智商更重要。他们毫无疑问属于聪明的孩子，但是像他们一样聪明的孩子有很多，比他们更聪明的孩子也有很多。他们之所以与众不同，是因为他们拥有健康的性格、良好的学习态度和学习习惯。

自信是成长之路上的第一路标，给孩子自信，比给他一大堆知识都重要。

尽管我常常不如别人好，但我还是对自己说："我是最聪明的。我能做好。"很多孩子都曾有过这样的精神状态，只不过没有遇到持续的激励，所以不能长久。事实上，从很小的时候起，孩子们的自尊自信就不断地受到侵犯，就像一块石头，被一把坚硬的凿子敲打着，一点一滴地被击得粉碎。令人惊奇的是，这种冷酷无情的破坏力量，都是来自那些自称要教育孩子成材的人——父母和老师。但是我们也能看到一些孩子，他们的自尊和自信似乎是敲不碎的。因为他们内心里的力量更强大，就像美国总统罗斯福的夫人艾莉诺·罗斯福说起过的那种情形："没有你的同意，谁都无法使你自卑。"

故事

你就是一座金矿

有这样一个青年，大学毕业已经工作两三年了。他在听了一次成功心理课之后，颇受启发和鼓舞，心情为之振奋。他在课上的当众讲话练习中说："所有的成功者，尽管他们的出身、学历、境遇、职业和个性等各不相同，但有一点是共同的，就是自信主动。自信，是成功的第一要诀。今后，我一定要自信!"大家对他的发言报以热烈的掌声。

可是，过了没多久，他又变得情绪低落了。他不明白为什么自己上课的时候信心十足，可一回到单位就变得不自信了。原来，他所在的研究室，所有的工作人员的学历都比他的高，不是博士就是硕士，只有他一个人是本科。所以，不论他在家里事先想得有多么好，只要一上班就"前功尽弃"，只感到自卑而无法自信。由此看来，自信的道理不难领会，但要真正拥有自信意识，就不那么简单了。自信还是自卑，是和别人比较出来的吗？是由学历、职务和业绩的高低所决定的吗？说来这位本科毕业的年轻人本该很自信了，因为就整个社会而言，他已经是"天之骄子"了。然而他又很"不幸"，在本单位里他的学历却最低，因而他无法树立起自信心。那么，他若成为硕士、博士就能拥有自信了吗？恐怕不行，因为硕士、博士的上面还有研究员和院士呢！如果真的这样比下去的话，恐怕他即使当上了国家总统也难以自信，因为一个穷国的总统见到富国的总统便又会不自信了……显然，一个人要真正拥有自信，首先要突破这种"狭隘比较"的心理障碍。

资料来源：成功励志网

学会生存——教育世界的今天和明天

—联合国教科文组织国际教育发展委员会—

品读之路

学会生存——教育的最高使命

我们常说，教育要与世界同步，要与时代同行，要做到与时俱进。什么样的教育是比较先进，比较适合学生成长和发展的呢？《学会生存——教育世界的今天和明天》给了我们答案。

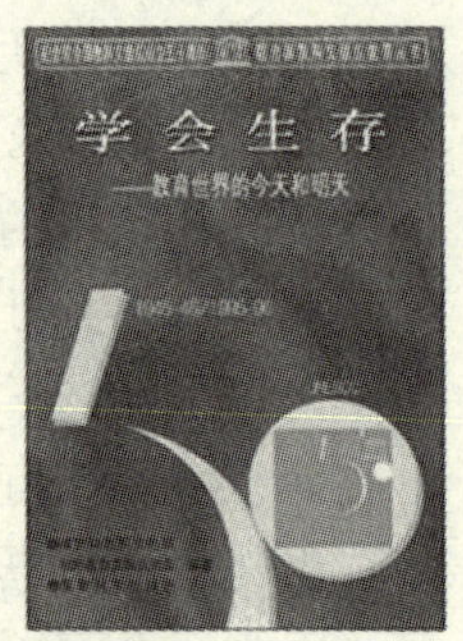

这部被誉为当代教育思想发展史上里程碑的著作，是国际教育发展委员会于 20 世纪 70 年代在面临科学技术革命与社会经济发展新形势向教育提出挑战的形势下，经过一年多对世界教育的形势和改革的调研，实地考察 23 个国家，先后举行 6 次会议后写成的报告。于 1972 年 8 月、10 月先后以法文和英文出版，以供联合国教科文组织及各会员国在制定教育策略时参考。至 1974 年，本书先后被翻译成 33 种文字，39 种不同版本。至今，本书出版已有 40 多年，但是书中的教育思想仍闪现着光辉。其中四个概念“学习化社会”“终身学习”“学会学习”“终身教育”已在全球范围内得到了广泛传播，世界各国都把它们作为本国教育改革的指导方针。

本书主要论述了当今世界教育面临的挑战和主要发展趋势，指出了实现教育革新的一些策略、途径以及最终走向学习化社会的道路，其中“学会学习”“学会生活”“学会做事”“学会生存”是报告提出的教育的四个支柱，其核心是学会生存。“学会生存”是根据当时社会形势的需要，由当时的国际教育委员会主席埃德加·富尔倡导的。他认为：“唯有全面的终身教育才能够培养完善的人，人们再不能刻苦地一劳永逸地获取知识了，而需要终身学习如何去建立一个不断演进的知识体系——学会生存。”随着社会的发展和技术的更新，传统的教育方式、教育手段、教育内容、教育目的已不能适应未来社会的要求，科技发展的挑战、社会公害的威胁，要求学校把教育当作一个长期的、发展的工作来看待，终身教育的概念也因此产生。教育必须培养人类去适应变化，这是我们时代的显著特征。教育不但要扩展到一个人的整个一生，成为每个人生活的一部分，更要把社会的发展和人的潜力的实现作为其发展目标，努力挖掘每一位受教育者的潜力，展示其能力和创造力。

教育的最终目的是为了提高人们的生活质量。随着社会的竞争越来越激烈，人们面临的压力也越来越大，尤其是在全球经济一体化的社会背景下，要想在竞争中取胜，除了掌握知识外，还要具备终身学习的能力。埃德加·富尔在书中指出：“未来的文盲不再是不识字的人，而是没有学会怎样学习的人。”作为一线教育工作者，除了要教授学生知识外，更要培养学生终身学习的能力。当今社会发展迅速，知识和技术都在不断更新，要适应时代的发展就必须终身学习。唯有全面的终身教育才能够培养完善的人，才能掌握如何去建立一个不断演进的知识体系。书中告诉我们：“人永远不会变成一个成人，他的生存是一个无止境的完善与学习过程。人和其他生物的不同点主要就是由于他的未完成性。事实上，他必须从他的环境中不断学习那些自然和本能所没有赋予他的生存技术。为了求生存和求发展，他不得不继续学习。”正是教育在这一无止境的完善和学习过程中扮演了极其重要的角色，一部人类的历史就是人的潜能随着生产劳动的发展而逐渐地无限地变成现实的历史，而这种转变恰恰又是以教育为中介的。实现人的自我完善与发展，培养全面发展的人，这是人的本性向社会提出的要求，也是人类社会向教育提出的任务。

我们要将学习贯穿到整个生命历程。书中指出终身学习应与建立学习型社会结合起来。建立学习型社会，首先就要解决如何学习这一问题。学会学习是学会生存的前提。教育的重心应当发生转变，由“学会”转向“会学”，同样，教育的观念也应相应发生变化，由“重视文凭”向“重视能力”转变。教育的根本任务在于使学习者学会如何学习，学会如何工作，学会如何合作，以及学会如何生存；教育的使命要把着眼点从教育转向学习，从外部的“教”转向内在的“学”，借以充分发掘每个人的潜力和才能，以适应未来、创造未来。终身学习也必将成为人促进自身发展和社会发展的一种必然选择。

读完此书，相信你会对教育有个全新的认识和理解，也会对自己的未来有个全新的规划。

作品概览

本书内容丰富，涉足面广，几乎涉及了教育的一切重大问题。首先回顾了教育发展的历史及面临的挑战，然后系统地总结了发展中国家和发达国家教育的现状，对教育在现代社会中的重要作用也给予了充分的肯定。全书共分为三大部分内容，即“研究的结果”“未来”“向学习化社会前进”。

第一部分，研究结果。从回顾教育发展的历史谈起，指出存在的教育问题、教育发展过程中的需求与限制；指出教育与社会之间的相互作用关系，倡导教育民主化和教育平等。

第二部分，关于未来。着重论述了当今世界教育面临的挑战，同时也向大家展示了已有的研究成果，并指出了教育发展的主要趋势。

第三部分，向学习化社会前进。指出了关于实现教育革新的一些策略、途径以及最终走向学习化社会的道路，最后论述了教育的国际合作问题。正是由于终身教育思想的广泛传播，使人类社会正在或将要进入一个空前需要教育的时代。教育的发展主要依靠各个国家团体提供给的教育资源。所有国家都有这个义务。

精彩摘录

一般来说，大部分教育体系并不是有助于受教育者——无论他们是青年还是成人——去认识他们自己，去理解他们个性中的有意识的和无意识的部分，去理解大脑机制、智力活动、支配身体发展的规律、梦想和抱负的意义、他们互相之间的关系以及他们和整个共同体的关系。因此，教育忽视了教人如何在社会中生活、热爱生活并从事工作的基本职责；而人们必须创造这个社会，作为他们理想的体现。

我们要学会生活，学会如何去学习，这样便可以终身吸收新的知识；要学会自由地和批判地思考；学会热爱世界并使这个世界更有人情味；学会在创造过程中并通过创造性工作促进发展。

教师的职责现在已经越来越少地传递知识，而越来越多地激励思考，除了他的正式职能以外，他将越来越成为一位顾问，一位交换意见的参加者，一位帮助发现矛盾论点而不是拿出现成真理的人。他必须集中更多时间和精力去从事那些有效果的和有创造性的活动：互相影响、讨论、激励、了解、鼓舞。

故事

活到老学到老——德国 79 岁老太太成博士

在离德国科隆不远的西比希城，约翰娜·玛克司夫人可是个响当当的人物。早在 1994 年，当时 70 高龄的她，经过长达 6 年的刻苦攻读完成了学业，并以优异的成绩获得了科隆大学的教育学硕士文凭。9 年之后，玛克司夫人又在年近八旬的 79 岁时，完成了长达 200 页的博士论文，论文的题目是："如何度过晚年——学习使老人永远充满活力"，最后被科隆大学授予教育学博士学位。小城的市民们，无不对这位孜孜不倦的老人赞叹不已，由此她还当选为该城"最伟大女性"。而前不久，玛克司夫人作为嘉宾，参加了德国著名电视主持人迪沃累克主持的一次脱口秀节目。于是全国观众都认识了这名戴着大框架眼镜、说话有条不紊又颇富幽默感的老人。

玛克司夫人退休之前长期在一家公司任职，是个活泼、开朗的女士。退休之后，不甘寂寞的她先是上了一个法语班。后来在报上看到科隆大学招收老年大学生的广告，便勇敢地报名成为正式大学生，当时她已满 65 岁。她披露，第一学期的学习让她最难以适应。因为小时候上中学时，课程和课表都是由学校或教师制定的，而这回，一切都得自己安排。在度过最初的难关之后，她越学干劲越来越大，而且凭借着年轻时积累的丰富知识和打下的良好的学习基础，成绩居然在班上经常遥遥领先。平时她和年轻人一样身穿运动装或牛仔服，还常常和同学们一起参加游戏或体育运动。她在入学的第三年就学会了操作电脑，还积满了所需要的足够学分。不过她并没有忘记时不时忙里偷闲回家操持家务，并尽量抽空陪伴夫君进餐。同学们惊奇地发现，在她念书期间，竟然做到了学习、家庭两不误!

玛克司夫人的博士论文研究的是老年妇女如何才能安度晚年。玛克司夫人曾深入多个养老院和普通家庭，采访了34名终身学习的老年妇女。由于她是她们的同龄人，她们几乎毫无例外地向她倾诉了第二次世界大战遗留在自己心灵深处的创伤，以及进入老龄之后感觉到的孤独、失落等负面情绪。而正是老年时代孜孜不倦的学习，她们的晚年生活异常充实和快乐，有的还因此而克服了酗酒、吸毒或依赖药物。她认为，进入老年后大脑的“锻炼”尤为重要，如背诵歌词和外语单词就是很好的锻炼大脑的方式。在论文中她强调，每个人都会变老，这是不可避免的自然规律，但如何度过晚年却可以由自己决定。除了坚持学习外，另一关键是坚持运动。她建议所有老人都选择至少一种力所能及的运动，并力图避免只说不做。她的口号是：天天锻炼，使自己年轻10岁。

玛克司夫人每天都会收到大量来信，其中也不乏来自年轻人的，一名30多岁的少妇在信中写道：听了您老人家的故事，我们再也不怕变老啦。

信息来源：新华网

第四部 成才与奋斗

江山代有才人出，各领风骚数百年。

——赵翼：《咏史》

“人才”一词最早见于《诗经·小雅》的注释：“君子能长育人才，则天下喜乐之矣。”“才”在《辞海》里的解释：一是通“材”，指人的资质、品质；二是通“裁”，指裁夺。《国家中长期人才发展规划纲要（2010—2020年）》中对“人才”内涵的界定是指具有一定的专业知识或专门技能，进行创造性劳动并对社会做出贡献的人，是人力资源中能力和素质较高的劳动者。古往今来，许多仁人志士对于“人才”的概念做过各种各样的诠释，如韩愈将人分为上、中、下三品，司马光将人分为圣人、君子、愚人和小人等；现代社会有高级人才、杰出人才之说。按照人才素养结构的维度划分，有两维说（德、才），有三维说（德、智、体），有五维说（古人有德识才智勇之说，现代有德智体美劳之说）。科学人才观认为，凡是具备一定的知识或技能，能够进行创造性劳动，对社会发展有贡献的都是党和国家需要的人才。如果“人才”表现为最终的结果，那么成才即是奋斗的过程。一个人能否成才取决于许多因素，但归结起来有四点：第一，目标的设定；第二，努力的程度；第三，努力的方法；第四，对各种艰难困苦的承受能力。无论你的起点有多么低，只要在这四点上下工夫，人生总会有精彩的收获。也许你只想平平淡淡地过一生，也不想追求什么成功，但你是否知道在你的生命中，有什么使命是一定要达成的？也许我们生来就随身带着一件东西，这件东西指示着我们的渴望、兴趣、热情以及好奇心，这就是使命。你不需要任何权威来评断你的使命，也没有任何权威可以帮你来决定。你需要靠你自己来寻找这个独特的使命，这个使命的找寻和实现就是奋斗的过程。人生最重要的目的，就是要通过努力和奋斗来发展自己，找寻对自己适合的目标，追求自己热爱的事业，在充实和提高的同时，享受自己奋斗的乐趣，追求人生的乐趣，实现人生的价值。奋斗实际不仅是取得幸福的手段，它也是一种幸福的姿势，它意味着激情、快乐与自豪，意味着收获与赠予。人的命运蕴藏于他的灵魂和行动之中，当然，也许有的人怕进入奋斗过程和遭遇失败，也许有的人缺乏奋斗的动力，也许有的人缺乏奋斗的耐力，也许有的人存在着对奋斗认识的观念误区。以下推荐的书籍，将引领你走进一个个充满智慧和哲理的经典宝库，它们是你奋斗成才的力量和源泉。他们是发起一场学习的革命的珍妮特·沃斯和戈登·德莱顿、带给你一生资本的成功学大师奥里森·马登和思考致富的拿破仑·希尔，以及为我们奏响一曲“英雄交响曲”的罗曼·罗兰的名人传、南非反对种族歧视的斗士和英雄曼德拉，还有中国改革开放的总设计师邓小平和被称为“红色资本家”的荣毅仁的传奇人生，还有“杂交水稻之父”袁隆平、一代建筑宗师伉俪林徽因和梁思成以及活着就是为了改变世界的史蒂夫·乔布斯，他们在人类社会的发展进程中是一群与众不同的人物，展现给你的是一个个平凡而伟大的精彩人生和故事。他们具备睿智的目光，拥有深远的思想，蕴藏博大的智慧，而这令他们成为各自领域内的杰出人物。徜徉于书的字里行间，让你亲历感悟一个个成功者的眼界和胸怀以及他们不断超越自我、实现梦想的执著、勇气和坚持。也许不是每个人都一定要追求他们那样的成功，也许并非每个人都有他们那样好的天赋和机遇，也许不是谁都可以复制他们的成功，但他们原本只是追求生活的真善美值得你去品味和思考，或许会改变你看待生活的方式，激发你寻到独特的使命以及奋斗成才必需的灵感、素养和品质，实现生命的自我完善和价值。

观人类发展的历史长河，从“天行健，君子以自强不息”到“自古雄才多磨难，纨绔子弟少伟男”的奋斗成才名言，无数的先贤圣哲告诉我们成才之路的唯一真理，那就是成才的过程就是奋斗的过程，它诠释着生命的全部意义。

学习的革命

—珍妮特·沃斯　戈登·德莱顿—

品读之路

学习方法的革命，学习理念的革命，现代教育的革命

《学习的革命》风靡 20 世纪 90 年代，是西方教育改革发展过程中的一本重要的畅销书。新西兰的《管理》杂志出版商赖格·伯契菲尔德说："当一本书在一个只有 350 万人的国家很快售出 2 万本的时候，你知道它已成了众人关注的焦点。它对于商业、学校和家庭都有突出的指导意义——每个人都会重新思考未来、重新思考新的世纪。"该书在中国 1998 年由上海三联书店出版，短短一年时间连印 9 次，始终供不应求，在当时掀起了一场学习的革命，有的教育工作者创造性地用起了这本书，办出了"历史上最有价值的夏令营"，也有的呼唤教育改革的浪潮到来。

本书的作者珍妮特·沃斯出生于荷兰，现居美国。作为一个高技能的老师和企业教练，她参加世界各种学术报告以及为大型企业公司、教育机构和学校等进行培训。另一位作者戈登·德莱顿是位土生土长的新西兰人，目前是新西兰著名的播音员、记者、主持人。同时他还是一位出色的多媒体通讯专家、电视节目制作人、广告创意主管、公关顾问、出版发行人、电台创办人、作家、研讨会组织者及行销专家。

同学们在阅读此书时，会发现这本书最大的优点——本书的要旨是行动，要求阅读者将每章做成你自己的脑图。所以，阅读本书就是在学习一种学习方法，思维方式和思想观点也会不知不觉发生变化。此书有着独特的编排方式，有提纲式的目录，更重要的是它把要点和引文都在左边书页上简要地列出——为“速读”而设计，而且许多引文和概要、名言警句都设计成可以放大为海报的式样，生动而形象，让读者始终保持轻松愉悦的心情阅读整本书。书中除了作者的观点外，穿插了大量的实践案例和国外已经成型的学习方式理论，读来兴味盎然，也具有较强的说服力。

这本书重要的是能带给同学们学习理念的转变。作者彻底颠覆了以往的学习理念，强调应该学会“怎样学”的问题。正如书中所说，“在学校教育中，我们更应授予他们学习的方法而非对知识的详解，因为那仅是一家之言，而且在发达的网络世界中所有知识都是可以自由获得的。”在书中，“终身学习”的概念被视为首次使用并被广为流传，因为面对新世纪到来，作者对可能出现的问题和挑战做出了自己的思考和解答，认识到教育或者学习对每个公民、每个国家乃至整个世界的影响。语文特级教师兰瑞在《中国教育报》上这样解读此书的意义，“在一次又一次的寻求中，《学习的革命》一书给我许多启迪，它不仅能解决当前中国绝大多数学生学习方法不太对劲的问题，还在学习的理念、方法、途径等方面给当前‘读死书’的学子以耳目一新的感觉或收获”。《学习的革命》一书要求我们每个人都要有一种革新的精神去认识自己的工作学习，将自己的理解融入所学的知识中，成就一套适合自己和时代的学习方法，从而去影响和引导周围的人改变自我的认识。学习不再是个人某一阶段性的事情，而是贯穿每个人一生的主题，即必须有终身教育的意识并为之养成习惯，也就是学习工作化，工作学习化。

这是一本关于简易有效、切实可行和经过检验的学习方法的书。《自尊的六个要素》的作者哲学博士、教育学博士贝蒂·B. 扬斯说：“这本书涉及了成年人和青年人都面临的最主要的问题，即怎样在较少的时间里学更多的东西，怎样享受学习，怎样保存所学的内容。”优良的学习方法可以使同学们理解深刻、记忆牢固，用最短的时间学到最多、最有价值的知识，并在学习中体会到无穷的乐趣。如书中阐述了这样的观点：现在几乎所有的进步教育都强调有必要在学习中引入充满娱乐的愉悦式教学，幽默、趣味本身也是一种很好的学习方法。在学习中创设各种各样的令人惊讶的现象和挑战可以创造一种轻松的学习气氛，而在学习中引进音乐，是通向记忆系统的高速公路。“头脑不是一个要被填满的容器，而是一把需被点燃的火把。”因为在学习方面，最有价值的财富是一种积极的态度。

这本书也是一本关于现代教育改革的书。顾瑞荣先生是《学习的革命》的译者之一，他认为：“我们赞美这本书，赞美这场革命……我们还要让这场革命再进一步——希望每一位读到此书的人，每一位投入到学习革命中的人，都能自觉地深化学习革命，推动现代教育革命的到来。”未来新时代不仅意味着物质的极大丰富或技术的高度进步，它更意味着人类挣脱工业文明的桎梏和异化，对自身的发展和复归。因此，学习将成为人们实现自我的途径，终身学习成为新时代的潮流。但愿我们都成为爱学习者之一！但愿我们的教育未来更加光明！

内容概览

世界正在经历一次关键的转折，我们生活在一场会改变我们生活、思想、沟通、成功方式的变革中。本书将为你制定变革年代的终身学习计划。本书以“通向21世纪的个人护照”作为副标题，可以说，掌握了怎样学习，也就掌握了通向未来之路的金钥匙。《学习的革命》这本书将国外已经成型的学习方式理论包括保加利亚心理学家乔治·罗拉诺提出的“整合学习理论”、美国哈佛大学心理学家豪尔·葛德纳提出的“多种智慧理论”介绍给中国的家长和孩子。它告诉读者——怎样才能一天读四本书，并且把它们记住；怎样在四到八周内掌握一门外语的核心内容；如何让孩子在8岁前的关键时期，增长其知识；如何保持终身学习；如何在学校中领先，即使开始时你处于劣势；怎样才能在商务、学业、生活方面作出最佳决定；怎样找到最适合于自身的学习、思考和工作方式；如何使学生在学习上突飞猛进，而不是在毒品、打架和犯罪方面名列前茅。它对于商业、学校和家庭都有突出的指导意义就在于它会引导每个人重新思考未来、重新思考新的世纪。它涉及了成年人和青年人都面临的最主要的问题，即怎样在较少的时间里学更多的东西，怎样享受学习，怎样保存所学的内容。

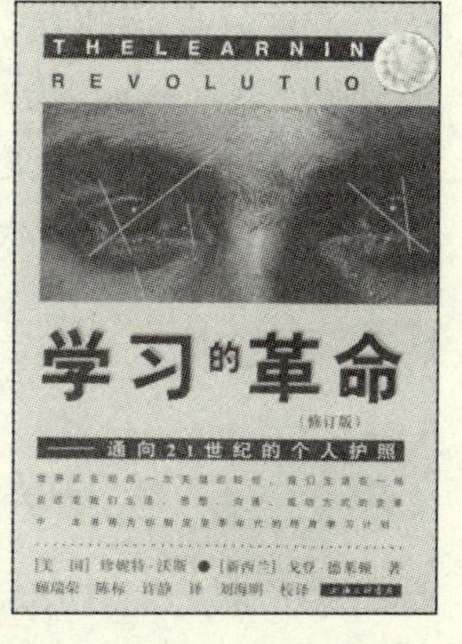

精彩摘录

一场革命正在改变着你的生活和你的世界。

你是生活在新时代的第一代人，这个时代在一个差不多一切都会发生的纪元里提供了对未来无限的选择。

除非我们能够知道变化的范围，看到它们的潜力，并抓住机遇，我们每一个人才能作出选择，并在一生中继续不断地作出选择。

你孩子的世界不会与从前一样。他们的未来，也依赖于他们一生中掌握新概念、作出新选择、不断学习不断适应的能力。

发达国家已经开始从工业社会向信息时代的飞跃。在信息时代，人的智能和知识将作为社会主要资本不断代替机器和厂房。

这个新时代充满残酷的替代选择。对于那些拥有新知识的人来说，新时代意味着一个充满机遇的世界；对于那些没有新知识的人来说，新时代则意味着，当旧工作消失、旧体制崩溃时，他们将面临失业、贫穷、绝望的前景。

这本书主要讲的是为让大多数人获益而迫切需要的一些新的学习方法。此书并不只为年轻一代而写，同样也适合早已成年的人们。

故事

学界泰斗、人世楷模——蔡元培

蔡元培先生（1868—1940），是中国近现代著名的民主斗士和教育家，其72年的人生历程，先后经历了清政府、南京临时政府、北洋政府和国民党政府时代，始终信守爱国和民主的政治理念，致力于废除封建主义的教育制度，奠定了我国新式教育制度的基础，为我国教育、文化、科学事业的发展作出了富有开创性的贡献。尤其他创造的北大辉煌，历来为世人所敬仰。

1916年12月26日蔡元培上任北京大学校长，当时北大官僚积习很深，校政极其腐败，学生以上大学为升官发财之阶梯，对研究学问没有兴趣。教员中也有不少是不学无术的，课堂讲授敷衍塞责。他向全校发表演说，倡导教育救国论，号召学生们踏踏实实地研究学问，不要追求当官。同时在管理中革故鼎新，大力推行西方先进国家大学的教育方针和制度。

要振兴一所大学，必须注重人本，师资才是最关键的要素。蔡元培求贤若渴，唯才是举，且不拘一格。据北京大学1918年年初的统计，全校教员217人中有90位教授，平均年龄仅30余岁。这样年轻而富于活力的教师队伍，一扫北大过去的陈腐之气，使北大成为鲁迅所说的“常为新的改进的运动的先锋”。

蔡元培强调自己的治校方针是：“依世界各大学通例，循思想自由原则，取兼容并包主义。”那时北大不但聘请“左派”和激进派人士李大钊、陈独秀当教授，请西装革履的章士钊、胡适当教授，还聘身穿马褂、拖着一条长辫的复辟派人物辜鸿铭来教英国文学，喜谈怪论的国学家黄侃，甚至连赞助袁世凯称帝和筹安会发起人之一的刘师培，也登上了北大教坛。像鲁迅、钱玄同、刘半农等，都来到北大教书。不同的思想在这里碰撞，不同的风格营造了共同的魅力。一时百花齐放，百家争鸣。同时，北大成立了各种学会、社团、研究会、体育组织，还经常开音乐会，办运动会，允许成立学生自治会。逐渐地把学生的注意力引导到研究学问和大事上来，使师生的言行都空前活跃。

1940年3月5日，蔡元培在香港病逝。蒋介石在重庆主持公祭，红都延安则举行各界追悼大会。毛泽东在唁电中称其为“学界泰斗、人世楷模”。曾任北大教授的民国大佬王世杰在《追忆蔡元培》一文中写道：“蔡先生为公众服务数十年，死后无一间屋，无一寸土，医院药费一千余元，蔡夫人至今尚无法给付，只在那里打算典衣质物以处丧事，衣衾棺木的费用，还是王云五先生代筹的……”捧着一颗心来，不带半根草去，这就是蔡元培一生的真实写照。

信息来源：中国新闻网

一生的资本

—奥里森·马登—

品读之路

开启财富人生的启蒙读本

相信看到《一生的资本》这样的书名，很多同学都会不自觉地产生强烈的好奇和兴趣，随着中国近几十年的快速发展，很多同学拥有了一定的生存条件，对于将来创造更好的成就，同学们无疑都怀揣着理想，充满了对未来的憧憬。事业、成功、财富，是同学们渴望达到的梦想，但又苦于无从做起、怎样去做，如何实现你成功的事业和拥有财富呢？《一生的资本》无疑会带给你想要的答案，带领你踏上财富人生的征程：每个人都拥有获得财富的资本，认识到这些资本，并懂得如何运用这些资本将让你梦想成真。人生的资本有哪些呢？它们抑或是学识、健康、信用和常识等，抑或是你将要找到的属于你的资本，但只要你拥有了人生的资本，你就会拥有充分施展自我的舞台，成为生活和事业双重幸福的拥有者。

本书的作者奥里森·马登（1850—1924）被公认为美国成功学的奠基人和最伟大的成功励志导师，他创办的《成功》杂志在美国无人不晓，它通过创造性地传播成功学改变了无数美国人的命运，也传递给世界上每一个想出人头地的年轻人。

《一生的资本》是一本充满希望之作。美国著名的

成功学大师拿破仑·希尔说："我几乎读了马登的所有著作，他促使我发展了积极思想和生活哲学。在我看来，马登与梭罗、爱默生、卡耐基一样都是伟大的作家，他们又同为积极思想的倡导者。"马登的一生本身就是由贫穷迈向成功的典范。1850年奥里森·马登降生在美国新罕布什尔州的桑顿乔森林地区一个贫穷家庭。3岁失母，7岁丧父，在当地农家当过10多年雇童，他总也吃不饱饭，还要每天工作14小时以上；没有同龄的朋友，还要受到主人孩子的嘲弄和虐待；没有长辈的关爱，还要忍受主人的责骂和皮鞭。他先后换过五个主人，但情况没有丝毫好转。直至一天在一个农家的阁楼里偶遇苏格兰作家斯迈尔斯的《自己拯救自己》，顿悟人完全可以从自身的环境中奋起的道理，从而点燃了马登两个梦想：穷孩子爬到上流社会的故事激励他走出深山老林，去接受教育，实现理想；他想到总有一天他也可以做点事情，来激励和引导那些像他一样的年轻人。从此，马登开始了自己马拉松式的漫长的学习历程。他一边做工，一边学习，先后在新伦敦学院、波士顿大学、哈佛医学院接受教育并获得学位。他曾开设饭店和饮食俱乐部，购置宾馆和不动产。在生意因天灾受挫后，转而将全部精力用于励志书的写作，其间尽管曾遭一场大火，将他的500多页书稿付之一炬，但这并没有动摇他以此"激励和帮助他人，使他们努力在这一世界上成为一个人物"的信念。

著名文学大师林语堂对此书评价道："对于时代青年所经历的烦闷、消极等滋味，我亦未曾错过，自读马登的原书后，精神为之大振，人之观念为之一变。"从艾森豪威尔、尼克松、卡特、布什等美国历任总统，到洛克菲勒、索罗斯、比尔·盖茨等企业巨子，到阿诺·施瓦辛格、迈克尔·杰克逊、大卫·贝克汉姆等巨星，都提到了马登成功学著作在青少年时期对他们的决定性影响。读《一生的资本》，教给我们一个道理，每个人的人生都潜藏着伟大的机遇，我们每个人都应靠自己去发现并利用这种天赐良机，这是我们每个人学到的人生一课。

《一生的资本》是一本人生财富启蒙书，它传递给我们现代的财富教育理念。你思考过为什么有的人越来越富裕，而有的人却每况愈下，生活愈来愈不如意？一个出生于富裕家庭的孩子，就一定能有所作为、驾驭他的财富吗？财富是一种数字，当这种数字曲折变化时，是什么原因在影响财富呢？财富路上最核心的资本又是什么？其实财富是一门专门的学问，可能比大多数其他学问还要难，然而遗憾的是，许多人并没有有意识地去学习它。奥里森·马登认为，财富是一门知识，有其规律可循。要获得财富，必须具备一定的资本，这个资本不是指金钱资本，而是财富理念和财富素质。主动磨炼自己，发展自己，让各方面的素质充分完善，不必衔着金汤匙出生，你也一样能成功致富。有些人生在富裕之家，他们的起点虽然比普通人高，但如果没有驾驭财富的能力，就难免坐吃山空。而那些出身贫寒的人，如果被贫穷压得抬不起头来，耻于谈及贫富的话题，不开启对财富的向往，不去为拥有财富而努力，那么他们也不可能改变自己的处境。

《一生的资本》更是一本思想深邃和充满智慧的宝典。它更像是我们生活的行动指南，放之四海而皆准的人生哲理。其实我们很多时候并不缺乏这样的真理，但如果把这样的真理只作为一时的激情澎湃而不付诸实际，就没有寻到一生的资本。这也是奥里森·马登在书中传递给我们的信息：外界的改变不能改变一个人的自我，除非他从内在开始改变——也就是说，除非改变一个人对于自己的看法和印象，才能由近而远，由内而外，改变自己的生活与命运。一生的资本本身就是一个动态的改变过程，它既不是与生俱来，也不能一蹴而就，而需要后天的修炼，需要你充分挖掘自身潜能，推动你开启智慧和勇气之门。

读完《一生的资本》，你找到属于你的资本了吗？从现在开始启程，寻找你改变命运的一生资本，踏上快乐幸福的人生之旅。

内容概览

《一生的资本》是全球畅销的励志经典，被《纽约时报》评为“世界百年十大财富教育经典”，也是奥里森·马登阐发其财富教育理念最重要也是最受欢迎的作品，它非常鲜明地体现了马登作品的特色——丰富、深邃。

成功学大师奥里森·马登在遍访世界知名企业家、政治领袖、艺术家等成功人士后，总结出的一条最著名的成功公式，那就是，对于任何人而言，只要你拥有正确的心态，你都能实现自己的梦想。世界上最大的成功秘密是没有秘密，每个人的内心都有一个隐性的护身符，它要么被积极的心态所包围，要么被消极的心态所纠缠，但两者的结果却截然相反，前者自然吸引好运和美好的东西，后者将窃取你生命中所有有价值的东西。你的成功、健康以及财富全取决于你心里所想。

本书最大的特点就是实用性和可读性，它挖掘了不同的背景、不同条件下客观存在的人们身上的每一种资本，以我们身边和大家熟知的成功人士的真实故事说明这些资本对人生的重要性。通过现实事例，作者发现，许多人尽管找到了自己成功的信念，但为何有些人成就非凡、与众不同，而有些人生活平淡无味、一事无成呢？作者通过进一步分析与思考发现，每个人的内心都潜藏着一个决定我们成功与否的巨人，成功者与平凡人的根本差别在于：前者已唤醒这一巨人，并且学会驾驭；而后者一直使之沉睡，未加利用，因而两者的人生会截然不同。虽然每个人都拥有获得财富的资本，但是只有真正认识到这些资本，并懂得如何运用这些资本，你才能将自己的梦想变成现实。正是基于此，马登的作品成了美国崛起时期无数人实现"美国梦"的催化剂。他将富兰克林的人生价值——节俭、自控、勤奋、诚实，与爱默生的成功标准——自我依赖、洞察世事和寻求真理融为一体，形成了一套完整的成功哲学。他认为，世上只有三种人：第一种是"我愿意"型，第二种是"我不想"型，第三种是"我不能"型。第一种人能完成所有的事情，第二种人抗拒所有事情，第三种人做不成任何事情。同时，书中提供了使第二种人和第三种人变成第一种人的全部秘诀，也是真正的成功之道。

精彩摘录

每年，成千上万的年轻人从中学、学院或大学毕业，手持他们的学历证书走进社会。他们心中充满理想和希望，充满了对未来的憧憬，去第一次面对现实世界。

财富能够提供给人们众多的权力，以至于任何事情的目标都倒向了金钱。一个男人的才干往往以这个人所挣的钱来衡量。"我可以从我画的画挣多少钱呢？""我可以从我写的书中挣到多少版费呢？""我从我的专业、我的职业中能挣到多少钱呢？""我怎样才能挣到更多的钱呢？"或是"我怎样才能发家致富？"这些话是这个世纪人们问得最多的话。这些刚刚走出校园的学生将如何回答这类问题？

金钱的影响是如此巨大，以至于人们在理解人生时，往往将理想放在次要的位置，艺术也不像以前那么重要，精神的东西竟然没有金钱重要。商业精神往往让人们的灵魂变得非常肮脏。这种微妙的威胁腐蚀着人们的理想。不论你走到哪里，美元的标记都会进入你的视野。金钱至上的思想，随时都在诱惑每一个人，每个人都对金钱充满崇拜。

故事

真诚与执著、智慧与韧性——高职生的创业之路

詹悦庭、康克健、陈洪为雅安一家医院开发管理系统，成功赚取了十几万元。对于3个年仅22岁、尚未毕业的大专生来说，这是他们联手创业掘到的第一桶金，也是一年多来3人智慧、韧性与友情的结晶。

2008年9月，正在成都职业技术学院读大二的他偶然得知雅安某医院的管理系统已经使用10年，功能落后且维护不力，院长正准备更换一套新的系统。学软件专业的詹悦庭立刻意识到这是一个绝好的创业机会，他向院方提出：由他和同学康克健、陈洪来开发这套系统。

几个没毕业的“娃娃”能做一套医院的管理系统？医院方面不相信断然拒绝了他们。但这却激起了詹悦庭的斗志，他一遍一遍地与医院方面联系，不停地游说。终于，医院被他们的真诚和执著打动了，同意给他们一年时间开发新系统。

从此，每天在校园里总能看到他们忙碌的身影，他们每天早上9点开始，3个人不停地编程、设计、上网查资料，直到凌晨1点才休息。詹悦庭已记不清在成都和雅安之间往返了多少次。

2009年5月，为医院开发的全新的管理系统终于成功了。这套系统包含了住院、门诊、药房、财务、收费五大模块，运用了先进的系统构架。医院在使用了这套系统后，反馈良好。

詹悦庭承认对于大型医院市场他们望尘莫及，但他们看中的却是县级医院及乡镇医疗机构。三人的梦想是把医院的管理系统做成发达国家的模式。只要凭一张IC卡，就可以完成挂号、分诊、划价、拿药全套流程，一切过程高度信息化。虽然目前他们还没有这个能力去做这样的系统，但是这已经成了他们努力的方向。

信息来源：中国新闻网

思考致富

—拿破仑·希尔—

品读之路

成功的哲学，成功的法则，成功致富的行动指南

思考可以致富吗？如果有这样的疑惑，那请走进成功学的代表经典之作《思考致富》寻找答案，它将教授你“做什么，如何做”，实现经济独立和思想富有。其作者拿破仑·希尔（1883—1969）是全世界最早的成功学大师。他辉煌时出任过美国总统顾问，低谷时65岁成了穷光蛋。他的17项黄金法则、积极心态教程和思考致富等课程激励了全世界亿万人，因此他被称为“百万富翁的创造者”。

这本书从侧面反映了整个美国19—20世纪人们价值观的形成、人们对财富及人生观的理解。随着社会进步、经济发展，人们的生存压力越来越大，追求的目标越来越广泛，越来越多的人渴望成功，创业者在不断增加。基于现代人们的需求，现代的成功学成了专门研究“个人和集体如何能成功”的专业学科和学问，“可以成批地大量生产铸造各种成功者”的社会人文科学，既是科学指导理论，又是行动实用指南。从某种意义上说，成功学也是一门关于自我管理的学问，主要内容是关于理想信念与目标的行动方面的教育。正是如此，成功学自从

它问世以来就以其朴实的理论和大量的成功案例赢得了广大读者。有学者曾经指出："虽然'情商热'和'财商热'都有组织策划的成分，但作为一个持续10多年的社会文化现象，'成功学现象'却不是某一个机构力所能及的，它既有天时地利的社会环境因素，又有人们心理需要的配合，既有成功学本身的魅力，又有成功学培训和图书等丰富的载体的配合。可以说，成功学现象是多种因素相互作用的产物。它的发生和发展对人们的影响是深刻而持久的。"

拿破仑·希尔8岁时母亲去世，给年幼的他带来重创。后来父亲再婚，继母玛莎·拉梅·班勒出现在他的生活中，她清晰的生活目标和积极的人生态度，改变了希尔全家人，也影响了希尔一生。希尔15岁时，昔日的"捣蛋鬼"变成了一家地方报的小记者。19岁时当上了一家地方煤矿的经理，后辞职学习法律，还合伙经营一家木材公司。后来他进入汽车业，不久又重操新闻记者这一行。杂志社的老板是一名出身田纳西州的参议员，他安排希尔采访各界成功人士，撰写关于他们成功经历的故事。1908年，希尔采访钢铁大王安德鲁·卡内基时，两人很投缘。卡内基很快发现了希尔身上的创造性，于是采访结束时便建议希尔从事美国成功人士的研究工作，让他从这些人物的成功中获取秘密，并利用私谊写信给美国政界、工商界、科学界、金融界等取得卓越成绩的高层人士，介绍希尔与他们认识。但达成这一点的条件是：希尔要将这些秘密总结成一部让每位普通人士都能读懂明了的成功哲学。希尔当场接受了卡内基的条件，这一建议由此彻底改变了希尔的人生。他获得了一次次的良机，开始收集研究商界巨人的第一手资料，包括500多位各界名人、行业领袖和无数企业雇主，其中有成功，也有失败的。凭借着专注如一的态度和坚忍不拔的毅力，经过数十年的倾心研究，1937年希尔终于完成了享誉全球的《思考致富》，使成功学这种看似玄奥的学问变成了具体的、可操作的法则。对此，爱迪生曾这样评价希尔的工作："我感谢您花了这么长的时间完成'成功学'……这是一个很健全的哲学，追随您学习的人，将会获得很大的效益。"爱迪生没有言过其实，这本书激励了千百万人去获得财富，成为卓越的成功者，这也使得希尔成为一位畅销书作家和美国颇有影响力的一种声音。

拿破仑·希尔的影响已经远远超出了成功学的范畴。1929年经济大崩溃袭击美国后，美国人民陷入对恢复昔日繁荣的深深绝望之中。1933年，罗斯福总统把拿破仑·希尔请进白宫，帮助他主持著名的"炉边谈话"节目，唤醒美国人民沉睡已久的信心与活力。拿破仑·希尔把他的思想、他的激情、他的声音注入每一个美国人的心灵深处。他为罗斯福总统组建了那个国家有史以来最为庞大的智囊团，为希特勒发动的那场战争提前做好了物质、精神和智慧上的准备。

拿破仑·希尔的成功学是一门“经济的哲学”，是与苏格拉底、柏拉图等西方思想史不一样的哲学体系。本书不仅仅注重行动、追求结果的务实理念，更注重思考和理性分析。它不仅是一种帮助人脱离贫困、实现经济富裕的方法，更是一门帮助人完善人格、享受丰盛人生的大学问。对于成功，希尔更多是从“道”的高度去诠释、寻求，而不仅仅是“法”或“术”的层面。他特别强调成功最重要的因素就是要有积极的心态：“成功态度最重要，有积极的态度就有积极的人生。”客观环境固然很重要，但它只能决定一个人暂时的成败，但如果一个人有积极的心态，激发高昂的情绪，克服抑郁、消除紧张，就能凝聚成功的行动力量，从而实现人生的进步及事业的成功。

在阅读《思考致富》第一章之前，希尔给每位读者提出了一条小小的建议，这条建议便是，一切成就、一切辛劳所得的财富，最初都不过源于一种想法。如果你为接受成功秘诀做好了准备，那么你就拥有了秘诀的一半，当另一半进入你的脑海时，你一眼便能认出它来。睿智的希尔没有把他的秘诀直接告诉读者，而是让读者自己寻找，所以寻找书中的秘诀成了一次独特的阅读经历。正如希尔所说：“在读到某个地方时，我提到的秘诀会从字里行间跳出来。只要你为接受它做好了准备，它就会赫然出现在你面前！当它出现时，你可要认得出来。无论你接收相应信号的位置是在第一章还是最后一章，当它蓦然现身时，你都要停下片刻仔细思量，因为此时此刻将标志着你人生最重要的转折点。”

读完这本书，不知你找到了什么秘诀。成功不是偶然，而是一种习惯，《思考致富》就是这个习惯的开始，秘诀就藏在字里行间，就藏在我们的思考之中，这些秘诀将带给你无穷的惊喜、激励、启迪和力量。不管这个秘诀是什么，对于人来说最重要的是“思想富有”。致富并不是成功的全部定义，否则我们的生活就会变得索然无味。同学们，不要忘记在成功致富的道路上，完善人格是“本”，创造财富是“末”，“美德”是“成功大厦”牢固和持久的坚实基础，而“成功的创新思维方式”则是成功与否的关键所在。诚然，致富是人们走向成功的第一步，但并不是最后一步。在第一步与最后一步之间还有许许多多的能真正让我们感受到成功的快乐的东西，在沿途上我们可以看到许许多多我们见到的和我们没有见到过的风景，感受更多的属于我们自己的智慧。同学们应该充分把握好那些对成功起关键性作用的因素，以便能更好地达到成功。

内容概览

《思考致富》是人类历史上最优秀的励志著作之一。

本书不是教人模仿成功者的特质，而是运用具体的步骤获得财富。这些步骤具体说明了如何明确自己的目标、如何把信心、毅力、决心同强烈的欲望相结合，最重要的是如何运用自我暗示增强自信、如何和潜意识沟通、如何转换欲望增强想象力、如何运用第六感。

《思考致富》阐述的简单但有效的致富步骤会帮助你确立人生目标、掌握真正的持久成功的秘密、获得你人生中想得到的一切、跻身于超级成功者行列。致富的第一步首先是强烈的欲望，这是任何成就的起点。希尔提出了用自我暗示刺激潜意识的六个明确步骤，这也是全书的中心所在：(1) 在脑子里设想一下自己想得到多少金钱，要说出一个准确的数字。(2) 明确自己能付出多大的努力。(3) 明确得到金钱的日期。(4) 制定一个实现梦想的计划。(5) 列一份清单，把前面四个步骤写进里面，放在你早晚都看得到的地方。(6) 到一个不会被干扰或打断的地方，每天清晨和睡前把这份清单读两遍。要大声朗读，记住，只朗读那些字是没有用的——除非你在念的时候，融入了自己的情感（信心、爱）或情绪（热切、激昂），并且要记得想象、体会金钱握在手中的感觉，这是因为潜意识只会对情感化的指示起作用。比如信心就是所有情感中最强烈、最具效果的一个。

精彩摘录

“心想就能事成。”这是千真万确的，尤其当这种意念与特定目的、毅力及欲将意念转化为财富或其他目标的炽烈欲望相结合时，意念更能成就梦想。

30 多年前，埃德温·巴尼斯发现，“思考致富”的事实是不容怀疑的。他的发现是一点一滴得来的，始于他一股强烈的欲望，想成为伟大的爱迪生事业的合作伙伴。

巴尼斯的欲望，主要的特质之一。就是它明确而坚定。他想和爱迪生

"合伙做生意"，而非只是"为他工作"。仔细观察他化欲望为事实的过程，你便会更加了解致富的准则。当这股欲望或意念的冲动，首次闪过巴尼斯脑中时，他并无实现它的本钱。他面临两个困难：第一，他根本不认识爱迪生；第二，他连买一张火车票到新泽西州东橘市的钱都没有。这两个困难足以使大多数的人心灰意冷，从而打消实现此欲望的念头。但巴尼斯的欲望却非比寻常。他如此坚定，从而促使他想方设法实现他的欲望，所以最后他决定乘行李车去而不是放弃。

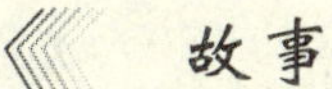

故事

思想巨匠和人类潜能的导师——史蒂芬·柯维

美国著名的管理学大师史蒂芬·柯维，被美国《时代周刊》誉为"思想巨匠""人类潜能的导师"，并入选影响美国历史进程的25位人物之一。他教人"捕鱼"，帮助数以百万计的人经历卓有成效的人生。这种卓有成效远远超过了物质的丰裕，更是一种道德人生和幸福人生。

他的代表作《高效能人士的七个习惯》自出书以来，高居美国畅销书排行榜长达七年，在全球以32种语言发行共超过一亿册。2002年，《福布斯》杂志将《高效人士的七个习惯》评为有史以来最具影响力的十大管理类书籍之一。2003年4月份这本书的俄文版在莫斯科上市，时任总统普京对媒体发表感慨说："俄罗斯应该出现这样伟大的思想家。"普京还建议俄罗斯公民阅读这本书。这部力著倡导的七个习惯是：主动积极、以终为始、要事第一、双赢思维、知己知彼、统合综效和不断更新。柯维成功运用心理上和精神上的洞察力激励管理者（和许多其他类型的读者），提高他们的工作业绩，改变他们的生活。柯维传授的内容不是某种流行时尚或管理技巧，而是经过时间考验并且能够指导行为的基本原则。通过思维的改变达到行为的改变，从而加强组织内部的管理机制、培养组织内部的共同语言和价值观。

柯维的影响是世界性的，他的思想引起的非凡反响同他的思想本身一样重要。柯维已经使人们广泛地感觉到有必要相信：物质上的成就建立在人们可清楚理解的、可传达的个人道德原则的基础之上。

信息来源：百度百科

名人传

—罗曼·罗兰—

品读之路

聆听一曲经世英雄交响曲

《名人传》又称《巨人三传》，是19世纪末20世纪初法国著名批判现实主义作家罗曼·罗兰所著《贝多芬传》《米开朗琪罗传》和《托尔斯泰传》的合称。《名人传》自出版以来，曾被评为“人类有史以来的30本最佳书籍”之一，无论在当时还是在后世都产生了广泛的影响。这本书也是教育部规定的32本初中生的推荐阅读书之一，所以同学们对这本书应该并不陌生，也许有同学就曾经读过它。如果说对初中学生推荐的角度更倾向于感受文学名著的语言魅力、品味文学名著的博大精深，从而提高文学修养，那么这里向高职同学们再次推荐，除了上述理由外，主要基于同学们大学阶段的理性认识能力的提升。读过的同学也许会感觉书中的内容离我们的生活很远，与其阅读这样的书籍，不如来一本什么实用大全的书。爱因斯坦在悼念居里夫人时曾说过：“第一流人物对于时代和历史进程的意义，在道德品质方面，也许比单纯的才智成就方面还要大，即使是后者，它们取决于品格的程度，也许超过通常所认为的那样。”本书具有鲜明的特色，一般来说，很多传记作品都致力于对传主身上娱乐性元素的挖掘和展示，尽量轻松愉快从而吸引广大的读者，很少有人选择那些在寂寞地创造不朽业绩，具有独特人格魅力和超凡的精神境界的学界精英、文化名流作传主。《名人传》的三位传主都是人类历史上极富天才而创建至伟的人物，他们的人生丰富多彩，他们的作品精深宏博，他们的影响历经世代而不衰，罗曼·罗兰紧紧把握住这三位有着各自领域的艺术家的共同之处，着力刻画了他们在忧患困顿的人生征途上历尽苦难而不改初衷的心路历程，凸现他们崇高的人格、博爱的情感和广阔的胸襟，从而为我们谱写了另一阕“英雄交响曲”。阅读这样的书，就是获取人生发展的精神动力。

本书的作者罗曼·罗兰（1866—1944），法国现代著名文学家、传记作家、思想家、政论家、音乐史学家和社会活动家。罗曼·罗兰创作了《约翰·克里斯多夫》《母与子》等作品，其艺术成就主要在于他用豪爽质朴的文笔刻画了在时代风浪中，为追求正义、光明而奋勇前进的知识分子形象，1915年获得诺贝尔文学奖。作为社会活动家，他一生坚持自由、真理、正义，为人类的权利和反法西斯斗争奔走不息，被称为“欧洲的良心”。

20世纪初，在物质利益决定一切，社会萎靡之风逐渐蔓延，欺小凌弱和暴力成为国际秩序的时代，需要的是高贵的精神、甘愿自我牺牲、以痛苦为人类献祭的榜样。罗曼·罗兰觉得应该唤醒世人，他把社会变革与进步的希望寄托在“英雄”人物的身上，他希望告诉人们：“伟大的心魂有如崇山峻岭，我不说普通的人类都能在高峰上生存。但一年一度他们应上去顶礼。在那里，他们可以变换一下肺中的呼吸、与脉管中的血流。在那里，他们将感到更迫近永恒。以后，他们再回到人生的广原，心中充满了日常战斗的勇气。”

《名人传》的语言充满了诗意，“用音乐在写作”的创作风格浸着作者始终激情洋溢的感情。阅读中，你甚少会把作品和刻板的传记联系起来。作者甚少去考究某件作品确切的问世时间或是对作品进行三六九等的评定。而只是用情感讲述这三位被他称作“英雄”的人的苦痛以及他们和苦痛永不服输的斗争。罗曼·罗兰在引言中说：“这些传记中人的生涯，几乎都是一种长期的受难。或是悲惨的命运，把他们的灵魂在肉体与精神的苦难中磨折，在贫穷与疾病的铁砧上锻炼；或是，目击同胞受着无名的羞辱与劫难，而生活为之戕害，内心为之碎裂，他们永远过着磨难的日子；他们固然由于毅力而成为伟大，可是也由于灾患而成为伟大。”

阅读《名人传》，让我们深刻认识到什么是天才艺术家。其实按照罗曼·罗兰的看法，所有天才的伟大，绝不在于他具有某种超人的、非凡的力量。恰恰相反，一个杰出的人，尤其是一个天才，要比普通人更紧密地同现实生活结合在一起，他了解生活的本质要比别人更深刻，他预感历史大变动的临近，要比别人早一些。随着罗曼·罗兰研究贝多芬和米开朗基罗生平事迹的日益深入，收集的材料日益增多时，他越来越清楚地感到受那些伟大人物的内心世界的复杂，而他原先是打算把这些人物当作意志坚定和性格刚强的榜样来加以描写的。生活的条件，环境的压力使人绝不可能摆脱内心斗争。伟大人物同样如此，他们在所走过的道路上也有过动摇和错误，然而他们的伟大正是在于他们有时善于用痛苦的内心斗争作为代价——战胜弱点和克服动摇。正如罗曼·罗兰写道：“让伟大艺术家力求成为代达罗斯，给自己插上翅膀，飞向……系在双脚上的秤砣却把他留在大地上——这秤砣便是经济上的奴役，所以他一次又一次地跌入人们共同的陷阱。在那里，他为了一块面包和可恨的贫困同别人进行了顽强的斗争。”但“这使他的英雄主义具有更高的价值，因为众所周知，他作出了多么大的努力”。

同学们，阅读《名人传》就是阅读一本名人奋斗的悲壮人生。《名人传》的魅力就在于英雄人物身上所体现出的超然的悲剧精神：这就是飞蛾扑火般的生之激情，自强不息的奋斗精神、在有限的生命历程中追寻无限的生存价值和意义的信念。贝多芬的悲剧，是遒劲的巨手与暴风雨的寂静搏斗；米开朗基罗的悲剧，是疲惫的灵魂在幻想与现实间的苦苦挣扎；托尔斯泰的悲剧，是漫漫长夜中点点星火的无奈。名人，是时代的标志，名人的悲剧，是时代必须直面的苦难。没有人是生而为名人的，他的功名必须由痛苦与血汗筑就，这般痛苦不是断肢残臂的创伤，更不是刀枪斧戟的毁灭，而是时间在脆弱的心脏上不断穿刺所激起的阵阵隐痛。

作为普通人，我们也许在庆幸自己的平凡与普通的时候，应该勇敢地去享受生命赋予我们的全部权利与欢愉。我们更应该明白悲惨的命运和痛苦的考验不仅降临在伟人的身上，同样也可能降临在普通人的身上，而伟人的人生就像是一场无休无止的战斗，所以，他们的痛苦比普通人更大、更重、更深。当今时代千变万化又充满机遇，同学们渴望成功，但有的却不想奋斗，甚至幻想一夜成名，抱有浮躁和急功近利的心态，或许偶尔能取得昙花一现的成就，但绝不能持之长久。而那些在奋斗中遭受挫折的同学们，想想这些忍受并战胜痛苦的榜样，一定能坚定自己的信仰。

是的，他们是英雄，之所以他们是英雄是因为他们有着超人的毅力、才干与品质，更重要的是他们饱经风霜而依旧保持一颗坚强的心。英雄即使去了，也会像流星一般，用自己的光划破沉沉夜空，在真、善、美的追求中获得永生。英雄永远在我们心中，英雄其实离我们很近，英雄的精神，它应该伴随我们一生。

内容概览

《贝多芬传》——坚强不屈的贝多芬

路德维希·凡·贝多芬，德国作曲家、钢琴家、指挥家。他一生创作了大量作品，对音乐发展有着深远影响，因此被尊称为乐圣。

贝多芬出生于贫寒的家庭，父亲是男高音歌手，性格粗鲁，爱酗酒，母亲是个女仆。父亲很早就对他进行严酷的音乐训练，还经常对他打骂。贝多芬童年和少年时代生活困苦，11 岁加入戏院乐队，13 岁当大风琴手。17 岁丧母，他独自一人承担着两个兄弟的教育的责任。

1806 年 5 月贝多芬与布伦瑞克小姐订婚，爱情的美好使他创作了一系列伟大的作品。他的《第四交响曲》《命运交响曲》《田园交响曲》《热情奏鸣曲》等都是这时的产物。不幸的是，爱情把他遗弃了，未婚妻和另外的人结婚了。不过这时贝多芬正处于创作的极盛时期，对一切都无所顾虑，他先后创作了《第七交响曲》《第八交响曲》等。人们把他看作是整个欧洲的光荣，他受到了世人的瞩目，与光荣接踵而来的是最悲惨的时期：经济困窘，亲朋好友一个个死亡离散，耳朵也已全聋，和人们的交流只能在纸上进行。面对生活苦难，似乎没有什么能使贝多芬屈服，他以自己的创作风格扭转了维也纳当时轻浮的作风。

1824 年，《第九交响曲》在维也纳举行第一次演奏，其激动人心的场面是空前的：当贝多芬出场时，全场观众五次鼓掌，许多听众情不自禁地哭了起来，贝多芬也在结束后感动得昏了过去。1827 年 3 月 26 日，贝多芬在风雪交加的日子咽下了最后一口气。

《米开朗基罗传》——超凡脱俗的米开朗基罗

米开朗基罗，全名米开朗基罗·迪·洛多维科，雕塑家、建筑师、画家和诗人。他与列奥纳多·达·芬奇和拉斐尔并称“文艺复兴三杰”，以人物

"健美"著称。米开朗基罗脾气暴躁，不合群，但他一生追求艺术的完美，坚持自己的艺术思路。他的风格几乎影响了三个世纪的艺术家。小行星3001以他的名字命名。

该传记分为上阕"搏斗"、下阕"放弃"和尾声"死"。

1475年3月6日，米开朗基罗出生于意大利的贵族家庭，父亲是法官。母亲在他6岁时便死去，米开朗基罗被寄养在一个石匠的妻子家里。从小迷恋绘画，为此他经常遭受家人的毒打。他坚持自己的选择，13岁时，他进入多梅尼科·吉兰达约的画室。1494年他先后去了威尼斯和罗马，1500年完成了雕塑作品《哀悼基督》，轰动了罗马。

1505年3月，教皇让他去画西斯廷教堂的天顶画。此后几年，他一直受着历任教皇的差遣，携带着痛苦去创作他并不满意的作品。1527年米开朗基罗卷入了一场革命的漩涡，差一点丧命。革命结束后，教皇克雷芒又将他从隐蔽的地方找了出来，米开朗基罗不得不重新为他所抗拒的人劳作。1537年9月克雷芒教皇驾崩，米开朗基罗原以为从此能安安静静地做自己的事了。但他刚到罗马，又被保罗三世抓住了。似乎命运注定他只能在无休止的干涉中替别人干活。不仅如此，他的爱情也不太理想。

1564年2月12日，米开朗基罗站了一整天来创作。14日他开始发烧，18日下午5时，这位杰出的雕塑家兼画家永远地离开了人间，在死亡中获得了永远的平静。

《托尔斯泰传》——真诚而善良的托尔斯泰

列夫·尼古拉耶维奇·托尔斯泰，19世纪末20世纪初俄国最伟大的文学家、批判现实主义作家，是世界文学史上最杰出的作家之一。他的作品描写了俄国革命时人民的顽强抗争，因此被称为"俄国革命的镜子"，列宁曾称赞他创作了世界文学中"第一流"的作品。

托尔斯泰1828年9月9日出生于名门贵族，父亲尼古拉·伊里奇伯爵参加过1812年卫国战争，以中校军衔退役。母亲是公爵的女儿。托尔斯泰一岁半丧母，九岁丧父。托尔斯泰的姑母成了他的监护人，姑母虔诚而富有爱心，这让他认识到爱以及爱所带来的快乐，对他的一生影响巨大。托尔斯泰自幼接受典型的贵族家庭教育，对哲学尤其是道德哲学发生兴趣，并广泛阅读文学作品，受到卢梭、孟德斯鸠等启蒙思想家影响。1862年，托尔斯泰与索菲娅·别尔斯结婚。婚后的托尔斯泰有足够的时间与精力来进行文学创作，于是便有了震动 19 世纪整个小说界的巨著：《战争与和平》与《安娜·卡列尼娜》。

1882 年他参加人口调查工作，第一次真切地看到了俄国大地上的满目疮痍，由此改变了自己的贵族生活：杜绝一切享乐，自己去锯木、煮汤、缝靴子，要用自己额上流着的汗来换取面包，并终生与文明的罪恶和谎言对抗。他的妻子和家人不能理解托尔斯泰的这些行为，夫妇之间经常为此争吵。而在 1889—1899 年创作的长篇小说《复活》则是他长期思想、艺术的结晶，也是对俄国社会批判最全面、深刻和有力的一部著作。

在精神上，他一直是孤独的、苦恼的：他本人拥有地位和财富，但他时常为自己的富裕的生活感到羞愧难安；他同情下层民众，又对他们缺乏信心。因此，他厌倦自己的生活，决心和自己的社会决裂，他又得不到人们的支持。1910 年 10 月，82 岁的时候，他选择了离家出走，并病死于一个小火车站上。

精彩摘录

《贝多芬传》

亲爱的贝多芬！多少人已赞颂过他艺术的伟大。但他何止是音乐家中的第一人。他是现代艺术上最勇敢的精神，他是那些受苦而不屈的人们最伟大最优秀亲密的朋友。当我们因世上的苦难而忧伤难过的时候，他就会来到我们的身旁，就好比坐在一位痛失爱子的母亲身边，默默无语，一边弹奏钢琴，一边唱起他隐忍的哀歌，去安慰那哭泣的母亲。当我们因为与道德沦丧的丑恶现象作斗争收效甚微而精疲力竭时，若重新回到这片意志和信仰的海洋中浸润一下，必将收到妙不可言的效果。他身上散发出来的一股勇气、一种斗争的欢乐、一种与上帝同在的陶然醉意，深深地感染了我们。似乎在与大自然的频频交流中，他终于从中汲取了深邃磅礴的力量。格里尔巴泽对贝多芬的仰慕中含有一点敬畏，他在谈到贝多芬时说：“他一直深入到一个可怕的境界，艺术竟然和充满野性且变幻莫测的元素合二为一。”而他的挚友辛德勒说：“他攫住了大自然的精髓。”的确如此，贝多芬是自然界的一股力量；一股原始的力量与大自然其他部分力量之间的碰撞，便产生了荷马史诗般的壮观景象。

故事

清华大学自学成才的“馒头神”——张立勇

清华大学第15食堂曾有一位叫张立勇的厨师以630分的英语托福成绩，被誉为“清华英语神厨”“清华馒头神”。张立勇在县城上高二时，因学费没交清，老师让他回家“自习”，这话深深刺伤了18岁的张立勇，他瞒着父亲做出了辍学打工的决定。

在清华大学打工时，张立勇决定从英语下手。他买来一堆英语书，又买了一台收音机，开始自学。食堂工作繁重，厨师们的吃饭时间只有15分钟，张立勇只用7分钟吃完，挤出8分钟就躲在橱柜后面背英语。夜里，同事们在宿舍大声喧哗，他只好去路灯下读。每天早上3点起床，学1小时英语再去上早班，有时候在卖饭窗口前要站八九个小时，晚上7点半下班后再学5小时，可往往书没看上几页，眼皮就像灌了铅般沉重。后来，张立勇发明了一种驱赶瞌睡的办法，事先倒一杯开水，故意喝一大口，将舌头烫得钻心般疼，果真将瞌睡赶走了。

清华大学作为中国的最高学府，经常能请到一些世界名流来学校演讲，张立勇聆听了多国元首的演讲，也见识了比尔·盖茨的风采。一次，美国大使馆专家来到清华讲解托福和去美国留学的问题，张立勇想提问，又害怕。当主持人说还剩最后一个问题时，他鼓起勇气用英文问：“您好，我想去美国学酒店管理，不知美国有没有这种专门的学校？”大使馆专家愣了：怎么清华大学的学生还有想去美国学酒店管理的？就问他是哪个系、学什么专业的。张立勇支支吾吾不想回答，怕丢丑。可美国人很执著。张立勇豁出去了，用流利的英语回答：“I'm a cook.”（我是一个厨师。）没想到，现场1000多名清华学子掌声如潮，大使馆专家更是长时间鼓掌。没有一个人嘲笑他，这给了张立勇莫大的鼓励。2001年，他的托福考试考了630分，被清华学生尊称“馒头神”。

张立勇撰写的《英语神厨》一书畅销全国。2009年，张立勇出任中国青少年责任与成长大讲堂组委会主席，他带着一帮志同道合的精英青年，将事业干得风生水起，并获得了“中国十大杰出学习青年”等多项国家级荣誉。

信息来源：清华大学官方网站

勇者曼德拉自传：漫漫自由路

——纳尔逊·曼德拉——

品读之路

理想点燃希望 信仰指引方向

直至今日，马迪巴（即曼德拉）或许仍是全世界最受爱戴、最受尊敬的唯一的国际性人物。他不懈地为相互指责的人们的和解而战，为消除怨恨而战，为平息冲突而战；还为健康，为教育，为每个孩子有权开启一份更美好的人生而战；他不断启迪着全球数以百万计的民众和几代人。

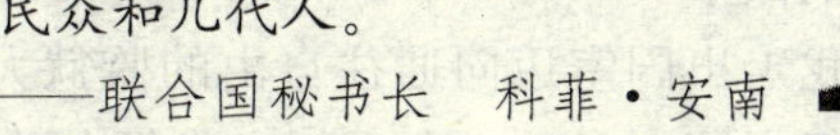

——联合国秘书长 科菲·安南

他是打不倒的勇者，更是今天的传奇。他的抗争，与马丁·路德·金一样有名；他的宽容，与圣雄甘地一样走出了悲情。

他就是纳尔逊·曼德拉（1918—2013），南非反对种族歧视的斗士和英雄。

亲爱的高职生们，在今天处于没有种族歧视的时代和国家里，翻开这样的为追求自由而终其一生的经典书籍时，你会觉得书中的历史很陌生，离你们很远吗？你会为书中的英雄曼德拉流下感动的泪水吗？答案是唯一的，这样的书会给我们带来许多的启迪，关于斗争，关于坚持，关于仁爱，关于宽容，它更会唤起你心中一个熟悉而永恒的话题——“为信仰而活着”。现代社会，很多人似乎太忙了，忙得没有多少人愿意去思考这个问题，信仰在人们的心目中似乎已经很遥远了。当金钱满足了人们的欲望，权力炫耀了人们的面子的时候，又有多少人在思考金钱和权力是为人服务的，而不是人类终极的价值追求。正因为人缺少信仰，有些人不知道活着是为了什么，他们觉得人活得很累；缺少信仰，也就失去了人生的目标，或者无法拥有克服困难挫折的勇气。亲爱的同学们，当我们苦闷、烦躁、焦虑、彷徨时，请唤醒埋藏内心已久的那份向往、希望。一个人、一个民族不能没有信仰。信仰所在，便是感受生活的爱之所在，便是憧憬理想的幸福所在。

《勇者曼德拉自传：漫漫自由路》是曼德拉迄今为止唯一的自传作品。1994年该书一经出版就在世界范围内刮起了一股抢购潮流，成了全球超级畅销的励志经典。该书可以分为前后两个部分。前面部分讲述了曼德拉从出生到罗本岛监狱经历的岁月，这一部分创作于罗本岛监狱；后面那一部分的内容是在其从罗本岛监狱被释放后增补的。本书的创作本身就充满着传奇色彩。对于曼德拉来说，在监狱里写作是一项组织交给的任务，意在为非洲人国民大会乃至整个南非树立一个自由战士的形象，以鼓舞民主和自由运动的士气。就个人而言，曼德拉却是想总结一下自己走过的道路，在一个特定的环境里，从一个特定的角度，对自己的进步脉络和政治主张作一番全面的审视和阐述。罗本岛监狱当局当时对以曼德拉为首的政治犯管理很严，撰写回忆录只能在秘密状态下进行。经过4个月的机智而辛勤的劳作，终于完成了回忆录的初稿。这份“重要文件”如何带出，又经历了意想不到的艰难，演绎出极不寻常的保护的故事。

曼德拉说：“当我走出囚室迈向通往自由的监狱大门时，我已经清楚，自己若不能把痛苦与怨恨留在身后，那么其实我仍在狱中。”最黑暗的27年牢狱生活并未让曼德拉心头燃起复仇的烈焰，相反，他以宽容的姿态向敌人张开了怀抱。只有有虔诚信仰的人，才能够激发灵魂的高贵与伟大。是什么样的信仰有如此大的力量和生命力？曼德拉的信仰源泉来自哪里？曼德拉认为：“一名自由战士要为千千万万人民的解放去战斗，而不是为了个人的荣誉而战。”这是象征着人类最崇高的理想，代表着人类不断探索追求渴望的信仰啊！为民族独立解放、自由平等献身的英雄人生会感动整个世界，也能赋予世界无穷的力量和新的希望。人生，只有在为祖国和人民的真诚奉献中，才更加绚丽；奋斗，只有融入国家和民族的伟大事业，才更有价值！

亲爱的同学们，与时代同步的信仰的力量能唤起我们对美好未来的情感，鞭策我们为此目的去百折不挠地探索、奋斗。在漫长而坎坷的人生征途中，谁都难免有一时的消沉和彷徨，但是一个点亮信仰明灯的人，总会坚定地生活和战斗

信仰仿佛一盏心灵的明灯，引你走向漫长的人生之路。

内容概览

1990 年 2 月 11 日，世界上最著名的囚犯之一曼德拉迈着矫健的步伐，以一个胜利者的姿态从关押了他 27 年之久的罗本岛监狱走了出来。1962 年 8 月，43 岁的曼德拉被南非政府以“煽动”罪和“非法越境”罪处 5 年监禁。1964 年 6 月，他又被指控犯有“企图以暴力推翻政府”罪，他的刑期由原来的 5 年被改为了无期。在他出狱后的 4 年里经过不懈的奋斗，他不仅被推举为南非的总统，同时还以自己完美的道德风范赢得了世界的赞誉。

1918 年 7 月 18 日，纳尔逊·曼德拉出生于南非特兰斯凯一个大酋长家庭。他的父亲既是泰姆布国王的参事，也是姆卫佐部落的酋长。曼德拉 9 岁时父亲就去世了。不久，泰姆布代理国王荣欣塔巴收养了他。曼德拉自幼接受了良好的教育。为了逃避代理国王为他安排的婚姻，他离家出走来到了约翰内斯堡，从而彻底改变了他的命运。在入不敷出的艰难困苦中，他边谋生，边学习，依靠坚韧不拔的毅力，获得了法学学士学位。曼德拉自幼性格刚强，崇敬民族英雄。作为家中的长子，他顺利地继承了父亲的职务，被指定为酋长继承人。良好的教育背景加之民族英雄对曼德拉幼小心灵的影响使之在对待民族问题上具有自己独特的见解，他曾说“我决不愿以酋长身份统治一个受压迫的部族”，而要“以一个战士的名义投身于民族解放事业”。于是，他毅然走上了寻求民族解放的道路。即使是在极其艰难的监狱生活中，曼德拉也依然保持着高昂的斗志。他把监狱里的斗争看作整个南非反对种族歧视、种族压迫和种族迫害斗争的一部分，把监狱变成了与白人独裁政府作战的战场和学习的课堂。有人甚至把罗本岛监狱称作“曼德拉大学”。

长期恶劣的斗争和监禁生活并没有摧毁他的身躯和意志，反而使他政治上更加成熟，观察问题更加周全，人格魅力得到了升华。曼德拉的伟大人格和坚强意志甚至感动了监管他的狱警，后来他们彼此竟然成了朋友。这种非

凡的人格魅力帮助曼德拉成为南非第一个黑人总统、世界上最受敬重的政治家。他的贡献已经超越了他的国土。1993 年 10 月 15 日曼德拉与德克勒克共同获得了诺贝尔和平奖。

曼德拉在这部著作中记录了自己生命历程中过去 70 年的坎坷岁月。快乐无忧的童年到处充斥着种族歧视和种族隔离，这是有血性的非洲人民所不能容忍的，任何一个南非人的不自由就是所有南非人的不自由，唯有用生命的全部才能消灭这种罪恶的制度，以此换来非洲人民的自由。自由的道路太漫长了，迫害和误解如影随形，为了自由，为了胜利，不能放弃，不能泄气，不屈不挠，即使在寒冷彻骨的监狱石屋里备受被隔绝与被禁锢的折磨……

精彩摘录

我仍然感觉到自己的大脑和内心之间存在着内在的冲突。我的心告诉我，我是一个泰姆布人，我被抚养成人，并被送进学校读书，这样我就在维护王权中起到了特别的作用。难道我对去世的先人没有感激之情？难道我对使我得到摄政王的关爱的我的父亲没有感激之情？难道我对像亲生父亲一样关爱我的摄政王本人没有感激之情？但是我的大脑却告诉我，按照自己的愿望计划自己的未来，选择自己的生活是每一个人的权利。

有一个朋友曾经问我为什么能在坚持非洲民族主义的同时相信辩证唯物主义。对我来说，这并不矛盾。我首先是一个为我们从少数统治者那里解放出来而战、为控制自己命运的权利而战的非洲民族主义者，但同时，南非和非洲大陆也是世界的一部分。我们的问题除了显明性和特殊性之外并不是独有的问题。因此，一个把问题置于世界范围和历史过程之内进行研究的思想是有价值的。我愿意使用一切必要的方式、方法加速清除人类偏见，加速结束沙文主义的、暴力的民族主义。我不必要为了同他们一道工作而成为一个共产党人。我发现，非洲民族主义者和非洲共产主义者应当更多地加强团结，而不是加深分裂。悲观主义者总是说共产主义者正在利用我们，但是又有谁说我们不是在利用他们呢？

故事

89岁，他还在门诊——著名肠道疾病专家黎介寿院士

一位年近九十的老人，每周上6天班、上半天院士门诊、进行2次教学查房、指导数台手术，有时还外出讲学、参加学术会议……这就是中国工程院院士、南京军区南京总医院副院长黎介寿现在的真实生活。

从医60多年，“当一个好医生”是黎老的职业追求，他“一根肠子走到底”，成为我国肠外瘘治疗的鼻祖、临床营养支持的奠基人和亚洲人同种异体小肠移植的开拓者。20世纪50年代，国际上肠疾病死亡率很高，我国治疗水平也很低，他立志为国争光、为民解难。为了攻克小肠移植这一医学难题，黎介寿把铺盖搬进动物实验室，潜心研究了1900多个日日夜夜。他相继完成了亚洲人首例“小肠同种异体移植术”“肝肠联合移植术”等，成为“全世界研究肠子时间最长的人”；他的“肠营养支持疗法”广泛应用于短肠综合征、重症胰腺炎等疾病的治疗，治疗水平步入世界先进行列。他先后主刀完成手术21000多例，挽救了无数患者的生命。他言传身教300多名博士硕士研究生，他还坚持给南京大学医学院本科生授课。2011年1月，由黎院士领衔完成的“肠功能障碍的研究”获国家科技进步奖一等奖。

30年追求入党，30年支部书记。从1949年写第一封入党申请书，到1979年加入党组织，黎介寿追求入党，就整整追求了30年！从1980年开始，他担任科室党支部书记30年，带领全科室人员在“知识报国、科技强军”的征程中，奋斗了30年！展读他的人生长卷，两个30年，坚守信念是贯穿黎介寿人生历程的一条“红线”。

在黎介寿的办公室里，悬挂着这样一个条幅——“黎民百姓在心中”。这是一名患者对他的感激与褒奖，也生动诠释了他一生追求、一生攀登、一生报国的力量源泉！

信息来源：《人民日报》

邓小平人生纪实

—中共中央文献研究室—

品读之路

品伟人的传奇人生

一个为红色江山冲锋陷阵的军人，一个为社会主义道路艰辛探索的总书记，一个为“文化大革命”遗患疗伤的医师，一个让中华民族跻身世界强国之列的总设计师……

中共中央文献研究室编写的《邓小平人生纪实（上中下）》全面而翔实地谱写了一代伟人的一生。中共中央文献研究室隶属于中共中央文献编辑委员会，是由毛泽东主席著作编辑出版委员会办公室改组而成，其主要职责是编辑党和国家的重要文献、研究党和国家主要领导人的思想和生平。

编著《邓小平人生纪实》是在什么样的背景下完成的呢？邓小平同志将自己的一生都献给了中国的无产阶级革命和中国特色社会主义的建设事业，他用自己非凡的经历、独特的人格魅力、过人的胆识和气魄征服了世人，赢得了国内外民众的尊重，享誉全球。美国《时代》周刊曾在1978年、1985年先后两次将其列为年度人物。其中一次在序言里的评价不乏溢美之词：一个崭新中国的梦想者——邓小平向世界打开了“中央之国”的大门，这是人类历史上气势恢宏、绝无仅有的一个壮举。正是为了展示邓小平同志的光辉业绩、伟大思想、崇高风范和卓越贡献，同时也为了纪念邓小平同志100周年诞辰，中央文献研究室科研部图书馆在整理收集大量资料的基础上，前后历时两年于2011年编辑出版了这本《邓小平人生纪实》。

人民网的读书频道2011年12月这样推荐此书：《邓小平人生纪实》被看作是国内最全面、最权威的邓小平人生传记。中共中央文献研究室权威专家组在书中首次展示了邓小平的改革心路和实践历程、中国建设、外交大战略的形成，首次披露了邓小平在历次战争、革命、运动中起落的真相，揭秘政要间的私交。本书在体例上以时间顺序编排，共分10个部分，每一部分再设历程、交往、珍闻三个主要方面，立体式地对一代伟人从出生到参加革命、参与和领导国家建设等各个时期的经历进行了翔实地记述，将伟人光辉而曲折的一生生动地呈现在了读者面前。

也许有同学会说：我们关心的是专业，对政治兴趣不大……然而，给高职同学们推荐这本书，理由太多。邓小平深刻地影响了中国历史和世界历史的走向，也改变了每一个当代中国人的命运，今天的高职同学们都是亲切地称呼着邓爷爷长大的。这本书既是历史书，也是政治的书、经济的书、社会百科全书，阅读的过程就是解读中国的历史变局。它不仅让我们看到伟人为中国社会主义现代化建设和改革开放事业的运筹帷幄，给我们带来前所未有的思想解放的冲击，更让我们走进了一位乐观、坚毅、幽默、风趣、睿智、富于人情的老人的丰富的精神世界。一位网民这样评价道："这本书应该是目前所记载的邓小平先生的生平事件最全的了。这部书不像一般的名人传记书籍那样将人给神话了，在这本书中我所看到的是一个活生生的普通人。他的思想直接影响到了中华民族，让那个看不到前方目标的迷茫民族看到了希望。"是的，我们可以看到一代伟人的思想、品格、气节、胸怀、胆识，以及与普通人一样的儿女情怀。美国《时代周刊》曾这样说："邓小平的长期革命生涯一直使传记作者们觉得不可思议：有过在战争和革命中冲锋陷阵的辉煌经历，有过了不起的政治胜利，有过屈辱的下台，也有过个人的成就和家庭的不幸。运用保存实力的手法和足智多谋的恢复能力，这位身高4英尺11英寸、意志顽强的政治家不仅靠忍耐挺过了难关，而且终于取得了最后的胜利。"从某种角度来说，邓小平是20世纪最后20年世界秩序的最重要奠基人，表现在主权领域，"一国两制"的实施成为解决领土争端的最平和手段；在财富领域，"以经济建设为中心"使得人们意识到商业活动永远是人类活动的中心。

这本书也让我们领略到了邓小平深刻、鲜明的思想性，质朴与务实的语言，言简意赅而又观点鲜明。德国原驻华大使埃尔维因·魏克德在回忆同邓小平谈话的情景时说："他久久地认真听完别人的讲话，然后思路清晰地进行思考，对问题做出中肯的言简意赅的回答。”当他谈到自己三落三起时，用“忍耐”两个字；谈世界问题时，用“东西、南北”四个字。人们从“中国不能乱”“发展才是硬道理”“在整个改革开放过程中都要反对腐败”“我是实事求是派”的话语中，感悟到邓小平同志深邃锐利的思想。

这本书还让我们领略到了邓小平的乐观坚毅、风趣幽默。“怕什么？天还能掉下来吗？我今年六十一岁了，从我参加革命到现在，经历了那么多的风浪都熬过来了。我的经验无非两条，第一不怕，第二乐观，向远看，向前看，一切都好办了。”伟人其实就是在平凡坎坷的人生历程中集中了众多的优良品质。

内容概览

邓小平（1904—1997），1904 年 8 月 22 日出生于四川广安，16 岁赴欧洲勤工俭学，并成为中国共产党党员开始职业的革命生涯。归国后，他全身心地投入党领导的争取民族独立和人民解放的革命斗争。从土地革命、抗日战争到解放战争，先后担任党和军队的许多重要领导职务，为党中央一系列重大战略决策的实施，为新民主主义革命的胜利和新中国的诞生，建立了赫赫功勋，成为中华人民共和国的开国元勋。

“文化大革命”中，邓小平同志被污蔑为“中国第二号走资本主义道路的当权派”，被剥夺了一切职务，并被下放到江西新建县拖拉机修配厂接受监督劳动。1975 年担任中共中央副主席、中华人民共和国国务院副总理。1976 年 4 月 5 日，天安门爆发了反对“四人帮”、悼念周恩来的群众运动。“四人帮”把邓小平当作天安门事件的总后台，邓小平被撤销了党内外一切职务。粉碎“四人帮”、结束“文化大革命”后，在叶剑英、陈云等老一辈无产阶级革命家的力荐下，经过党内激烈斗争，以及社会各界群众的强烈要求，在 1977 年 7 月召开的中央十届三中全会上，一致通过了恢复邓小平职务的决议。

一个民族复兴的梦，在 20 世纪 70 年代末开始展现。中国大地再一次显露出新的勃勃生机。他坚持解放思想、实事求是，创立和发展了建设有中国特色的社会主义理论，科学地阐明社会主义本质，第一次比较系统地回答了中国这样一个经济文化落后的国家如何建设社会主义，如何巩固和发展社会主义的一系列基本问题。他为解决香港、澳门、台湾问题，实现祖国和平统一，倾注了大量心血。他从实际出发创造性地提出“一个中国，两种制度”的构想。1989 年 11 月在中共十三届五中全会上，他辞去了最后担任的中央军委主席职务，带头实践领导体制改革，废除领导职务的终身制。退休以后，他仍然关心党和国家的事业。1992 年视察中国南方的武昌、深圳、珠海、上海等地，发表重要谈话，总结改革开放以来的基本经验，从理论上回答了一些重大问题。1997 年召开的中共第十五次全国代表大会，将建设有中国特色社会主义理论概括为邓小平理论，并在党章中明确规定，中国共产党以马克思列宁主义、毛泽东思想、邓小平理论作为行动指南。1997 年 2 月 19 日，邓小平在北京逝世。

精彩摘录

1984 年 10 月 10 日，邓小平在人民大会堂福建厅会见联邦德国政府总理科尔一行。一见面，科尔说：“10 年前我第一次访问中国。从那以后，中国发生了很多事情，有了巨大的变化。但你看起来没有什么变化。”

邓小平笑着回答：“我长了 10 岁，都 80 了。”

科尔说：“你一定有长寿的秘密。”

“我就是乐观。天塌下来也不要紧，我是小个子，天塌下来有你们大个子顶着。”

邓小平稳稳当当抛出的这句话出乎人们意料，顿时引起了全场的一片笑声，而且在惬意的笑声中，大家向这位睿智、风趣的老政治家投去敬重的目光。

故事

共和国两授上将第一人——洪学智

洪学智的一生充满了传奇色彩，他于 1955 年和 1988 年先后两次被授予上将军衔，是世界上唯一被两次授予上将军衔的将军，因此人们都称其为“六星上将”。他也是两任总后勤部部长。这“两授”与“两任”，见证着他既有百战威扬的功名，也有蒙冤受贬的磨难。

20 世纪 80 年代，作为一代名将，中国人民解放军总后勤部部长洪学智踏上了美利坚合众国的土地，对美国军队进行友好访问。将军幽默、独特的谈吐使美国同行感到惊异，一次晚宴上，一位美国将军问："洪将军，你是什么大学毕业的?"洪学智笑笑说："我是你们美国的大学毕业的。"翻译一惊，直译过去。美国军人不解了，又问："我们哪个军校毕业?""你们的空军大学。"美国军人这才恍然大悟，大笑起来，说："那请你到我们这里来办公。"洪学智说："你们的空军大学还没有给我发毕业证呐!"正是那场抗美援朝战争，使洪学智将军的军事才华得到了充分的发挥，成为我军一名耀眼的将星。当时他负责志愿军的后勤工作，面对美军策划的"绞杀战"，在没有制空权和频繁遭受洪水袭击的情况下，建立起了"打不断、炸不烂、冲不垮"的钢铁运输线，保障了前线作战的物资供应，为夺取战争胜利起了重要作用。彭德怀在接受朝鲜最高级的一级国旗勋章后说：如果真的要论功行赏的话，得勋章的，应该是洪学智。

1970 年底，洪学智被下放到距四平市有几十公里的金宝屯农场劳动改造。他自己说："这回真正成为一名普通劳动者了!"就是这依旧虚怀若谷的胸怀，让他在农场的脏活累活中保持那份心中的坚毅和豁达。起猪圈，磨豆腐，他说干就干。一两百斤重的粮食麻袋，近 60 岁的他与场里的知青比着扛。

1988 年 9 月 14 日，中央军委在北京举行了隆重的中国人民解放军上将军官授衔仪式。在这次授衔时，中央军委已经取消了元帅和大将的设置，上将成为新时期的最高军衔。在十七名上将中，洪学智名列第一，而洪学智却说："这主要是由中国特定的国情决定的，人的一生名利并不重要，重要的是他为国家、为人民做了哪些贡献，干了哪些好事。"

信息来源：《洪学智回忆录》

红色资本家荣毅仁

—高仲泰—

品读之路

读中国商业家族的百年浮沉

提起荣毅仁，今天的高职同学们了解得不多。红色资本家这个称呼是20世纪60年代陈毅副总理给荣毅仁的，意思是指爱国的，做有利于社会主义现代化建设、有利于祖国和平统一的实际工作的资本家。

本书的作者高仲泰，作家、资深新闻人，近年来出版的长篇历史小说有《望族》《大外交官》《租界》《阖闾王朝》和《跨过鸭绿江》，还创作了电视剧本《望族》《荣氏兄弟》《西津渡》《魂归江南》等。从20世纪80年代开始，他写过不少有关荣家的作品，如纪实文学《绿冰船、红冰船》，和孙维生、汤永成合作创作的电视剧《荣氏兄弟》。高仲泰擅长以现实主义的视角进行创作，尤其擅长创作近现代题材的历史小说，善于捕捉社会时代跃动的闪光点，让读者能不同程度地感受到社会生活的时代性。

《红色资本家荣毅仁》一书共20章，是一部非虚构长篇纪实小说。非虚构意味着主要人物和故事情节都是事实，但写法是文学的。生活在今天的同学们，很难想象荣毅仁从一个爱国资本家到“红色资本家”到“国家副主席”的转变，从一般的社会主义者到共产主义者的转变，他经历了怎样的精神、思想和心路历程，这也许是阅读此书产生的浓厚兴趣和最大疑惑。而本书突出的一条主线，就是以此为核心。阅读此书，我们就能真切地体会到这位民族企业家在不同环境中思想的转变和情感的体验。这个转变不是简单的，是经过一番曲折的。外界的促成是一个重要因素，但真正的转变在于荣毅仁内心。本书作者参考了大量的各种资料和文献，具有毋庸置疑的权威性。同学们可以在书中读到一些鲜为人知的内容，如有关荣家的一些内容都是在本书中首次披露。

毛泽东曾经说过："荣家是中国民族资本家的首户，中国在世界上真正称得上是财团的，就只有他们一家。"荣氏家族在一百年中经历了从晚清、民国、抗战、解放、"文化大革命"，直至改革开放的全部历史震荡，并在每一种格局下都显示出高超的生存智慧，甚至让人感到了些许神秘色彩。本书力图为我们揭开这个神秘色彩，全面展示了荣氏家族百年来独特的经营之道和兼济天下的精神。在创作电视剧《荣氏兄弟》过程中，本书作者高仲泰曾专程采访过时任中信公司董事长的荣毅仁，他以一种博大的视野，谈到了中国民族资产阶级的历史作用，也谈到了荣家在夹缝中起家、发展的历程。

荣氏家族是现代资本精神在近代中国最鲜活的样本——节俭勤勉，对财富的敏锐嗅觉与执著渴求，强烈的社会责任感，百折不回的韧性与勇气。这也是当今社会现代企业家应该具备的基本素质：高度的社会责任感，这种社会责任感既包含最基本的诚信、公平竞争、为社会提供优质的产品和服务，也应包含更深一层的引领行业精神，建立良好的企业形象，创立并提升民族品牌的国际竞争力，以及财富回报社会等。本书对改革开放之初创建的中信公司做了翔实的记述。在后来的改革开放中，中信公司这一窗口的作用得以迅速放大，从而具有了推动制度变革的示范作用，它所表现出的时代价值，从某种意义上说，早已超越了它的发起者最初的设计，带给我们今天的思考远比它本身更深、更多、更广阔。原美国国务卿基辛格在谈到苏联改革时，曾经说过一句含义颇深的话："苏联面临的最大困难之一就是，他们找不到一位像荣毅仁这样的企业家。"

回望百年历史，我们或许找到了民族企业家真正的财富精神源头，这应该是一个古老民族的起点而不是终点。红色资本家，是他一生的关键词，凭借着一种超乎常人的睿智，荣毅仁在支撑庞大家族的同时，参与和推动着时代的进步。荣毅仁连任8届全国人大代表。用他自己的话说："八连贯，这是少有的。"再看看荣毅仁一生遵循的座右铭："发上等愿，结中等缘，享下等福；择高处立，就平处坐，向宽处行。"24个字蕴含了深刻的人生哲理。纵观上、中、下，横览高、平、宽，居上时想到下，立高时寻找宽。所以无论在多么错综复杂的矛盾面前，都能够处变而不惊，遇险而不乱，既能创造一番事业，又能守住一番事业。

内容概览

荣家，就是在 20 世纪初崛起于无锡的中国最著名的现代工商业家族。荣毅仁生于 1916 年，1937 年上海圣约翰大学历史系毕业，先后任无锡茂新面粉公司助理、经理，上海合丰企业公司董事，上海三新银行董事、经理，逐渐成为荣氏二十多个家族企业的代表。

1949 年，国民党政权倒台前夕，荣氏家族内部出现了大震荡，由此走向低潮。国民政府在前一年推行币值改革和限价政策，不久就导致了严重的通货膨胀，引起抢购狂潮，上海经济渐趋瘫痪。当时，上海产业界人士纷纷迁资海外，寻求新的出路。资金的外流，致使留在内地的荣氏企业元气大伤。在最后关头，荣德生和荣毅仁父子再三斟酌决定留在大陆。

上海解放后，荣氏企业面临困难，不仅资金紧张，原料也供应不足。1954 年，荣毅仁经过深思熟虑后，向上海市政府率先提出将他的产业实行公私合营，他把自己的商业帝国无偿交给国家，为新中国的工业振兴做出了卓越贡献，赢得普遍的尊重。这一举动为上海对私营工商业的改造工作起了积极带头作用，在全国工商界产生了相当大的影响，他被誉为“红色资本家”。十年浩劫中，荣毅仁和夫人杨鉴清历经磨难。当受到红卫兵的冲击时，得到了周恩来总理的保护，后来，荣毅仁知道了此事，很激动，他还请人转报毛泽东、周恩来：“我跟共产党是跟定了!”

十一届三中全会之后，荣毅仁开始了新生。为了探索国际经济合作之道，在邓小平的支持下，于 1979 年 10 月成立了一个直属国务院的投资机构——中国国际信托投资公司（中信）。他不遗余力网罗人才，聘请到为中美建交立下汗马功劳的前美国国务卿基辛格为顾问，成为脍炙人口的美谈。具有国际大视野的荣毅仁，还带领中信人驰骋国际市场，利用外资到国外办企业，支援国家建设。中信公司的触角伸向各个领域，具有银行、贸易公司、法律、会计事务所等各项功能，涵盖贷款、进出口贸易、咨询、国际投标代理等业务，在国际经济合作方面积累了宝贵的经验。

1985 年 7 月 1 日荣毅仁光荣地加入了中国共产党，成为中国共产党的优秀党员，但他的党员身份没有公开，一直对外保密。1993 年 3 月 27 日举行的第八届全国人大第一次会议上，77 岁的荣毅仁当选为中华人民共和国副主席，达到了人生新的辉煌。1998 年，荣毅仁从国家领导岗位上退了下来，在北京东城区胡同里的一座四合院中，和夫人杨鉴清颐养天年，尽享天伦。

2005年10月26日，荣毅仁因病去世，享年90岁。在讣告中，终于公开了他的共产党员身份，称他为“现代工商业者的杰出代表，卓越的国家领导人，伟大的爱国主义、共产主义战士”。根据他的遗愿，他落叶归根了，他的长眠之地在古称夫椒山的马山。

精彩摘录

1932年，荣毅仁中学毕业，考上上海圣约翰大学后，一放寒暑假，荣德生就要他回无锡厂里学做生意。他很自觉，脱下西装，放下架子，穿上工装，像模像样在车间里干活。有的职员对他说，你是少爷，对小事不屑为，为亦无益，你将来是做老板的，坐在写字间里发号施令管大事的。

荣毅仁每天要在厂里转悠几个小时，有时某个车间的机器出故障了，他会和修理工一起，躺到机器底下寻找毛病，拿起扳手动起手来，脸上、手上、衣服上都沾上了黑乎乎的油污。有时还要到堆栈看麦子的成色，产地不同，麦子的颜色、纹路、软硬也不一样，碾出的粉也就不同，这里面大有讲究。荣毅仁很早就学会识得麦子的好坏，眼睛一看，捡几颗嘴里一嚼，就能说出是东北麦还是河南麦，掺水没有，硬度如何。工作之余，他还将从技术职员那里学到的知识记成笔记，详尽备录，一生都受用。

故事

出生儒门的近代实业第一人——张謇

1894年恰逢慈禧太后60岁大寿，光绪帝特下令增加一次“恩科”考试，以彰显皇恩浩荡为慈禧祝寿。正是在这次恩科考试中张謇脱颖而出高中状元。但是这一年甲午海战中北洋水师的惨败，让张謇认识到只有实业和教育才能救国，于是辞去官职下海经商。1899年张謇经过多年的筹划终于建成了大生纱厂，后相继建成大生二、三、八纱厂以及盐业、榨油、面粉、冶

铁、轮船等企业，形成大生资本集团。张謇在 20 年间所参与的企事业数量高达 180 余家，囊括工业、垦牧、交通运输、金融商贸、商会民团、文化教育和公益事业。当时的中国制度缺失，前途茫茫无着，张謇确在南通建成了相当完备的经济、文化、交通水利、医疗和慈善体系，并创造了大量就业机会。社会井然有序，风气也清明淳朴。许多社会学者被吸引，前往南通考察，南通因此被誉为“中国近代第一城”。毛泽东曾经说过，在中国的民族工业中有几个人是不能忘记的：重工业，我们不能忘记张之洞；轻纺业，不能忘记张謇……

19 世纪以来全球化浪潮席卷了全世界，在这一世界大趋势面前，当时的绝大多数中国人茫然不知所措，冀图抵抗这个潮流。但张謇却看到了全球化浪潮的不可抗拒性，并认为这对于中国来说是一次难得的机遇，应该在认同中取胜。

无论在庙堂还是江湖，他的见识均已超出儒门的狭隘眼界。与那些固守传统的儒门末流不同，他是中国第一代现代儒商，是出身儒门的杰出的现代企业家、慈善家和社会活动家。

信息来源：百度百科

袁隆平传

——祁淑英——

品读之路

听一曲现代神农氏的赞歌

“我做过一个梦，梦见杂交水稻的茎秆像高粱一样高，穗子像扫帚一样大，稻谷像葡萄一样结得一串串，我和我的助手们一块在稻田里散步，在水稻下面乘凉。我一生最大的愿望就是让人类摆脱饥荒，让天下人都吃饱饭。我不在家就在试验田，既不在家又不在试验田，那我一定在去试验田的路上。我的工作让我常晒太阳、呼吸新鲜的空气，这使我有了个好身体……”这段话源自于祁淑英的《袁隆平传》中袁老的话，不禁让我们想起黑格尔一句名言：“一个民族有一些关注天空的人，他们才有希望；一个民族只是关心脚下的事情，注定没有未来。”

能把仰望星空和脚踏实地做到的人就是被称为“杂交水稻之父”的袁隆平。这里推荐的《袁隆平传》正是一些高职生们不敢仰望星空、不知道如何仰望星空的精神宝藏和力量源泉。正如编审、学者、文艺评论家李世琦评论到：祁淑英的《袁隆平传》文笔清新、生动，全书流溢着浓郁的诗情画意。作者把一个鲜活的袁隆平成功地推到了读者面前，让读者一读就被吸引住，兴趣盎然地跟着作者走进袁隆平的生活，走进袁隆平丰富的精神世界。

《袁隆平传》的作者祁淑英，中国作家协会会员。著有长篇小说《废墟》《唐山大地震记事》《鸳鸯剑》等。报告文学《妈妈，五丫对您说》获河北作协文学创作奖。退休后，与丈夫魏根发合作撰写的长篇传记文学《钱学森》

《钱三强》《邓稼先》分获第十三届中国图书奖、第五届国家图书奖提名奖、第八届全国优秀青年读物一等奖，《袁隆平传》获山西省第十六届优秀图书一等奖。2005 年被中国传记文学家协会评为当代优秀传记文学作家。

祁淑英的《袁隆平传》，会让我们洞悉到袁老人生的质朴与境界，人生就是梦想、执著和汗水垒砌成的。从《诗经》慨叹的“天降丧乱，饥馑荐臻，无以卒岁”，到清朝《履园丛话》描写的“蝗旱不登，饿殍载道”，饥饿曾经长时间和中国人如影随形。袁隆平有两个心愿：一是把“超级杂交稻”合成，二是让杂交水稻走向世界。满载着袁隆平的梦想与希望，杂交水稻在中国和世界的大地上播种和收获，创造了一个个神话般的奇迹。2005 年年底，联合国世界粮食计划署在北京正式宣布从 2006 年起停止对华粮食援助。中国以占世界不到 10%的耕地养活了占世界 20%多的人口，其中杂交水稻立下了汗马功劳。世界杰出的农业经济学家唐·帕尔伯格写了一部名著《走向丰衣足食的世界》，书中写道：“袁隆平为中国赢得了宝贵的时间，他增产的粮食实质上降低了人口增长率。他在农业科学的成就击败了饥饿的威胁。他正引导我们走向一个丰衣足食的世界。”

“我从没有想过要当什么富翁，我所想的是谁种杂交水稻我都欢迎，而且杂交水稻的推广面积越大越好。”即使袁隆平出名以后，在湖南省农科院院长等官衔的诱惑面前也不为所动，毅然辞去各种行政职务，一心搞杂交水稻研究，更是将国家所给予的上百万奖金全部拿出作为青年科学家的奖励基金，悠然地过着老农一般的简朴生活。2004 年度感动中国颁奖词这样写道：毕生梦想消除饥饿——袁隆平，他是一位真正的耕耘者。当他还是一个乡村教师的时候，已经具有颠覆世界权威的胆识；当他名满天下的时候，却仍然只是专注于田畴，淡泊名利，一介农夫，播撒智慧，收获富足。他毕生的梦想，就是让所有的人远离饥饿。

绝大多数的人生都是平常的，平常才是人生的常态，但每一天也要负责地走下去，走得脚踏实地，走得光亮和纯净，才不会感叹韶华流逝、岁月沧桑，当蓦然回首时，一路走来，脚下竟然留下的是饱满厚重的人生！袁隆平虽为书香子弟，为探索一种杂交水稻的办法，使亿万人免于饥饿，他把绿色的梦想书写在大地之上。在充满坎坷的研究道路上、在布满荆棘的实验丛林中踯躅前行，为生命中弥足珍贵的杂交水稻事业无怨无悔，历经数十载的不懈探索和艰难实践，终于开创了水稻高产之路！不仅解决了中国人的吃饭问题，而且给人类带来了福音。一生脚踏实地的袁隆平，在 1999 年 10 月，赢得了国际小天体命名委员会为中国科学院北京天文台发现的一颗小行星，以其命名为“袁隆平星”的殊荣。星空的美丽永远不属于大地，唯有我们脚踏实地，才可以用自己的每一个脚印映射出星空的绚丽。

让我们仰望星空从梦想开始，让我们脚踏实地梦想成真。

内容概览

中国工程院院士袁隆平是我国土生土长的世界级农业科学家，他 1930 年 9 月出生于北京，江西德安人。父亲袁兴烈在抗日战争期间担任过孙连仲将军的秘书，在南京政府侨务委员会事务科任科长，在报考大学的时候他父亲本意想让他日后走“学而优则仕”的道路，但他却因为自己的兴趣毅然选择了农学。1953 年 8 月，服从全国统一分配，从西南农学院（现西南大学）农学系毕业后，来到了偏远的湘西安江农校教书。

在农校教书的日子，他利用课余时间走出课堂，亲自下地研究水稻，像一个普通农民一样躬耕于田间。1958 年，“大跃进”的浪潮席卷全国，而袁隆平依然潜心研究生物遗传学。他独特、富有哲理的科学理论和实践经验受到了学生们的欢迎。

自然灾害造成的大饥荒，使袁隆平的心灵受到强烈的震撼，他清楚地意识到：国以人为本，民以食为天，这是人类的生存法则。在长期的研究中，偶然的机会，他发现了一株“鹤立鸡群”的稻株，由此灵感一现，萌生了培养杂交水稻的念头。然而袁隆平的设想与传统的经典遗传学相悖，许多权威学者认为他是蚍蜉撼树，根本不可能成功，但是他凭着颠覆世界权威的胆识，下定决心要将自己的想法坚持到底。依据对生物遗传学的深入研究，经过仔细观察和反复推敲，论证了先前“鹤立鸡群”的稻株就是“天然杂交稻”！杂交水稻是世界难题，从此，袁隆平的杂交水稻高产梦启程了。从 1964 年开始，袁隆平迈开了双腿，走进了水稻的莽莽绿海。去寻找这从未见过而且中外资料没见过报道的水稻雄性不育株。

“文革”期间，袁隆平还遭受了多次批斗，实验器材及水稻秧苗一次又一次被毁，他就把秧苗藏在臭水沟里。最让他痛心的是“毁禾”事件，他经过多少年的研究，好不容易培育出的实验苗遭到了灭顶之灾。在秧苗被毁的第四天，他在一口井中发现了些秧苗，捞上来一看，果然是他的试验苗，他不顾井深水冷，“扑通”一声跳下井去，可是无法捞到沉到井底的秧苗。

袁隆平所培育的杂交水稻被学术界称之为“东方魔稻”，每年增产的稻谷可以解决近 6000 万人的吃饭问题。20 世纪 80 年代初，袁隆平在参加一次国际会议时，印度农业部前部长斯瓦米纳森博士在会议上将袁隆平亲切地称为“杂交水稻之父”，并庄重地向世界各国专家介绍说：“他的成就不仅是中国的骄傲，也是世界的骄傲。他的成就给世界带来了福音。”

袁隆平，从湖南省偏僻的安江农校里走来，从一个山村中等农校的青年教师，成长为举世瞩目的名人，登上了“杂交水稻之父”的宝座，他的成就已经超越了杂交水稻本身。

精彩摘录

稻穗下的乘凉梦

为了美丽的梦想，袁隆平安于湘西贫困山区一个普通农校教师的岗位。他善于节制自己的一切欲望，总是把“节制”提升到一个知识分子美德的高度。所以，无论遇上什么样的逆境，他总是安之若素。

返回安江农校后的一个黄昏，袁隆平在幽幽浮动的梦境里，看到从白雾蒙蒙、水天相连的地方，飞来一只洁白的鸟儿，鸟儿飞经的天空中，飘落下来一粒粒稻谷，那一粒粒圆润润的稻种，播入了灌满春水的稻田里。不久，秧苗出水了，长高了，拔节、抽穗了……那一株株雄性不育系的株苗呈现在眼前了……

渐渐地，那水稻长得像高粱那么高，穗子像扫把那么长，籽粒像花生米那么大。几个朋友坐在稻穗下乘凉，是那么惬意，那么惊喜！

他醒了。原来这是一个梦，是一个非常美、非常美的梦！

下雨了，人们纷纷从田间返回家。可是，袁隆平却打了雨伞急匆匆奔向他的试验田，他要在雨中观察秧苗的每一个细小的变化。

故事

搞材料的“材料”——师昌绪

人们都说他是用“特殊材料”制成的。他和各种材料打了一辈子交道。

他是中国高温合金开拓者之一，发展了中国第一个铁基高温合金，领导开发中国第一代空心气冷铸造镍基高温合金涡轮叶片，可用作耐热、低温材料和无磁铁锰铝系奥氏体钢等，为中国创造了多项第一，91 岁获得国家最高科技奖。在学生眼中，他是北京的“心里美”萝卜，不嫉妒、不记仇，不怕别人超过自己，不欺上瞒下。他就是著名材料学家、两院院士师昌绪。

1920 年师昌绪出生在河北徐水的一个“忠厚传家久，诗书继世长”的大家庭。1948 年，师昌绪利用两年前取得的出国资格赴美留学，先后在密苏里大学矿冶学院和欧特丹大学获得博士学位。1950 年朝鲜战争爆发。1951 年 9 月，美国司法部禁止学习理工医学科的中国留学生离开美国回国，如果违反或企图离美，要处 5 年徒刑或 5000 美元罚款，或者二者兼施。在这种情况下，师昌绪不得不在麻省理工学院谋了助理研究员岗位。1955 年春，美国公布了 76 位中国留学生回国名单，师昌绪名列其中。

回国后，师昌绪被分配到位于沈阳的中科院金属研究所，一直工作了 30 年。“我们这代人为什么爱国情结根深蒂固，因为中国受国外欺辱太深。使中国强盛、强大，是根本的思想。”20 世纪 50 年代，中国第一个五年计划开始实施，师昌绪被派往鞍钢。中国缺镍无铬，又受到封锁，师昌绪提出发展铁基高温合金，从而研制出中国第一个铁基高温合金 808，部分代替了镍基高温合金，用作航空发动机的涡轮盘。1963 年，师昌绪接受了中国航空发动机空芯涡轮叶片的研制任务。在师昌绪等人的建议下，中国涡轮叶片由锻造合金发展为真空精铸，由实心叶片发展为空心叶片。这使中国成为美国之后第二个采用精铸气冷涡轮叶片的国家，仅比美国晚五年。

师昌绪退休后坚持上班三十年。有一年他的出差行程是：4 月成都，5 月沈阳和南京，6 月沈阳，7 月满洲里，8 月哈尔滨和沈阳，9 月山东，12 月广州和厦门……“迟暮夕阳余热暖，情真意切育英才”，这是师老与老伴郭蕴宜合写的《寻梦》长诗中的最后两句。多年的实践，师昌绪悟出了做人、做事和做学问的准则：做人要海纳百川，诚信为本，忍让为先；做事要认真负责，持之以恒，淡泊名利；做学问要实事求是，勇于探索，贵在发现与创新。这就是师老一生的写照。

信息来源：百度百科

林徽因与梁思成

—费慰梅—

品读之路

一代建筑宗师伉俪的浪漫传奇奋斗人生

中央电视台记录频道自播出 8 集纪录片《梁思成与林徽因》以后，打动了无数的观众，在他们离去几十年后，他们的名字，又一次重新走入公众的视野。人们传说着他们不寻常的家世、学识，传说着林徽因的美丽、才华、爱情，传说着梁思成半个世纪前对一座古城的痴迷与眷恋。如果说看纪录片能从感官上极大地让我们得到满足，而文字却更能从细微之处唤起我们极大的想象空间和思考，尤其对同学们来说，阅读一本二百多页的富有人性和充满爱的书，是最适合和幸福的事了。我们热情地给同学们推荐由费慰梅著的《林徽因与梁思成》这本书，是为了重温这对学者伉俪在坎坷的一生中相濡以沫的情笃深厚，品味他们至情至性的个性品格，更是为了记住他们认真严谨、坚持不懈的学者精神，唤起我们获取人文素养的思考。

本书的作者费慰梅（威尔玛·坎农·费尔班克，1909—2002），是研究中国艺术和建筑的美国学者。1932 年她独自一人到北平与美国著名汉学家费正

清结婚，在中国期间结识了梁思成、林徽因夫妇，并结下了深厚的友谊。费正清夫妇的中文名字，即由梁思成所取。为了纪念其终生好友，费慰梅在晚年特撰写了他们的传记，在这本传记里，没有华丽的文字，只有朴实和感情，书里附有林徽因的诗以及友人间的往来信件，没有刻意地赞美，只是一个外国学者与中国学者的平实对话，是朋友，更是知己。如费慰梅在这本书里写道：写此书的目的，不仅仅是为了追述林徽因与梁思成在特殊年代的际遇和使命，也为了纪念他们的成就、创造力、仁慈，以及支撑他们勇气的幽默感。

本书用大量篇幅展现了梁思成与林徽因追求事业的坎坷经历。林徽因与梁思成皆出身名门，从小饱读诗书，又受到了良好教育，有着性格的良好熏陶。优越的家庭环境没有泯灭他们奋发向上的斗志，良好的家教理念使他们积极进取，他们用现代科学方法研究中国古代建筑，成为这个学术领域的开拓者。两人青年时期留学美国，学成归国后，本该大展宏图，然而，接连而来的抗日战争和国共内战，使他们的生活陷入了颠沛流离之中。他们经历了为五斗米折腰的辛酸生活，经历了病痛翻来覆去的折磨，但是他们始终面带着微笑勇敢地面对，不放弃对生活的热忱，对祖国的热爱，以及对事业的执著追求。我们今天难以想象在那些战争纷乱、焦土遍地的日子里，从1930年到1945年，梁思成林徽因夫妇二人共同走了中国的15个省，200多个县，考察测绘了200多处古建筑物。何况梁思成还是一位脊椎受了伤、跛脚走路的残疾，这样长时间徒步、攀爬和检查屋顶和桁架来说，实在令人难忍。然而很多古建筑就是通过他们的考察得到了世界、全国的认识，从此加以保护。也正是由于在山西的数次古建筑考察，使梁思成破解了中国古建筑结构的奥秘，完成了对《营造法式》这部“天书”的解读。林徽因曾长期病卧在床，但她给人的感觉总是那么活力四射，充满激情，没有人把她当病人看，她自己也不把自己当病人看。因为她是那么热爱生活。历史学者、著名中国史研究专家史景迁在本书的代序中写道：我们听见，他们那高朋满堂的起居室里夹杂着杯盘之声的欢笑，我们看到，他们那坚忍不拔的学术研究所逐渐破译的古代建筑典籍的含义，我们欣赏到，他们灵巧的手指驾驭着绘图笔游刃于同样优雅的中英两种文字的每一细节之间，我们还看到，已经消失的建筑重新在国人的意识之中获得他们恰当的位置，我们感受到，即使在羸病缠身的痛苦之中，他们那依然未泯的幽默和毅力。

知道林徽因的同学也许是从徐志摩的《再别康桥》了解的，关于他们的感情生活，本书没有回避，而是更多地从他们亲密朋友的关系进行叙述。婚姻实际上是当事人理智和情感的一种较量，是道德和责任的合理融合。虽然林徽因的感情世界里有梁思成、诗人徐志摩和学界泰斗金岳霖三个人，但林徽因与梁思成的爱情故事却最让世人动容。林徽因说“我爱思成，爱自己的家胜过一切”，并与梁思成相濡以沫、执子携手一生。正如作家张清平用林徽因和梁思成终生痴迷的古建筑来比喻他们的结合：梁思成是坚实的基础和梁柱，是宏大的结构和支撑。而林徽因则是灵动的飞檐、精致的雕刻、美丽的栏杆。他们一个厚重坚实，一个轻盈灵动，他们的组合无可替代。这样的婚姻家庭观对同学们来说，也是值得推崇的。

今天阅读此书，我们会感叹时代是那样的不同，我们也不一定会有他们那样轰轰烈烈、足迹遍天下的成长经历，但也许成长的轨迹是相近的，我们能从他们的坎坷人生中去学习和感悟。在书的最后，记述了梁思成与林徽因为保护北京城墙、抢救古迹，不惜声嘶力竭，然而终究失败的又一次磨难。在当时的国内政治经济水平与他们超前的思想理念不相匹配之际，今天的后辈除了扼腕叹息外，何尝不应继承他们对待学术的严谨精神以及勇于承担的民族使命和社会责任。在晚年照顾梁思成的林洙回忆起林徽因和梁思成时，她的话感人至深：“我想到人们往往只注意向成功的人庆贺，但是在科学的道路上，当我们向胜利者庆功之时，不应该忘记那些先行的探路人。正是他们以自己的勇敢精神、辛勤劳动，甚至宝贵的生命为后者立下了‘由此前进’或‘此路不通’的路标。”沉醉在这朴实动人的文字中，我们从两位可亲可敬的学者身上好似找到了一股力量，那就是来自于他们用其一生所树立的品格，这种魅力是人性伟大的光辉，让我们后辈无法抗拒而要去吸纳，必将滋养着我们的成长。

内容概览

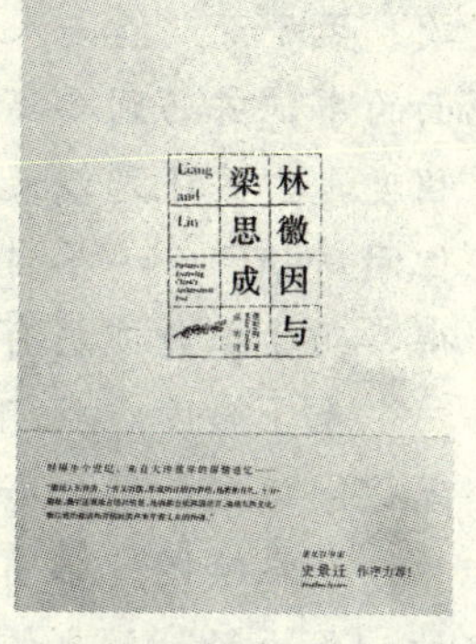

梁思成与林徽因两人都出生在 20 世纪初期传统与现代冲突、地位摇摆不定的中国。梁思成的一生受他父亲梁启超的影响很大。1915 年秋梁思成进入清华学堂，在功课和艺术方面的表现都很出色。林徽因的父亲是一位才华横溢的政治梦想家和好奇探索者，林徽因是天生的艺术家、学而有成的建筑师和名副其实的诗人。

1919 年梁启超和林长民结为好友，并通过梁思成和林徽因的联姻，结为了亲家。1923年梁思成骑摩托车时不幸出了车祸，由于治疗不当，梁思成的腿从此有点跛，必须穿上钢架走动。1924年林徽因和梁思成双双来到宾夕法尼亚大学，在20世纪20年代费城的布杂艺术学派的氛围里，梁思成念建筑，林徽因学美术。1928年3月两人在加拿大举行婚礼。

在修完硕士学位后回到中国，梁思成与林徽因成为新成立的沈阳东北大学建筑系最早上任的两位教授。1932年，他们因日军侵略沈阳而被迫离开东北大学，返回北京。这时梁思成借助紫禁城老工匠的指引，开始投入中国古代建筑典籍的研究。

1950年，林徽因受聘为清华大学一级教授，被任命为北京市都市计划委员会委员兼工程师，梁思成是这个委员会的副主任。夫妇二人对未来首都北京的建设充满了美好的憧憬，不断为他们所追求、所热爱的建筑尽一切的努力——保存北京的绿化，防止北京遭受工业化的侵害，将城墙和城门改造为公园，让子子孙孙得以享受这一奇迹。然而，从1953年5月开始，对古建筑的大规模拆除开始在北京这个城市蔓延。

1955年4月1日，林徽因离开了人世，享年51岁。梁思成于1972年1月9日离开人间，享年70岁。现在两人合葬于北京八宝山。

精彩摘录

在思成的大学时代，他的才能可由两枚设计金奖及其他奖励得到证实。尽管如此，有时候他还是感到不满足，写信告诉了他父亲。梁启超的忠告是："你觉得自己的天才不能符合你的理想，又觉得这几年专做呆板工夫生怕会变成工匠。你有这种感觉，就是你的学问在进步的象征，我听见倒很喜欢。孟子说'能与人规矩，不能使人巧。'凡学校所教与所学总不外规矩方面的事，若巧则要离了学校方能发现。……至于将来能否大成，大成到什么程度，当然还是以天才为之分限。我生平最服膺曾文正两句话：'莫问收获，但问耕耘'……尽自己能力做去，做到哪里是哪里，如此则可以无人而不自得，而于社会亦总有多少贡献。"（引自梁启超《年谱》722页）

至于徽因，我们可以从一九二六年她的一个美国同学为家乡报纸写的一篇访问记中，窥知一些她在宾夕法尼亚大学生活的情况：

她在绘图室临窗的一张椅子？坐下，身子倚着绘图桌，窗外望去是校园的一条小径，她那娇小的身影弯下腰画那巨大的建筑图。每次三十到四十张图一起挂在巨大的评分室墙上时，她总是得很高的奖赏。这样说并非捕风捉影，因为她的作业总是得到最高分数，偶或拿第二。她文文静静，幽默而谦逊，从不把自己的好成绩挂在嘴边。

故事

独立的人格和独立的创作——沈从文

在多姿多彩的现代文学史中，沈从文以独特的人格魅力受到世人的关注。他早期出版的《鸭子》《阿丽思中国游记》等作品集，深受鲁迅先生开拓的“乡土文学”影响，包含着对湘西故土生活的叙写，作品题材新颖。20 世纪 30 年代以后，《边城》《月下小景》《从文自传》《湘西散记》《长河》等作品为他确立了现代文学史上别人不可替代的地位。在埃德加·斯诺编译的第一次向西方读者介绍中国新文学成就的作品集中就收入了沈从文的作品，并将他与巴金齐名，称“这两位对现代中国文学的发展都有过巨大贡献”。

沈从文几乎没有受过正规的学校教育，无法进入大学成为正式学生，他就在北京大学作旁听生。最初的两年半时间里，他没有任何经济来源，吃饭是他最主要的问题，开始的学习就是在有一顿没一顿的情形中完成的。他就是在这种简直令人无法想象的环境和条件下，去追求自己的信念。无数个没日没夜伏案写作，然而在较长的一段日子里，他投出去的稿子如泥牛入海。可是，他依然“简单愚直”、坚忍不拔，在窘困但却独立中埋头写作。为了生计，他曾经以每千字 5 毛左右的最低市价卖文为生。1925 年初，沈从文的散文《遥夜》第一次变成了铅字，在这部作品中，他倾诉了自己窘迫的处境以及人生痛苦和孤独的内心感受。20 世纪 30 年代后，他以乡土为题材的全部创作，展示了一个延伸很远的人生视野，塑造出“乡下人”的形象系列，这既是他对生命形态的考察，又是他生活轨迹的回顾。

独立的人格和独立的创作风格是沈从文一生追求的人生境界和创作理想。沈从文将重造民族生机的希望寄托在知识分子身上，并认为应当“游离”于国内的任何政治党派与集团之外。沈从文是一个彻底的非派别、非集团主义者。在文学创作上，沈从文要求文学自身的独立性，他认为，文学在表现人生社会的同时，必须燃烧起作家个人的生命之火。在沈从文的作品中决无趋炎附势、迎合时尚之笔。

信息来源：百度百科

史蒂夫·乔布斯传

—沃尔特·艾萨克森—

品读之路

创作改变世界的产品　技术艺术的完美结合

说到乔布斯，你也许会想到他带来的 iPad 和 iPhone。有人说，有三个苹果改变了世界，第一个诱惑了夏娃，第二个砸醒了牛顿，而第三个则由乔布斯掌控。也许，你会说，在追求梦想和事业的鼎盛中奔驰的人，他的奇迹是没有人可以复制的、没有人能超越的。是的，乔布斯是个“疯狂”的人，他改变了世界。正如他用他一生在践行的：“活着就是为了改变世界。”一台 Apple Ⅰ改变了 PC 市场，一部 iPod 改变了音乐的传播，一个 iPhone 改变了移动通信业，一台 iPad 改变了 PC 样式，APP Store 让应用变得触手可及，iCloud 又将会改变人类的生活方式，引领世界科技发展的最新方向，让科技改变世界成为最平民化的现实。正如谷歌董事长埃里克·施密特评价道：“他前所未有地把艺术家的灵感和工程师的远见结合在一起，建造了一个非凡的公司。他是美国近 25 年来最成功的 CEO，是美国历史上最伟大的领袖。”一部《史蒂夫·乔布斯传》会引领我们走进乔布斯改变世界的世界，让我们明白什么是极致的商业精神、什么是成才与奋斗的内涵。

《史蒂夫·乔布斯传》是史蒂夫·乔布斯唯一授权的官方传记，全世界有数以亿计的苹果迷奉乔布斯为精神领袖，他们是这本“乔布斯唯一授权传记”的庞大读者群。乔布斯曾对沃尔特·艾萨克森说，希望由他来执笔自己的传记，理由是艾萨克森善于引导别人开口说话。沃尔特·艾萨克森，美国著名的传记作家，他的作品包括畅销书《爱因斯坦传》《本杰明·富兰克林传》以及《基辛格传》。艾萨克森在2009年开始筹划这部传记，通过与乔布斯面对面交流40多次，在对乔布斯100多位家庭成员、朋友、竞争对手和同事的采访的基础上，用丰富的内容塑造出一个具有复杂性格、有时甚至饱含矛盾性的人物。读完全书你会发现，乔布斯并非完美，光鲜耀眼的背后，还有另一个不为人知的乔布斯——自私、冷漠、固执、矛盾，习惯谎言与背叛，兼具强横与脆弱的内心。《华盛顿邮报》评论员迈克尔·罗森瓦尔德写道，它“一方面展现了电脑时代最激动人心时刻的历史，是一部研究苹果沉浮和一位电子设备痴迷者梦想的教科书”，“另一方面，艾萨克森创作了一位有着古怪、复杂性格的人物的传记，成功展现了乔布斯的个性如何重塑伟大的科技创新”。这本书，让我们看到了真实的乔布斯。

每一个成功的案例无不是坎坷、失败组成的，乔布斯的成功之路同样如此，他曾经离开了自己一手创办的苹果公司达13年之久；他创办的NeXT公司亏损到差点全军覆没；他收购并倾注了大量心血的皮克斯公司，在早期也差点被抛弃。但在乔布斯眼里，生命就是一场战斗，这个略显偏执的信念，激励他在创新的道路上永不止步。

让我们好好思索乔布斯的梦想之路吧！史蒂夫·乔布斯小学就对电子产品产生了浓厚兴趣，形成了志趣乃至志向。乔布斯从垃圾箱捡来电子器件，到废弃仓库搞实验研究，还拔人家气门芯，和小伙伴研究出盗打电话装置卖钱。升入大学不久就辍学去实现梦想。苹果传奇始于1976年，乔布斯家的车库。乔布斯和友人史提夫·沃兹尼克自行组装一台电脑，两名年轻人有个伟大的梦想：推出一台人人买得起的电脑。因为有了这个伟大梦想，因为把目光投向了远方，有了无比开阔的心胸和境界。当梦想的光芒照亮乔布斯生活的时候，他身上的很多“缺点”恰恰成了成就他的宝贵资源，这就是乔布斯的“做我所爱”，去寻找一个能给你的生命带来意义、价值和让你感觉充实的事业。当乔布斯癌症缠身时，也没有慢下脚步。这个疾病反而帮他集中了精力，用来追求他最宏大的一些梦想。“记住你即将死去”是乔布斯每天都会告诉自己的一句话。

你会为梦想执著一生吗？你会全身心投入到自己真正喜欢的事业中去，甚至不怕用生命的代价去追求吗？乔布斯是这样的人，他，付出了，也成功了。也许我们每个人，在很小的时候就有着自己的梦想，随着年龄的增长，不知不觉梦想在一个又一个的变幻中，成了渺茫。其实，梦想是每个人的权利。每个人的梦想都不同，梦想也没有伟大与平凡之分，只简单存在于你的坚持与否。也许有时候不是因为我们不坚持，似乎是梦想离我们很遥远，个人的力量很薄很弱，史蒂夫·乔布斯追逐活着就是为了改变世界的梦想，让我们看到了通往成功之路的真谛。有人说："梦是个气球，牵在手上向往蓝天；梦是个诺言，记在心上写在面前。因为相信，所以看见……"

沃尔特·艾萨克森曾忍住内心的悲伤问乔布斯，他20年来拒绝媒体、刻意注重隐私，为何在过去的两年里，为了这本书，对自己如此开放。乔布斯回答说："我想让我的孩子们了解我，我并不总跟他们在一起，我想让他们知道为什么，也理解我做过的事。"我们应该走进乔布斯。如果"活着就是为了改变世界"是乔布斯的终极价值追求，那么"做我所爱"就是他的梦想，而梦想是不会抛弃苦心追求的人，只要不停止追求，奋斗不息，就会沐浴在梦想的光辉之中。一个实现梦想的人，就是一个成功的人。

内容概览

史蒂夫·乔布斯（1955—2011），发明家、企业家、美国苹果公司联合创办人、前行政总裁。其人生如过山车般精彩，有着犀利激越的性格，充满追求完美和誓不罢休的激情。

乔布斯1955年2月24日生于旧金山，他的生父母乔安妮·西贝尔和叙利亚人阿卜杜拉法塔赫·约翰·钱德里生他时只有23岁，还正在威斯康星大学念书，根据当时学校的规定，如果把儿子留在身边，夫妇两人就会遭到校方退学的处理。乔布斯的母亲在他不到1周岁时，就将他交给加州一对名叫保罗和克拉拉的夫妇收养，并要求后者承诺送他上大学。

乔布斯的名字是他的养父母取的。养母没有工作，专门负责史蒂文的教育，对孩子的教育耐心且有方法，孩子四岁多就养成了阅读习惯。养父保罗文化水平不高，但对机械非常钻研，退伍后成为一家工厂的机械师。老乔布斯心灵手巧，业余时间总买一些旧汽车回来，再把它们拆成一堆废铜烂铁，最后经他妙手回春，修理好后再卖出去。乔布斯曾这样评价自己的父亲："他可以修好任何东西，让它们重新变得有用，还能将任何机器拆开，再重新组装起来。这可以说是我在制造业方面的启蒙。发现我开始对电子设备感兴趣后，他就总给我带回来一些东西，让我练习拆开和再组装。”

1974年乔布斯在一家公司找到设计电脑游戏的工作。两年后，时年21岁的乔布斯和26岁的沃兹尼艾克在乔布斯家的车库里成立了苹果电脑公司。1996年乔布斯重返苹果，次年重新担任公司临时首席执行官后，他对苹果公司展开大刀阔斧的改革，在随后十多年中，先后领导苹果不断推出媒体播放器、智能手机以及平板电脑等产品，创造出个人电脑、动画电影、音乐、手机、平板电脑以及数字出版等6大产业的颠覆性变革，深刻地改变了现代通讯、娱乐乃至生活的方式。

精彩摘录

我讨厌一种人，他们把自己称为“企业家”，实际上真正想做的却是创建一家企业，然后把它卖掉或上市，他们就可以变现，一走了之。他们不愿意费力气打造一家真正的公司，而这正是商业领域里最艰难的工作。只有做到这一点你才能真正有所贡献，为前人留下的遗产添砖加瓦。你要打造一家再过一两代人仍然屹立不倒的公司。那就是沃尔特·迪士尼，还有休利特和帕卡德，还有创建英特尔的人所做的。他们创造了传世的公司，而不仅仅是赚了钱。这正是我对苹果的期望。

我的动力是什么？我觉得，大多数创造者都想为我们能够得益于前人取得的成就而表达感激。我并没有发明我用的语言或数学。我的食物基本都不是我自己做的，衣服更是一件都没做过。我所做的每一件事都有赖于我们人类的其他成员，以及他们的贡献和成就。我们很多人都想回馈社会，在历史的长河中再添上一笔。我们只能用这种大多数人都掌握的方式去表达——因为我们不会写鲍勃·迪伦的歌或汤姆·斯托帕德的戏剧。我们试图用我们仅有的天分去表达我们深层的感受，去表达我们对前人所有贡献的感激，去为历史长河加上一点儿什么。那就是推动我的力量。

故事

硅谷“钢铁侠”穆斯克：打造汽车业 iPhone

特斯拉电动车创始人 Elon Musk，被外界誉为汽车界的“乔布斯”，引发了一场新能源的飓风。最高时速208公里，单次充电续航里程480公里，流线型的车身，类似 iPad 的触摸控制平台，这就是现在美国最火的纯电动豪华轿车 Tesla（特斯拉）。

艾伦·穆斯克从小就表现出惊人的天赋，10 岁时他有了第一台计算机，两年后他编写的一个小游戏 Blastar 以 500 美元售出。1995 年，穆斯克进入斯坦福攻读材料科学和应用物理的硕士课程，但两天后他就辍学了，因为他认为互联网商机无限，随后和弟弟一道开发了一个在线内容出版软件 Zip2，4 年后这款软件以 3 亿多美元的价格被康柏公司收购。之后，穆斯克与人合伙创办了贝宝（PayPal），并在 3 年后通过被收购收获了 1.8 亿美元，成为穆斯克传奇生涯真正的“第一桶金”。

乔布斯最伟大的成就无疑是缔造了 iPhone，iPhone 的诞生对全球手机产业甚至通信行业是一次革命性的创新，而穆斯克的 Tesla 电动汽车同样有望对延续一百多年的汽车工业带来革命。穆斯克在 2004 年 2 月投资最初由硅谷工程师马丁·艾伯哈德和马克·塔彭宁在 2003 年合伙成立的 Tesla 公司，并制定了一个三步走战略。第一步，开发高端、高性能的运动型电动汽车，证实电动汽车既酷又可行性，以吸引第一批目标顾客：有环保意识的高收入人士、注重公众形象的社会名流；第二步是开发能与奔驰、宝马等豪华品牌竞争的电动轿车；第三阶段是推出价格能被普通大众接受、可以大规模推广的低成本经济型电动汽车。Tesla 在 2008 年发布第一款产品 Roadster，迅速引起外界关注。2012 年 6 月，Tesla 发布新车型 Model S。传统的电动汽车加速慢、续航里程短，这是大部分汽车爱好者不愿意驾驶电动汽车的原因，而 Model S 从静止加速到 100 公里/小时最快仅用 4.4 秒，这与奔驰、宝马的超级跑车几乎不相上下，而充电半个小时就可以以 96 公里的速度连续行驶 3 个小时。

穆斯克是个每周工作 100 小时的工作狂，他对于产品的极致追求和乔布斯几无二致，Tesla 的每一款新车型在推出之前，都会按照他的要求多次返工，任何穆斯克不满意的细节都要重新设计，哪怕是汽车座椅上几毫米的缝线。穆斯克的目标不仅是用汽车能源拯救地球，还包括用新技术将人类送入太空。“我要在火星上退休。”这句话如果是别人说出来，一定被认为是疯子，而穆斯克也许恰恰是这个最接近“疯子”的天才。

信息来源：中国青年网

第五部 情感与感恩

“知恩图报”“滴水之恩当涌泉相报”“感恩报德，至死不忘”，一直被认为是中华民族引以为傲的传统美德。在中华古籍中，成语“结草衔环”的典故就向我们讲述了成就这一美德的两个感人至深的故事，直到今天，仍为人们津津乐道。其实，感恩是一项重要的处世哲学，是生活的大智慧。

美国总统罗斯福的家曾经失窃，财物损失严重。朋友闻此消息，就写信来安慰他，劝他不必把这件事放在心上。罗斯福总统很快回信说：“亲爱的朋友，谢谢你来信安慰我，我一切都很好。我想我应该感谢上帝，因为：第一，我损失的只是财物，而人却毫发未损；第二，我只损失了部分财物，而非所有财产；第三，最幸运的是，做小偷的是那个人，而不是我。”

对任何人来说，家中失窃绝非幸事。但是，罗斯福总统却能找到三个感恩的理由。这个故事告诉人们，对生活怀有一颗感恩之心的人，即使遇上再大的灾难，也能熬过去。感恩不是对现实的规避，更不是阿Q的精神胜利法。其实，感恩源于我们对生活的热爱和希望，它是我们歌颂生活的一种方式。

感恩，她是深情的回报，是寒风瑟瑟中的一件棉衣，是倾盆大雨中的一把油纸伞，是孤寂时的一声问候，是穿越时空直抵人心的啜泣，是相依相守的喃喃叙说，是真心真意黄金般的诺言，是面向深渊的铮铮誓言，是音信杳然时的牵肠挂肚，是长夜中经久不息的思念，是舍生取义的义无反顾。因为感恩才会有这个多彩的社会，因为感恩才会有真挚的友情，因为感恩才懂得了生命的真谛。

然而，随着年龄的增长，我们似乎开始“健忘”了。我们把感恩“丢失”了，忘记去感谢那些给我们生命的人，那些给我们温暖、给我们关怀的人，那些爱我们胜过爱自己的人。是否有一天你会感到：对朋友的帮助太少，关心太少，提供太少，哪怕一句问候、一句鼓励、一个赞许的眼神、一个微笑都很少。其实，感恩是积极向上的思考，是一种谦卑的态度，它是自发性的行为。

当一个人懂得感恩时，便会将感恩化做充满爱意的行动，实践于生活中。我们应该用一颗感恩的心去生活。去感谢让我们获得温暖的太阳；去感谢让我们拥有清水的河流；去感谢让我们拥有生存空间的大地；去感谢带我们来到人间的父母，感谢亲情，感谢友情，感谢爱情。其实，感恩便是爱，大爱便是大美。爱，使人排遣了寂寞与孤独，变得神圣而富有。因此，感恩是善的同路者，因为，善者会爱。正如日本学者黑田鹏信所说："知识欲的目的是真，道德欲的目的是善，美欲的目的是美。真善美，即人间理想。"

傅雷家书

—傅敏—

品读之路

浅吟低唱谆谆教

不知道有多少青年朋友有过我这样的经历，昏黄的灯光下，一个信封、几张信纸、一支笔和一枚邮票，父亲、母亲和一个刚识字不久的孩子一起给远方的亲人写信，回答上一封信中提及的事情，谈近段时间的工作、学习和生活……每每收到回信后更是反复诵读。是的，这个网络时代使我们与书写渐行渐远，书信也已经被我们遗忘。现在是电话和视频聊天的时代，可人与人之间距离并未见得比那个书信的时代近多少，反而生出诸多的冷漠和隔膜。

也许你不曾有过等待家书时的惶惶不安，收到信件时整天的兴奋不已，但你可以通过他人的家书重新审视自己的家人和生活。一部《傅雷家书》，自1981年问世以来，对人们的道德、思想、情操、文化修养所起的启迪既深且远。尽管在同一时间中，有不少古今中外的名人作家的家书出版流传，但就影响之深广而言，没有一部可以与之相比。

傅雷是我国著名的文学翻译家、文艺评论家。一生译著宏富，译文以传神为特色。他的遗著《世界美术名作二十讲》《傅雷家书》等深受读者喜爱，多次再版。傅聪是这样评价父亲的："又热烈又恬静，又深刻又朴素，又温柔又高傲，又微秒又率直。"傅雷夫妇作为中国父母的典范，一生苦心孤诣，呕心沥血培养了两个孩子，傅聪——著名钢琴大师；傅敏——英语特级教师。

凭着对音乐的热爱和执著，傅聪用琴声敲开了通往国际的大门。1953 年他参加了世界联欢节，1954 年到波兰参加肖邦钢琴比赛并受到波兰总统贝鲁特的青睐，从而获得留学波兰的机会。父子俩从傅聪留学波兰时开始通信，这便有了令世人无不为之感动的《傅雷家书》。

整本书从开头到最后，力透纸背的都是傅雷对傅聪深深的父爱。他有一个才华横溢的天才儿子，他关心他的一切，他的爱情，他的音乐。无疑，他是成功的父亲、称职的父亲。在上百封书信中，他曾多次提到："先做人，再做艺术家，再做音乐家，最后才做钢琴家。"读了此书，也许你会重新定义自己对艺术、对音乐家的认识；读了此书，也许你还会重新审视自己的爱情和人生；读了此书，一定会唤起你很想看傅聪所有回信的冲动。新版前言部分有六封傅聪的回信，言语真诚细腻丰富，蕴含着对父母的信任及挂念。读此书，你还会对傅敏的学习、工作和生活充满好奇。他正是整本书的整理、编选和辑集者，是他将遥遥数万里的两地之间父亲和兄长之间的心紧紧地又一次连在一起，也是他首先发现家书的价值的。

《傅雷家书》饱含着为人父母者的责任，充满了对子女炽烈而深沉的爱，传递着对真理、对道德执著追求的精神。虽然父子俩用的是书信这种最普通的交流方式，但是两个人却互相进入了对方的心灵。父亲知道儿子在想什么，父亲知道儿子担心什么。父亲给儿子指点，父亲给儿子自由。在这些信里，流淌的不仅有温情，也有智慧，对生活、工作、理想朴素而又深刻的见解。不仅在教人如何为人父母，也在警戒世人该怎样做人子女，更在指引着我们，对生活、对工作，该有怎样的态度和追求。这是一个严父，也是一个良师，更是一个益友。这是一对父子，也是一对知己，那种心灵和精神上的高度共鸣、相互映照，让人艳羡。

一部《傅雷家书》，感动了无数心灵。习艺者从中读到坚毅和求索，离别者从中读到乡恋和孤单，教育家从中读到因材施教，音乐家从中读到艺海无涯，为人父母、为人子女者从中读到情之至亲至切。尽管时隔五十多年，今日的学子依旧可以从中得到教诲、感悟，找到正确的人生态度。

作品概览

《傅雷家书》的内容是不断扩充，逐渐丰富起来的。该书最初由三联书店出版，全书不足15万字。后经过5次修订，增至25万多字（不包括附录）。2003年，《傅雷家书》由辽宁教育出版社重新编辑出版，在原书的基础上增加了近10万字，其中新增加的书信有35封（傅雷10封、傅雷妻子朱梅馥25封），增补内容的书信有69封（傅雷60封、朱梅馥9封）。此外，以6封傅聪家信作为“不是前言的前言”。

傅雷给傅聪的信里如是说：“长篇累牍的给你写信，不是空唠叨，不是莫名其妙的gossip，而是有好几种作用的。第一，我的确把你当作一个讨论艺术、讨论音乐的对手；第二，极想激出你一些青年人的感想，让我做父亲的得些新鲜养料，同时也可以间接传播给别的青年；第三，借通信训练你的——不但是文笔，而尤其是你的思想；第四，我想时时刻刻，随处给你做个警钟，做面‘忠实的镜子’，不论在做人方面，在生活细节方面，在艺术修养方面，在演奏姿态方面。”

一九五四年到一九六六年，十二年间的百来封家信完整而真实地体现了傅雷的思想。新版本更是展现出傅雷夫妇对孩子教育的特殊分工，辽教版《傅雷家书》策划人之一、曾最早把傅雷译文推向读者的江奇勇先生说：“父亲负责孩子们在文化、思想、音乐方面的教育，而母亲负责孩子们的生活起居的教育。”在母亲的25封信中，涉及了洗照片、洗衣、做饭（甚至给媳妇抄菜谱）、叮嘱儿子吃维生素B片、恋爱结婚、思念等。而父亲傅雷则负责教导傅聪要有计划地工作生活，减少不必要的时光消磨，要有“安排的技术”。他说：“越是轻视物质越需要控制物质。”所以总是不厌其烦、苦口婆心地授以家庭经济计划的经验和心得。他不时为儿子准备书，或是推荐好书，指导他们多看正经书，不能光把时间用于消遣读物。他还总是细心地指出儿子书信中的错误，他告诉傅聪该如何用丰富的词语表达感情。当然，他们还一起探讨钢琴演奏的技巧，彼此分享对艺术的感受和看法。信中有大量的父子俩的艺术对谈，彼此分享艺术境界的体验。他为儿子千里迢迢地寄上画册、字帖、拓片，并详加解说，积极地以中国的文化精华予以熏陶。因为是家信，傅雷无拘无束表达着自己的人生观和艺术观，心里怎么想，笔下就怎么写，不用瞻前顾后，不必担心受人批判，于是感情便显得质朴而纯真。他如此的博学而又如此的谦虚深情，对亲人的思念，琐事的交代，字里行间无不流淌着温暖深厚的父爱。

精彩摘录

技术与音乐的宾主关系，你我都是早已肯定了的；本无须逢人请教，再在你我之间讨论不完，只因为你的技术落后，存在一个自卑感，我连带也为你操心。……现在我深信这样一个魔障，凡是一天到晚闹技巧的，就是艺术工匠而不是艺术家。一个人不跳出这一关，一辈子也休想梦见艺术！艺术是目的，技巧是手段；老是只注意手段的人，必然会忘了他的目的。

——一九五四年十一月二十三日夜

希望你能目光远大，胸襟开朗，我给你受的教育，从小就注意这些地方。身外之名，只为社会上一般人所追求，惊叹；对个人本身的渺小和伟大都没有相干。孔子说的“富贵于我如浮云”，现代的“名”也属于精神上“富贵”之列。

——一九五六年七月二十九日

多和大自然与造型艺术接触，无形中能使人恬静旷达（古人云“荡涤胸中尘俗”，大概即是此意），维持精神与心理的健康。在众神万物前面不自居为“万物之灵”，方能去除我们的狂妄，打破纸醉金迷的俗梦，养成淡泊洒脱的胸怀，同时扩大我们的同情心。欣赏前人的遗迹，看到人类伟大的创造，才能不使自己被眼前的局势弄得悲观，从而鞭策自己，竭尽所能地在尘世留下些少成绩。

——一九六一年九月十四日晨

故事

拳拳父子情

说到我国的钢琴家，就不得不说到傅聪，说到傅聪也就不得不提到他父亲傅雷先生严格的家庭教育，傅聪的成长历程，向我们传达了“成人”是“成才”的基础这一真知灼见。傅雷一直在思索如何才能把傅聪培养成有用的人，孩子将来适合学什么成了父亲傅雷面对的头等大事。

在孩子长到六岁的时候，傅雷好友雷垣说：“孩子有没有音乐天分，要试试绝对音感，一试就灵。”于是雷垣指尖起舞，按动黑白双键，顿时缓缓流出动听的旋律。他们让傅聪听音辨名。没想到傅聪一说即中，分毫不差。雷垣很是惊讶，一般的孩子是没有这种感觉的。傅雷也说傅聪平日里十分闹腾，很调皮，但一旦家中放唱片，他立马安静下来。于是傅雷眼前一亮，这孩子的音乐天分正是学习钢琴的好手。他请雷垣教傅聪弹钢琴，日积月累，越学越好，直到遍寻名师自成一家。傅聪在音乐道路上坚定地走了下去，终其一生。

他要培养傅聪成为音乐家，因此傅聪在上了几年小学后，便退学了，以便能够有充足的时间在家里学琴。傅雷一方面请了私塾先生教傅聪国文，一方面亲自编写傅聪的国文课本，学习的内容全部由傅雷清清楚楚地抄在本子上教他。可见傅雷对傅聪倾尽了全部的心血。其实傅雷的经济条件并不宽裕，仅是靠翻译得来的稿费维持家庭。在江苏路的那条弄堂里，他们家的经济条件是差的。据保姆说，他们家每个月四十八元伙食费，每天都是有账可循的。凭着傅雷的精心培养，傅聪在音乐的道路上越走越远。

傅敏是傅聪的弟弟。傅聪从小学习音乐对傅敏产生了很大的影响和诱惑，他也想从小学习音乐。傅敏曾回忆说："我们家在上海江苏路的住房是向宋琪家租的，宋琪的母亲住在二楼。三楼的正房，是我的卧房。另有几间是宋家堆杂物的地方。大约是 1951 年，一个偶然的机会，我发现三楼的杂物间里有一把琴，我就跟宋家婆婆（即宋琪母亲）提起这事。她说这是原来住在这儿的一个犹太人房客留下的，你要喜欢，你就拿去学琴吧，就这样，我开始了学小提琴。"

傅敏很卖力地学习小提琴，希望能像哥哥一样。可傅雷先生给他浇了盆冷水。他说："阿敏，你不是学音乐的料子。学音乐都是从小开始的，而你现在已经上初中了，就算开始学，也只能成为二流、三流的音乐家。当音乐家，要么做一流的，做二、三流的音乐家是很痛苦的，这是其一；第二，我就那么多的钱，我只能培养你哥哥一个，不能再把你培养成为音乐家了。照我看，你是教书的料。"这话真是一语中的，后来傅敏当了一辈子教师，为英语教学做了突出的贡献，写了许多英语教学方面的专著。

如果说孩子是一条奔流的河流，父母是河流的见证者的话。傅雷先生当之无愧为教育界的水利工程大师李冰，他把对孩子的爱筑为大坝，将傅聪、傅敏兄弟的生命之河按照他构筑的宏图，导向他认为可以灌溉的田地里去。

母 亲

—高尔基—

品读之路

深感母爱之力量

“母亲”，生活中再亲切熟悉不过的两个字。在各国的文化中，人们用各种方式歌颂母爱的伟大，由此而产生出了非常多的文学作品。高尔基的小说《母亲》便是其中之一，它从资产阶级社会资本家残酷的剥削和压迫、人们被剥削的艰辛和麻木的背景中，刻画出了饱受压迫的尼洛夫娜由一个劳动妇女到无产阶级革命家蜕变的艰辛历程。

马克西姆·高尔基，原名阿列克谢·马克西莫维奇·彼什科夫。1868 年 3 月 28 日出生于下诺夫哥罗德（曾名高尔基城），19 世纪 80 年代在喀山参加持民粹派观点的知识分子秘密学习小组，1883 年开始过流浪生活。他是“无产阶级艺术最伟大的代表者”“社会主义现实主义文学奠基人”“无产阶级革命文学导师”。高尔基从小就有强烈的读书愿望，在极端困苦的环境下发奋学习，掌握了较高的文化水平，这给他的文学创作打下了坚实的基础。

1905 年革命前后，高尔基由于积极参加革命运动，与列宁结识并加入布尔什维克，世界观发生了质的飞跃。在创作上也更加自觉地为无产阶级革命事业服务，力求创造新的英雄人物，写出比生活更高、更好、更美的东西来。《母亲》便是这个时候的代表作，他站在无产阶级思想的高度，大胆地进行创新，使工农英雄人物进入文学领域，通过对主人公巴威尔和母亲尼洛夫娜的形象描写，概括了20世纪初俄国工人阶级革命战士的优秀品质。同时，这部作品也标志着高尔基在探索正面人物方面达到了新的高峰。

母亲从一个柔弱、温顺、忧郁的传统妇女成长为一个有着深刻见地、满腔热情、勇敢无畏的新时代革命工作者。她不辞辛劳地长途跋涉送报纸、传单，不顾警察的残酷毒打向群众宣传革命真理；她和青年们一起带头示威游行，高高举起代表理性、真理、自由的旗帜，向世界宣告着革命者强有力的信仰；她忍受着儿子被捕、骨肉离别的痛苦，在一个个革命者接连入狱后仍坚持着实现自己的理想……

这部小说令人动容的地方在于，作者突出描写了这些英雄人物美好崇高的感情世界，母亲对儿子的母爱，巴威尔和沙馨卡的爱情，革命者间的友谊等，写得那么真挚感人。小说《母亲》中壮丽、激昂的革命故事震撼着我们，让我们看到了生命的真谛，特别是从尼洛夫娜身上，我们不仅可以感受到一种不同寻常的母爱，还可以感受到了一种热爱生活、传播真理的革命先驱身上肩负的责任。

在我们身边关于母亲的故事很多很多，有许多这样的母亲：对自己的父母，她是一位孝顺的女儿；对自己的子女，她是一个慈爱的母亲；对自己的丈夫，她是一个贤惠的妻子。她们为了子女的前途受尽苦难，把痛苦默默地埋在心中，她们坚信“知识改变命运，让自己的儿女奔赴美好前途”。她们默默地为自己的子女祈祷和祝福。她们勇敢面对压力和艰难，乐观地面对每一天。漂泊在外求学、拼搏的游子们，是否在繁忙之余给父母打电话聊聊，在节假日抽出时间回趟老家，和父母一起散步，一起吃个家常便饭，一起看电视节目。其实，对他们来说，这就是最奢侈的幸福。

作品概览

小说《母亲》中，作者通过一系列革命斗争表现了工人革命者成长的过程和高尚的品德。小说共分上下两卷：上卷重点写巴维尔率领的马克思主义工人小组在社会民主工党领导下成长的过程；下卷重点写马克思主义小组在群众中的作用和人民群众的觉醒。小说的人物形象都是经过作者精心安排的，主要通过人物的语言和心理描写来刻画英雄人物的成长。

为了表现小说的主题思想，作者精心设计了3组人物。第1组是革命者，第2组是工农群众，第3组是敌人。

第1组革命者，包括革命工人和革命知识分子，巴威尔作为先进工人的代表，他的成长主要表现在语言变化中。他参加革命以前语汇贫乏，句子简单，语气粗暴；参加革命后讲话愈来愈明确中肯，政治用语日益占重要地位。他最后在法庭上的演说更是具有启发群众觉悟、激动人心的巨大力量。

第2组革命群众，母亲尼洛夫娜是革命群众的代表，她的成长是通过生动细腻的心理描写揭示出的。由起初对儿子行为的害怕和担心到羡慕与骄傲，对警察威胁的恐惧到镇静；由对儿子工作的支持到帮助，直至最后参与其中等都体现母亲在革命道路上的成长与成熟。

第3组敌人，这里有厂主、沙皇宪兵、法庭庭长，检察官等。虽然对他们的文字描述不多，但通过他们的语言和行为，足以揭露资产阶级统治下资本家丑陋的嘴脸。

小说一开始描绘了阴森森的工厂画面，展现了帝俄时代工人阶级惨遭剥削的生活环境和老钳工米哈伊尔·符拉索夫悲惨的一生。年轻的巴维尔本来也可能走上父亲的老路，但他生活在工人运动蓬勃发展的时代。在革命知识分子的帮助下，他迅速找到了献身于工人解放事业的光明大道。

小说的另一位重要人物是巴维尔的母亲尼洛夫娜。她像千百万受压迫的妇女一样，被繁重的劳动和丈夫的殴打折磨成逆来顺受、忍气吞声的人。丈夫死后，当儿子走上革命的道路时，母亲也在儿子以及他的同志们的启发、帮助下，逐渐接受革命的真理。在“沼地戈比”事件以后，母亲为了搭救儿子出狱，接受了散发传单的任务。五一游行时，巴维尔高举红旗走在队伍的最前列，在武装警察面前英勇不屈。这使母亲进一步懂得了真理的力量，也使她更自觉地参加革命工作。

巴维尔再次被捕后，她搬到城里，和革命者住在一起，坚决担负起革命工作，完全献身给共产党。她常装扮成修女、小市民或女商贩，带着传单奔走于市镇和乡村。巴维尔在法庭上的演说及斗争更进一步提高了母亲的觉悟。小说结尾时，母亲冒着生命危险去传送印有儿子在法庭上演说的传单，不幸在车站被暗探围住。这时，母亲勇敢地把传单散发给车站上的群众。在被捕时，她庄严地宣称："真理是用血的海洋也扑不灭的。"

精彩摘录

我是一名党员，我只承认党的审判，我现在要讲的，并不是为自己辩护，而是依照我的也拒绝了辩护的同志们的愿望，试着对你们说明一些你们所不了解的事情。检察官将我们在社会民主党领导下的行动称作反抗政府的暴动，他始终将我们看作是反对沙皇的暴徒。我严正申明，在我们看来，专政政治不是束缚我们国家的唯一的锁链，它只是我们应该替人民除去的最初的一个锁链……

母亲的背脊和颈部被推着，肩上和头部都被打了。周围一切好像昏暗的旋风似的在那呼喊声里、怒号声里和警笛声里旋转起来。

脚底下的地好像要塌下去，动摇着，两腿弯了下去，身体好像被火烧伤般的疼得发抖，而且沉重起来，摇晃着，没有气力。可是，眼睛里的光并没有熄灭，她看见了其他许多的眼睛，在这些眼睛里燃烧着她所熟悉的勇敢而锐利的火——和她的心接近的火。

她被人推着，推往门里。母亲挣脱了一只手，抓住了门框。"真理是血海也不能扑灭的！"他们打了她的手。"你们这些疯狗！只会让人更加憎恨！听着！憎恨就要压到你们自己的头上了！"宪兵们凶狠地扼住母亲的喉咙，使她不能呼吸。她依然发出嘶哑的喊声："不幸的人们……"

故事

平凡的母亲　伟大的母爱

在唐山那个惨绝人寰的大地震中，一位正在织毛衣的母亲和摇篮里甜甜睡着的孩子被埋在了废墟之中，母亲把孩子紧紧抱在自己的怀抱，两天过去了，孩子吃尽了母亲最后的两滴奶水，哭声渐渐变得衰弱。在这种危机时刻，绝望的母亲突然摸到一根织衣针，心中狂喜：我的孩子这下有救了。在这一瞬间，平凡的母亲作出了人世间最伟大的抉择，她用自己的血来哺育自己的孩子。她用织衣针刺破自己的手指，让孩子吸吮自己的鲜血活下去。这位母亲的生命逐渐枯竭，可她知道她不能离去，一旦死去，血液就不再流动，她的孩子也将死去。一周过去了，当救援人员寻着孩子的哭声扒开废墟时，被眼前的一幕惊呆了：生命枯竭的母亲看到自己的孩子获救后，才安详地闭上了眼睛，她脸色苍白，每个手指上都扎了一个血孔。她为人世间谱写了一曲动人的母爱乐章。她把孩子的生命看得比自己的生命更宝贵，把生存的机会留给孩子，用自己的最后一滴血来延续着孩子的生命。

在汶川震区中，抢救人员发现这位母亲的时候，她已被垮塌下来的房子夺去了生命，透过那一堆废墟的间隙可以看到她死亡的姿势，双膝跪着，整个上身向前匍匐着，双手扶着地支撑着身体，身体被压得变形了。救援人员从废墟的空隙中伸手进去确认她已经死亡，又冲着废墟喊了几声，用撬棍在砖头上敲了几下，里面没有任何回应。当人群走到下一个建筑物的时候，救援队长忽然往回跑，边跑边喊："快过来。"他又来到她的尸体前，费力地把手伸进女人的身子底下摸索，他摸了几下高声地喊："有人，有个孩子，还活着。"经过大家一番努力，人们小心地把挡着她的废墟清理开，在她的身体下面躺着她的孩子，包在一个红色带黄花的小被子里，大概有三四个月大，由于有母亲身体庇护着，他毫发未伤，抱出来的时候，他还安静地睡着，他熟睡的脸让所有在场的人感到很温暖。

这就是可歌可泣的母爱。在死亡的脚步来临时，她总是把生的希望留给孩子。生命虽然脆弱，但是母爱依然顽强，为保护幼小的生命，母亲会用自己的血液和生命来换取孩子生存的机会，这样的母亲谁能忘怀？

"你身在（那）他乡住有人在牵挂，你回到（那）家里边有人沏热茶，你躺在（那）病床上有人掉眼泪，你露出（那）笑容时有人乐开花，啊，这个人就是娘，啊，这个人就是妈，这个人给了我生命，给我一个家。"这就是无私奉献的、高尚的、伟大的母爱。我们歌颂母爱，是为了更好去热爱母亲，用一颗感恩的心孝敬父母，陪伴父母。

绿山墙的安妮

—露西·莫德·蒙哥马利—

品读之路

爱的供养

《绿山墙的安妮》是一部甜蜜的描写儿童生活的小说。当我们向高职生朋友推荐《绿山墙的安妮》这本书的时候，相信很多年轻的朋友们会流露出惊异的眼神，仿佛我们推荐错了对象。这明明是一本儿童读物，为何向我们高职学生推荐？其实不然，安妮，一个长满雀斑的红发小女孩，无论哪一个年龄层都会被她深深吸引。在还没有进入成人复杂的世界太深时，给脱离童心未久的你推荐此书最适合不过了。

《绿山墙的安妮》是加拿大女作家露西·莫德·蒙哥马利的作品。露西·莫德·蒙哥马利（1874—1942）出生在加拿大爱德华王子岛的克里夫顿，她的母亲在她仅21个月大时因结核病去世，而她的父亲则在妻子过世后，离开了爱德华王子岛，最后定居于加拿大西部。露西·莫德·蒙哥马利从小就擅长编故事，15岁开始发表诗作。《绿山墙的安妮》是她的第一本小说。1904年春天，蒙哥马利偶然间翻阅一本古老的随笔，其中记载着一对年老的夫妇，想收养一个男孩帮忙农事，却阴错阳差地收养了一个女孩的故事，因而触发她的灵感，开始撰写《绿山墙的安妮》，1905 年 10 月完成。之后，她一次又一次地把它寄给出版社，直到第六次投稿，稿子才被接受。包括没有被出版的作品在内，蒙哥马利一生的著作总共超过 500 部，她主要的著作被收藏在安大略的圭尔夫大学。

《绿山墙的安妮》于 1908 年出版，一经出版，随即成了畅销书。崇拜者的信如雪片般飞到爱德华王子岛，大家希望知道“小安妮后来怎么样了?”后来，露西陆续创作了安妮系列的其他作品，分别涉及她的教师生涯、爱情婚姻和家庭生活，但都难以超越童年安妮给大家的影响。《绿山墙的安妮》先后被译成数 50 多种文字，被多次改编成电影、电视剧和戏剧。书中小主人公安妮的造型，还被制成儿童玩具。在纪念中国与加拿大建交 35 周年举行的文化交流会上，《绿山墙的安妮》作为中国与加拿大文化交流的精品礼物，受到社会各界的青睐。

这是一本感动家长、老师和孩子心灵的读本。英国《卫报》称之为“生命中不可缺少的 100 本书之一”。马克·吐温曾高度评价这部小说，称“安妮是继不朽的爱丽丝之后最令人感动和喜爱的儿童形象”。安妮的魅力要从她的真实开始说起。莎士比亚曾经说过：“无言纯洁的天真，往往比说话更能打动人心。”作者没有去刻画一个完美的小女孩。看到绿山墙的安妮，你或许能看到自己的影子：话那么那么多，富于幻想，容易沮丧却也容易鼓起希望，对自己微不足道的毛病忧心忡忡，对更大的毛病却视而不见，对自己的长相十分自卑，却对内心的自己充满信心。她从来都毫不掩饰自己对美的虚荣，更加不掩饰自己内心的真实情感。当林德太太第一次见到她，认为她长得很丑时，她毫不掩饰自己的愤怒，粗鲁地与她对峙。虽然这种真和直率在成人的世界中或许不适合，但在理想的世界中，安妮的这种性格让人好不欢喜。

安妮与戴安娜的友情是书中的一条主线。看到安妮与戴安娜的友情，多少人希望自己也可以成为绿山墙的苹果树下安妮的好朋友。找一个灵魂上的知音好不容易，儿时的友情总是那么真，那么久。在小说中，最打动人的感情莫过于马修、玛莉拉兄妹与安妮的亲情，马修那沉默的爱，玛莉拉那背后的爱，让安妮得以在绿山墙快乐、幸福的成长。而安妮更是为了他们放弃自己的梦想，取舍之间皆因感恩和爱。

安妮特别善于感受与欣赏大自然的美，对生活、对自然的无限幻想也是她的魅力之一。“闪光的小湖”“雪皇后”，这些只有在她的世界中才有的名字让我们着迷。想到了挚爱的海子的那句“给每一座山每一条河取一个温暖的名字”，更是唤起了我们的童心和单纯。忙碌的生活常常让我们习惯了忽略身边的美。在每天回家的路上，我们从未仔细留意过马路边的花草的枯荣，日子就在疲于奔命中一天天过去。每天觉得生活一成不变，每天希冀着未来的改变，却忽略了身边已经存在的改变。

作品概览

小说讲述了一个名叫安妮的孤儿的成长故事。主人公安妮出生在一个教师家庭，在三个月大的时候父母相继因病去世，成了孤儿。在经历两个多子家庭的收养后，安妮被送到了孤儿院。十一岁的时候，她阴差阳错地被爱维丽绿山墙农舍的马修和玛莉拉兄妹收养。美丽的爱维丽、美丽的绿山墙、怪异的安妮、怪异的凯思伯特兄妹、美丽的戴安娜、善良的老师，故事由此开始了。

安妮渴望拥有一个温暖、美丽的家。她爱风景秀丽的绿山墙，她爱收养她的玛莉拉兄妹和好朋友戴安娜，她不会去哀伤自己不幸的过去，而是满脑子浪漫的想象，不断地赞美自己所拥有的，幻想自己所没有的，并通过努力去获得自己所追求的。她诚实热情，活泼乐观，想象力极为丰富，爱幻想，喋喋不休，有些聒噪，有些任性和虚荣，她的想象和自尊心使她闹了不少笑话，给大家添了不少麻烦，但她的直率也使她赢得了友谊和真挚的爱。

她喜欢给周围的事物起漂亮名字，并对它们展开无限的想象。在安妮的想象中，顽皮的小溪在冰雪覆盖下欢笑；玫瑰会说话，会给她讲很多有趣的故事；影子和回声是她的知心朋友……安妮像一个小精灵，温暖了马修和玛丽拉兄妹的的生活。在马修和玛丽拉兄妹的分工合作、用心照顾下，安妮从一个满头红发、绿眼睛、满脸雀斑、喋喋不休，爱闯祸的十一岁“丑小鸭”，成长为善解人意、才貌出众的大姑娘。并凭着自己的努力考取了大学，但为了照顾玛莉拉，她毅然放弃艾弗里大学奖学金，回到了挚爱——绿山墙，开始她人生新的旅程。

精彩摘录

安妮与爱德华王子岛最初的相识，她如此形容和幻想：“漂亮？漂亮这个词完全不足以形容它的美丽。嗯，它实在是太美了，美得根本无法形象。我拼命幻想，却怎么也幻想不出还有什么会比它更美。我还是第一次见到这么美丽的风景，心里满足极了。”小姑娘把手放心胸前说，“现在，我内心痛苦极了。不过，这可不是一般的痛苦，而是在快乐至极时才能感受到的痛苦，你有过这种痛苦的感受吗?”

“没有。”

“我一看到很美的东西就会这样。”……

马车翻过丘陵，眼前出现一个像小河一样细长、弯曲的池塘，池塘中央架着一座木桥，池塘尽头有一个浅黄色的条形沙丘，池塘下面是一个深蓝色的海湾。池塘就像一块彩色的画布，上面分布着赤、橙、黄、绿、蓝、靛、紫这七种颜色，还有其他一些不知道该叫什么名字的颜色。这些颜色交织在一起，形成了一个绚丽多姿的彩色世界，美得让人根本无法形容。池塘边栽着枞树、枫树还有李树，它们的黑影倒影在池塘里，看上去就像幽灵一样。池塘上面是一片沼泽地，里面不时传来青蛙的叫声，那声势浩大得就像大合唱一样。池塘对面有一个斜坡，斜坡上种满了苹果。苹果园旁边是一片树林，树林里有一幢灰色的房屋，屋子里已经点起了灯。

最后，安妮决定留在绿山墙开始自己的新人生。安妮一想到这里，就顿时看到了希望，觉得以后的生活照样能够充满快乐和幸福。一个人只有勤奋学习、认真工作，才会觉得充实；只有拥有志趣相投的朋友，才会玩得快乐；只有志向远大，才会时刻想着奋发向上。安妮完全具备了这些条件，而且她生来就具有丰富的想象力，所以她对未来充满了希望。我相信，无论现在的情况多么糟糕，未来都是充满希望的。

故事

最美的文　最真的爱

安妮是一个充满爱的小女孩，她爱马修兄妹，爱戴安娜，爱老师，爱同学们。要问安妮的最爱，答案一定是她成长的地方——美丽的绿山墙。有人说：“如果你去加东，一定要去爱德华王子岛；如果你去王子岛，就一定要去安妮的绿屋。”凡读过《绿山墙的安妮》的朋友，无不希望能亲眼看见证“绿山墙”和那些令安妮如痴如醉的花与木、河与山。

露西对这片土地是眷恋和热爱的，她将安妮置换到自己的生活空间中来，将爱德华王子岛的一山一水、一草一木精心编织进童话故事中，一个个生动的人物跃然纸上，鲜活而真实。露西 1874 年 10 月 30 日出生于加拿大爱德华王子岛的克里夫顿（现在的新伦敦 New London）。两岁时母亲病逝，父亲再婚并搬离了爱德华王子岛。后来小露西住在卡文迪什的外祖父母家中，一所老式的四周都是苹果园的农舍里。

外祖父母对她的童年教育有些严厉，有些无情，但美好的田园生活培养了她对大自然的终生热爱。露西将自己对大自然的爱，对美好生活的憧憬全部融入自己的作品中，她 9 岁开始写诗，15 岁时就在当地报纸上发表了第一首诗。21 岁时，她从夏洛特敦威尔士亲王大学毕业，后来又研习了热爱的文学课程。外祖父病逝后，露西回到卡文迪什照料生病的外祖母，37 岁结婚，嫁给了长老会的牧师麦克唐纳。在忙碌操劳的漫长岁月里，她每天都挤出几个小时坚持阅读与写作，硕果累累。1942 年 4 月 24 日，露西因病在多伦多去世，后葬于王子岛上。不知有多少游客漫步在那故事中的小道上，亲身体验小说中描绘的情与景，踏遍安妮的足迹，走过安妮的旅程。每当成千上万的游客前往加拿大爱德华王子岛探访安妮的足迹时，一方面被广袤、静谧、色彩斑斓、辽阔壮丽的美景所打动，一方面也表达出他们对作者蒙哥马利深深的敬意。

相约星期二

——米奇·阿尔博姆——

品读之路

难忘师恩

大多数人，特别是像我们这些青年人都会谈理想，但很少谈人生。人生是一个复杂、高深、永远捉摸不透的代名词，没有人可以真正诠释她的含义，她就像一位蒙着面纱的天使，即使不断地追随也只能模糊地看到她的脸。一个人不到面临死亡的时候，根本不具备谈人生的资格，古人经常在诗中提到“看破红尘俗世，遗世独立，笑看人生”，试问果真看透人生，为何感慨逃避，只不过是拿空谈人生的借口掩饰自己的无奈。可是站在人生的悬崖峭壁端的人，大多数将时间和精力花在对后世的牵挂或感慨曾经的理想上，很少能安静地思考剖析人生，更不用说淡然纯净地面对死亡。人生尽头的顿悟大多会伴随主人的逝去默默埋葬，但却不尽然，一位被绝症缠身的美国教师莫里在生命的弥留之际给自己学生米奇醍醐灌顶地上了最后14节课，课程关于人生。读完这本书，你会发现人生的真谛在于用一个执著、真诚、富有责任的心去感恩自己爱的和爱自己的人。

作者米奇· 阿尔博姆是美国著名作家、广播电视主持人，主要作品还包括在全球热销已达五百万册的小说《你在天堂里遇见的五个人》。对于他来说，与恩师“相约星期二”的经历不啻为一个重新审视自己、重读人生必修课的机会。这门人生课震撼着作者，也借由作者的妙笔，感动整个世界。本书在全美各大图书畅销排行榜上停留四年之久，被译成包括中文在内的31种文字，成为近年来图书出版业的奇迹。米奇·阿尔博姆是美国的一位体育专栏的主持人，莫里·施瓦茨是曾给予过他许多思想的教授。在米奇毕业15年后的一天，偶然得知莫里·施瓦茨身患了绝症，而且来日无多。这时老教授所感受的不是对生命即将离去的恐惧，而是希望把自己许多年来思考的一些东西传播给更多的人，米奇·阿尔博姆是老人唯一的学生，他们相约每个星期二上课。在以后的14个星期里，米奇每星期二飞越七百英里到老人那儿去上课，在这14个星期里，他们聊到了人生的许多组成部分，如何面对他人，如何面对爱，如何面对恐惧，如何面对家庭，以及感情及婚姻、金钱与文化、衰老与死亡，最后一堂课便是莫里老人的葬礼，以及这14堂课的笔记便构成了这本《相约星期二》。

莫里·施瓦茨人生的价值在绝症的摧残里闪闪发光，他用朴实的话语阐述人生课程，足以让我们筛出智慧。莫里用生命的全部教授他的课程，对于他的头衔，他当之无愧。教师就像西方手握《圣经》的先知，严肃地解读神秘的万物，莫里做到了，他教授给学生的不仅是书本知识，也不仅是生活经验，连生命最后的顿悟都不忍心搁浅，想尽办法传授给学生，他是一位实至名归的教师，一个终身的教师，教师这个神圣的职业在他身上淋漓尽致地得到了诠释。

能让余秋雨为之感动写序的书确实不多，但这正反映了这本书对人生追求的不菲价值。这本书引起美国以及全世界的震动，连续44周名列美国畅销图书排行榜。这惊人的数字是靠它本身的魅力和积淀的智慧赢得的。我相信读了这本书会让你重新审视自己意识观念和价值观。

作品概览

这是一个真实的故事：年逾七旬的社会心理学教授莫里在一九九四年罹患肌萎性侧索硬化，一年以后与世长辞。作为莫里早年的得意门生，米奇在老教授缠绵病榻的14周里，每周二都上门与他相伴，聆听他最后的教诲，并在他死后将老师的醒世箴言缀珠成链，冠名《相约星期二》。

上卷：第一节是余秋雨为这本书写的序。境界，让死亡充满韵味。死亡，让人生归于纯净。这是对莫里人生描述的精华之笔。第二节是必修课程：作者在学校时莫里对他的授课、毕业时对莫里的尊敬和不舍、几年后莫里的发病过程、莫里发病后的心态，足以让我们肃然起敬。第三、四节是最后一门课程。第五节是谈论世界。第六节是自怜。第七节是谈论遗憾：我们有时候没有必要遗憾，也许遗憾的这件事却成就了另一件事。第八、九节谈论家庭，谈论感情。

下卷：第一节是第七个星期二，谈论对衰老的恐惧。随着人的衰老，生理上需要别人的帮助，莫里像孩子一样的接受。第二节谈论金钱。身份和地位往往使人感到无所适从，唯有一颗坦诚的心方能使你悠然的面对社会。第三、四节谈论爱是情感的永恒和婚姻。第五节谈论我们的文化。第六节谈论原谅。临死前原谅自己，原谅别人。第七节谈论美好的一天。第八节道别。第九节毕业。

精彩摘录

什么是人生最困难的事？与生活讲和。

我们的文化并不能让我们感到心安理得。你需要十分的坚强才能说，如果这种文化没有用，就别去接受它——去建立自己的文化。

做一个“完整”的人，需要的是活力。

人生最重要的是学会如何施爱与人，并去接受爱。

我们在生活中都需要导师的指引。

一旦你学会了怎样去死，你也就学会了怎样去活。

过多的追求物质需要，可他们并不能使我们满足。我们忽视了人与人之间相互爱护的关系，我们忽视了周围的世界。

精神病患者需要有人注意到自己的存在。

接近死亡并不一定是坏事，当你意识到这个事实后，它也有十分积极的一面，你会因此活得更好。

一旦我找到了生活的意义，就不会想回到从前去，想往前走，想看得更多，做得更多。

如果你一直不愿意变老，那你就永远不会幸福，因为你终究是要变老的，会死的。

老年人不可能不羡慕年轻人，但问题是你得接受现状并能自得其乐。

当我应该是个孩子时，我乐于做一个孩子，当我应该是一个聪明的老头时，我也乐于做一个聪明的老头。我乐于接受自然赋予我的一切权力。我属于任何一个年龄，直到现在的我。

故事

勇敢地接受

现在人的自尊心越来越强，竞争意识越来越明显，很多人不愿意接受别人的给予，他们或是把别人看作竞争对手，认为这是施舍，或是认为自己是对方有利可图的对象，有给予就会有索取，或是觉得失去了自己那不可冒犯的尊严。怀着各种各样心思，很难坦诚地、感恩地接受别人的帮助。人不可能独立完成各种事情，当你身处绝境、身体瘫痪、孤苦无依，需要他人的帮助时，应像小孩一样坦诚地接受。

张宗华，广西师范大学的一名学生，他于 2003 年 11 月 7 日注册了桂林赛特（SITE）电子产品开发有限公司，并正式入驻桂林高新技术产业开发区，注册资金 30 万元，他的公司主要致力于计算机硬件、软件及外设产品开发与销售，并运用自身优势，着力于企业网站建设与维护、域名空间、企业邮局销售、电脑组装等业务。公司有着自身的经营策略——“兵马慎动，策略先行，运筹帷幄，决胜千里”。

在公司营运初期，资金短缺的情况下，他的朋友利用他们的人际关系给他凑钱，同时赊购 25 套办公系统，每套一万五元。他坦然接受这笔人情债，怀着感恩，努力奋斗，三个月后收回资金并获利数十万元，同时他也迅速树立起公司的良好信誉。如果他当时因为面子拒绝帮助，那么也许今天他还在创业。

有时候我们需要接受别人给予的，怀着感恩的心接受。进而为之去奋斗努力，感恩的力量是一种无形的推动力，是照亮我们在黑夜中驶向成功彼岸的灯塔。

夏洛的网

—E. B. 怀特—

品读之路

爱，是一种承诺

有多少人向你推荐过这本童话故事书，你也许会因不屑、忙碌等原因未曾拾起过它。知名学者严锋先生在此书出版时曾说过："这实在是一本宝书。我觉得在一个理想的世界里，应该只有两种人存在，一种是读过《夏洛的网》的人，另一种是将要读《夏洛的网》的人。有时候，半夜里醒过来，摸摸胸口还在跳，就会很高兴，因为活着就意味着还能再把《夏洛的网》读一遍，而读《夏洛的网》就意味着还活着。"如果你觉得你还活着，你觉得你还有爱的能力和信任的力量，那么就翻开这本书，和我一起走进这简单的童话世界，享受那生命的奇迹。

这本书的作者 E. B. 怀特（E. B. White）在世界儿童文学上非常有名，是美国当代著名散文家、评论家，生于纽约蒙特弗农，毕业于康奈尔大学。作为《纽约客》主要撰稿人的怀特一手奠定了影响深远的"《纽约客》文风"。怀特对这个世界上的一切都充满关爱，除了他终生挚爱的随笔之外，他还写了三部童话：《精灵鼠小弟》（1945）、《夏洛的网》（1952）和《吹小号的天鹅》(1970)。其中最受欢迎的就是《夏洛的网》，在美国1976年《出版周刊》举行的一次读者调查中，这本童话书被这样赞誉："虽然作者书写的是一个童话故事，但他给人以无限温情、感动和憧憬，是一部给大人阅读的童话。怀特用柔韧无比的蜘蛛丝编织了一张理想的、温暖的、美丽的、爱的大网，感动着世界无数的读者。这是一个善良的弱者之间相互扶持的故事，除了爱、友谊之外，这篇极抒情的童话里，还有一份对生命本身的赞美与眷恋。"

此书是以小女孩弗恩的视角展开的，一个农场女孩子的成长足印就这样深深浅浅地流淌在字里行间。当然农场里的配角们也不闲着，贪嘴自私的老鼠，爱看热闹的鹅群，事不关己高高挂起的老羊，还有日渐长大的小女孩，顽劣的小男孩，短短一百多页，却让20世纪中期美国农场的情境宛在眼前。但这些都不是《夏洛的网》得以成为传世杰作的真正原因，这不是一方为另一方单向施予爱的给予故事，这是一个关乎两个生命体互相使对方活得更有乐趣的、更富意义的故事。读完全书，我们可以感受到自己生活同样需要的那种简单、直白的爱。事实上"爱"不是特别困难的事，倘若我们能够学会像夏洛和威伯那样去爱，以这样的爱为基底，其上一切的建筑将牢不可破，即便死亡也不会带走属于生命的美好回忆。

整本书读起来好似一条河流，先是轻快的溪水，后是跌宕的激流，行进至最后，却静静地铺展在大地上，成大河东去之势。最后的诀别，颇令人伤感。夏洛最终没能回到谷仓，为了友谊，为了自己的承诺，它以生命的代价拯救了威尔伯一生的安宁和幸福。在这里，爱成为永恒的主题，它可以穿越任何现实的障碍，直达对方心灵最深处；它可以抛开任何世俗的习惯和观念，让生命的价值在蜘蛛网上蔓延。曾经有一个小读者写信问怀特："你的童话故事是真的吗?"怀特去信回答道："不，它们是想象出来的故事，但是真的生活也不过是生活的一种罢了，想象里的生活也算一种生活。"

长大后，读童话好似在读禅宗书，其中孕有大自在、大内涵，童话总能用那最纯真的感动让我们泪流满面，总能以它的纯洁来让我们感到一丝羞愧。在现实中当你面对遭遇生死噩运的威尔伯时，你会怎么做?当你在为学习、为工作、为生活奔波忙碌时是否也该去思考如何提升一点生命的价值呢?

作品概览

这是一本拥有亚马逊网上书店五颗星终极评价的童话书，一个蜘蛛和一头小猪的故事，写给孩子，也写给大人。

威尔伯是头猪，是一头落脚猪，太小太弱，一出生便面临着被杀的噩运。在快被杀掉的时候，是八岁的小女孩弗恩从她父亲手中的利斧下救了它。就这样，弗恩成了它的第一个拯救者。她用奶瓶喂它喝牛奶，并为小猪取了一个漂亮的名字：威尔伯。从此，小猪威尔伯在女孩弗恩的关爱下，日渐长大，他在小女孩家像个孩子一样被照顾着，但无忧无虑的生活来得快去得也快。威尔伯一个月大时被卖到了小女孩的舅舅朱克曼家，从此在谷仓过上了一段新生活。

在朱克曼家的谷仓里，还快乐地生活着一群动物，其中小猪威尔伯和蜘蛛夏洛建立了最真挚的友谊。然而，一个最可怕的消息打破了谷仓的平静：威尔伯未来的命运竟是成为熏肉火腿。作为一只猪，悲痛绝望的威尔伯似乎只能接受任人宰割的命运了，然而，看似渺小的夏洛却说："我救你。"

夏洛的话不是随便说说罢了，自从夏洛遇上威尔伯，它们之间的友谊，那朋友间无私的关爱与纯粹的友善，正一寸一寸触摸彼此柔软的心房。夏洛竭尽全力，默默无闻地为威尔伯创造奇迹，履行自己的承诺。终于在一个雾天的清晨，朱克曼一家发现谷仓大门上张开着一张精致的大网，在网中央整整齐齐地织着几个赫然大字："王牌猪"——这是夏洛的精心杰作，也是拯救行动的开始。在随后的拯救行动中，在一个贪吃的老鼠谈波顿很不情愿的帮助下，夏洛又相继在网上新织了"了不起""光彩照人"等大字。后来，当夏洛在丝网上给威尔伯织下最后两个字"谦卑"时，威尔伯不负众望，在集市评比会上战胜了一切对手赢得了特别奖，同时也为自己赢得了以后的安宁日子。当胜利的消息传来，也是夏洛自觉衰老将亡的一刻，故事在此达到最高潮。

夏洛缓慢而又安静地死去，但是在死以前，除了拯救威伯，实现了自己对朋友的承诺以外，她也完成了一件最重大的作品——她的 514 个未来的儿女。威伯想尽办法把夏洛的子女们带回了农场，继续他们的友情。

精彩摘录

谷仓很大。它很旧了。里面有干草的气味，有肥料的气味。里面有干活累了的马的汗味，有吃苦耐劳的母牛的极好闻的气息。谷仓让人闻上去感到天下太平，什么坏事都不会再发生。它充满了谷物、马具套、车轴油、橡胶靴和新绳索的气味。如果有猫叼着给它的鱼头到这儿来享受，谷仓里还会多股鱼腥气，不过最强烈的是干草气味，因为谷仓上面的阁楼里一直堆着干草。总是有干草给扔下来喂牛、喂马、喂羊。

冬天的谷仓很暖和，牲口大部分时间在室内；夏天所有的大门敞开透风，它又很凉爽。谷仓里有马栏，有牛栏，谷仓底下有羊圈，有威尔伯待的猪圈。谷仓里有凡是谷仓都有的各种东西：梯子、磨子、叉子、扳手、镰刀、割草机、雪铲、斧头柄、牛奶桶、水桶、空麻袋、生锈的老鼠夹。它是燕子喜欢筑巢的那种谷仓。

"你为什么为我做这一切呢?"威尔伯问道，"我不配。我没有为你做过任何事情。"

"你一直是我的朋友，"夏洛回答说，"这件事本身就是一件了不起的事。我为你结网，因为我喜欢你。再说，生命到底是什么啊？我们出生，我们活上一阵子，我们死去。一只蜘蛛，一生只忙着捕捉和吃苍蝇是毫无意义的，通过帮助你，也许可以提升一点我生命的价值。谁都知道人活着该做一点有意义的事情。"

"唉，"威尔伯说，"我不会说话。我也不能像你一样说得那么好。不过你救了我，夏洛，我很高兴为你献出生命——我真心愿意。"

故事

为谁感动

王辉是常州轻工职业技术学院动漫设计与制作专业的一名 2011 届毕业生，现在是常州橙果广告公司的总经理。当他被母校邀请，给师弟师妹分享创业成功经验时，站在神圣的讲台上，他告诉大家："此时此刻，思绪万千，最想说的话是：当很多人打来电话表示因我而感动的时候，我自己却在为另一个群体而感动。站在这舞台上，我首先想到了我的母校常州轻工职业学院，想到了我所在的艺术设计系，是你们在我创业初期举步维艰的时候，向我伸出了援助之手，并给予我很多无私的帮助，让我有了一个稳定的发展平台和坚强的后盾；我想到了在我创业过程中帮助过我的老师、同学、公司员工、学弟学妹们，是你们让我在追求自己创业梦想的过程中能走得更远、飞得更高!”

他来自一个贫穷的农村家庭，在读大学期间，一方面认真学习专业知识，一方面在业余时间做些兼职，给自己的家庭减轻重担，他做过发单员、酒店跑菜员、公园清洁工，生活的磨砺让他体验到自强自立的重要性。他有一个美好的、从小就憧憬的一个梦——经商梦，梦想是美好的，但现实却是残酷的，作为一名刚毕业的大学生，一没良好的社会背景，二没有充裕的资金，在创业过程中，从刚开始的方向定位，到后来的办公场所选址、公司员工招聘、机器设备采购等，他都经历了很多曲折，面对这么多困难，他也想过放弃。在最艰难最关键的时刻，他的母校和母校的同学们向他伸出了援助之手。学校在行政楼上免费给他提供了一间设施齐备的办公室；艺术设计系动漫设计与制作专业的几位同学成了他公司的第一批员工，在面临众多困难的时候，与他并肩奋斗，相互鼓励和支持，刚开始由于资金和业务有限，他们的待遇很是一般，但他们无怨无悔，努力工作。

后来，公司的运营有了很大的好转，在逐步趋于稳定后，他考虑如何回报帮助过他的学校和同学们，想到了和学校的勤工俭学中心联系，由中心协调，根据学生课程情况，统一安排全院登记在册的勤工俭学的同学来从事兼职活动。他尽自己的努力，在自己的能力范围内，为学校多提供一些勤工俭学岗位，热心帮助家境贫寒的学弟学妹。

心存感恩，有容乃大。每一个人的成功都离不开亲人的无私支持、同学朋友的帮助，以及学校老师的教导，我们应时刻拥有一颗感恩的心，在感恩别人的同时，也帮助了自己。

撒哈拉的故事

——三毛——

品读之路

爱，让荒漠成绿洲

有多少人想到撒哈拉，就会联想到三毛。她在我们的心中是一个非常有个性的女子，她超脱世俗，在流浪的生活中奋力地寻找自由的绿洲，流浪是她生活和生存的真实写照。提起撒哈拉沙漠，我们想到的是荒凉、风沙、孤寂、神秘、未知，但三毛在如此荒凉孤寂的环境中，却用自己的文字和思想创造了一个丰富多彩的绚丽世界，用自己的情感和行动开拓出了一个绿意浓浓的绿洲。她热爱这片广漠的天地，热爱这种远离城市喧嚣的生活，更热爱这里纯朴的居民。

《撒哈拉的故事》是三毛的第一部出版作品，出版于1976年5月，作品展现了三毛与荷西最美好的一段生活记忆。三毛原名陈懋平，因为学不会写"懋"字，就自己改名为陈平。对于笔名，三毛如是说：起初起此名，是因为喜欢张乐平先生的三毛流浪记，另有一个原因就是说自己写的东西很一般，只值三毛钱。

"不要问我从哪里来，流浪……流浪……流浪远方……"三毛女士的一生短暂，但经历非凡。旅行和读书是她生命中最重要的两件事，最快乐与最疼痛都夹杂其中。因看到一张撒哈拉沙漠的照片，于是决定搬去住，苦恋她的荷西二话不说，跟着去了。不久，三毛和荷西在沙漠结婚了，从此写出一系列风靡无数读者的散文作品。

《撒哈拉的故事》这部作品，描绘的正是她和荷西在撒哈拉的生活和见闻。她把狂野的大漠和甜蜜的婚姻生活描述得淋漓尽致。在她的眼里，这里有蔚蓝的天空，优雅慢行的骆驼，淳朴的当地居民，这一切使她对生命有了更深刻的认识。在读这本书时，你会被这种异域情调的流浪生活所吸引，被这个隐忍女子对生活和面对困难的坚定所感动，在沙漠中物质缺乏、气候骤变，然而对三毛来说，沙漠是天堂，在那里她经历了生活的精彩，感受到了人生的快乐，她心情愉快，对生活充满了信心，这种流浪的生活才是她真正的幸福，是她生命的体现。

在读这本书时，我们感受到的不仅是她在撒哈拉富有情调的生活，更重要的是她为自己的追求，为了自己纯真的爱情，敢于放弃，脱离世俗，勇于向现实挑战的思想。正如余秋雨所说“茫茫的撒哈拉大沙漠，荒凉、原始、险恶、古怪、神秘，它几乎象征着客观世界的全部未开发性；然而，主体心灵更坚强奋发，女作家是一个宛弱的东方女性，主动地选择了这么一个客观环境来体验自己对于世界和人类的炽热热情，它几乎象征着人——哪怕是从出身地域、从性别和形态、从所受教育和所染气质来说都是驯雅秀洁的人，对于一种超越国别、超越文明界限的征战精神。”青年朋友们，我们不应该被现实所束缚，应该保持一个年轻、富有青春的心，以积极向上的心态，去为自己的追求而努力，走自己的路，让别人去说吧。

作品概览

《撒哈拉的故事》是三毛女士最脍炙人口的作品，由《沙漠中的饭店》《结婚记》《悬壶济世》《娃娃新娘》《荒山之夜》《沙漠观浴记》《爱的寻求》《芳邻》《素人渔夫》《死果》《天梯》《白手起家》《收魂记》《沙巴军曹》《搭车客》《哑奴》和《哭泣的骆驼》等一系列以沙漠为背景的散文故事结合而成。因为一本地理杂志的吸引，三毛背着行囊走进了荒凉单调的撒哈拉沙漠，她用文字反映出大沙漠独有的风貌和人情，带领读者走进一幅充满异国风情的画卷；她用清新的笔触，写出浓情和细腻，读来似有情愫在萦绕，似有爱意在流淌。

她以一个普通的撒哈拉居民的见闻和感受为线索，淋漓尽致地描绘撒哈拉人的生活、文化、宗教，以及当地的历史、政治，用时而轻松幽默、时而语味深沉的笔调来展现异域风情。在书中有一群淳朴漂亮、天真活泼、喜欢到三毛家上课的撒哈拉女孩子，有三毛为了体验撒哈拉的澡堂而遭人取笑的经历，有夜晚在沙漠中谈论神秘鬼怪的神话故事，有被生活所迫离开妻儿的奴隶的悲惨命运。在这本书中，三毛描绘出众多在这片令人神往而有所畏惧的土地上所发生故事，其中有三毛与撒哈拉当地居民其乐融融的景象，有荷西因为寻找一块化石而深陷沼泽的画面，有三毛与荷西那种甜蜜而浪漫的情景。这本书就像一幅画卷，展现给我们的是美丽的异域风光，令人神往；这本书就像一首情诗，蕴含的是三毛和荷西那浪漫的情调；这本书就像一涓溪流，带领我们去寻找洒脱、自由的生活，去感受大自然孕育给我们的甘露。三毛的这本散文集呈现的是具有自传色彩的主人公形象，是自己遭遇、经历、体验、感受的真情体现，也是三毛气质、性格和人品的体现。

精彩摘录

去年冬天的一个清晨，荷西和我坐在马德里的公园里。那天的气候非常寒冷，我将自己由眼睛以下都盖在大衣下面，只伸出一只手来丢面包屑喂麻雀。荷西穿了一件旧的厚夹克，正在看一本关于航海的书。

“三毛，你明年有什么大计划?”他问我。

“没什么特别的，过完复活节以后想去非洲。”“摩洛哥吗？你不是去过了?”他又问我。

“去过的是阿尔及利亚，明年想去的是撒哈拉沙漠。”

荷西有一个很大的优点，任何三毛所做的事情，在别人看来也许是疯狂的行为，在他看来却是理所当然的。所以跟他在一起也是很愉快的事。

“你呢?”我问他。

“我夏天要去航海，好不容易念书、服兵役都告一个段落了。”他将手举起来放在颈子后面。

“船呢?”我知道他想要一条小船已经好久了。

“黑稣父亲有条帆船借我们，明年去希腊爱琴海，潜水去。”

我相信荷西，他过去说出来的事总是做到了的。

“你去撒哈拉预备住多久？去做什么?”

“总得住个半年一年吧！我要认识沙漠。”这个心愿是我自小念地理以后就有的了。

"我们六个人去航海，将你也算进去了，八月赶得回来吗？"

我将大衣从鼻子上拉下来，很兴奋地看着他。"我不懂船上的事，你派我什么工作？"口气非常高兴。

"你做厨子兼摄影师，另外我的钱给你管，干不干？""当然是想参加的，只怕八月还在沙漠里回不来，怎么才好？我两件事都想做。"真想又捉鱼又吃熊掌。荷西有点不高兴，大声叫："认识那么久了，你总是东奔西跑，好不容易我服完兵役了，你又要单独走，什么时候才可以跟你在一起？"

荷西一向很少抱怨我的，我奇怪地看了他一眼，一面将面包屑用力撒到远处去，被他一大声说话，麻雀都吓飞了。"你真的坚持要去沙漠？"他又问我一次。

我重重地点了一下头，我很清楚自己要做的事。"好。"他负气地说了这个字，就又去看书了。荷西平时话很多，烦人得很，但真有事情他就决不讲话。想不到今年二月初，荷西不声不响申请到一个工作（就正对着撒哈拉沙漠去找事），他卷卷行李，却比我先到非洲去了。

我写信告诉他："你实在不必为了我去沙漠里受苦，况且我就是去了，大半时间也会在各处旅行，无法常常见到你。"

荷西回信给我："我想得很清楚，要留住你在我身边，只有跟你结婚，要不然我的心永远不能减去这份痛楚的感觉。我们夏天结婚好么？"信虽然很平实，但是我却看了快十遍，然后将信塞在长裤口袋里，到街上去散步了一个晚上，回来就决定了。

今年四月中旬，我收拾了自己的东西，退掉马德里的房子，也到西属撒哈拉沙漠里来了。当时荷西住在他工作的公司的宿舍里，我住在小镇阿雍，两地相隔来回也快一百里路，但是荷西天天来看我。

——《结婚记》

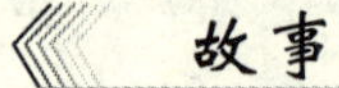

故事

暂时的不死鸟

提起三毛，多少人会顺之想到荷西。初识荷西时，三毛正在马德里上大学三年级，而荷西只不过她学校附近就读的一名高中生，但一次偶然的机会，也就是圣诞节晚上，荷西却在三毛所居住的公寓楼下等着送她节日礼物与祝福！那时三毛根本就未对比自己小几岁的荷西怀任何想法，而心里却有一丝虚荣：哇！天下竟然有如此帅气的男孩?!

但他们没有因此就开始他们的浪漫旅程。返台后的三毛遭遇到了她的第一次情感不幸，未婚夫意外身亡。悲痛的她重返西班牙，于是，冥冥之中的异国姻缘开始走近他们。七个月后，三毛与荷西举行了公证结婚，开始他们幸福而疼痛的爱情之旅。

三毛婚后第七年，陈爸爸和陈妈妈远道飞来欧洲探望他们。就在送别三毛父母的那一个夏天，三毛陪同双亲飞离岛上，而荷西送他们到了机场，嘱三毛早点回来！可是，这便成了永诀！三毛终生的最爱就这样在几天后长眠……荷西潜水时出了意外。那一年荷西仅28岁！

三毛在《不死鸟》中这样写道：

许多个夜晚，许多次午夜梦回的时候，我躲在黑暗里，思念荷西几成疯狂，相思，像虫一样的慢慢啃着我的身体，直到我成为一个空空茫茫的大洞。夜是那样的长，那么的黑。窗外的雨，是我心里的泪，永远没有滴完的一天。

……

我愿意在父亲、母亲、丈夫的生命圆环里做最后离世的一个，如果我先去了，而将这份我已尝过的苦杯留给世上的父母，那么我是死不瞑目的，因为我明白了爱，而我的爱有多深，我的牵挂和不舍便有多长。所以，我是没有选择地做了暂时的不死鸟，虽然我的翅膀断了，我的羽毛脱了，我已没有另一半可以比翼，可是那颗碎成片片的心，仍是父母的珍宝，再痛，再伤，只有他们不肯我死去，我便也不再有放弃他们的念头。

今世的五百次回眸

—毕淑敏—

品读之路

生活，需要智慧

阅读是一种精神的按摩。当合上书的时候，你一下子苍老又顿时年轻。薄薄的纸页和人类共知的文字经过不同的排列组合，能使人的灵魂和它发生共振，从而给精神增添新的钙质。在这本书中，她不写历史，不写游记，不写与她成长生活以外的土壤，她的字里行间回荡着细腻柔情之气，毕淑敏既是作家又是医生，所以她更加懂得生命的热度和能量，更体会生命之美好，生命之珍贵。她纯粹站在一个女人的立场细腻地写生活琐事和人生观点，她的母性浓厚地洋溢在文章中，凡是接触到其中的温暖，再冷硬的心也会被融化。她以小小的视角悟出人们没有意识到却是事实的真理，她以女性的温柔指出人类所犯的错误，在短小的故事中寄予款款深情，使它与人性的美相得益彰，语言具有很大的说服能量。高举“素面朝天”大旗的毕淑敏是一个善于思考的作家，她的文章里常常闪烁着智慧。因而，经常阅读她的作品，会让你的思维的触角变得敏锐起来。

毕淑敏，女，汉族，1952年10月生，山东省文登人。1969年，北京的“文革”正轰轰烈烈，不满17岁的毕淑敏，却悄然穿上军装，告别北京，作为藏北第一批女兵，到达共和国这块最高的土地戍边了。1980年转业回北京进工厂，做医务所所长、主治医师，1991年成为专业作家，前后行医22年，对医生职业，她情有独钟，一往情深，迄今为止，她已发表近四百万字作品，主要是小说和散文，其内容归拢来，一是反映藏北军旅生活，二是反映医生方面的生活，作品中始终关注关怀着人的生存状态，除去西藏生活与做医生的特殊经历，还有就是她做女人、做母亲的天性使然。故此，几乎她每完成一部作品，总会造成文坛轰动，引起社会反响，虽没有大红大紫于一时，作品却可持久地一版再版。她的小说，因是医生，笔下便从没忘记“医生治病救人”的宗旨、苦口婆心的耐性、有条不紊的规章和清澈如水的医心，她将对人的关怀和深情悲悯化作一种集道德、文学与科学于一体的思维方式、写作方式及处世方式。她正视死亡与血污，下笔常常令人战栗，但主旨仍然平实和悦，根本是希望人们更好地活下去，让我们的社会更和谐，我们的世界更美好。可以说，她的小说携带着高原的严寒、青春的沉重、生命的厚实以及对死亡的冷静，足以震撼每一个人的灵魂，而冷静理智的叙述，使她的作品具有一种罕见的磅礴大气。

佛曰：前世的五百次回眸换来今生的擦肩而过。毕淑敏淡然地眺望眼前被树木覆盖的高山和身后如地下魔宫错综复杂的城市，这是一个让人看到会产生不一样心境的情景，她的心依然像湖面一样平静，脑海中不禁想起佛家的这句空灵有禅意的诗。前世是否回眸我不知道，但我会在今世更多的回眸，以期望来世与你擦肩而过。在读过这本书后，我才体会到毕老师的“今世的回眸”是想让我们今世过得更好，她记述生活中的点滴，剖析自己的思想，一次次洗涤着我的心灵，让我们在人生的旅途中频频回首，再以一颗真诚、豁达、快乐、勇敢的心面对生活，走向远方。

作品概览

本书的散文，既有作者对生命热爱而又敬畏的艺术表达，对事业挚爱的自然流露，对生活独到理解后的深情显示，对爱情、亲情、友情和家庭一往情深的倾诉，也有对大自然发自内心的真情感受。

书中第一部分的主题是悲怜生命。分为 18 个小的故事：婴儿与世纪、莺鸟与铁星、造心、珍惜愤怒、冰雪篱笆、致被强暴的女人、为了能够紧紧握住一双手、每一天都去播种、悲怜生命、21 世纪我们死在哪里、蓝宝刀石、无胆之人、婴孩出声的权利、我眉飞扬、做自己身体的朋友、青色T恤、花圈、大雁落脚的地方。这部分作者强调珍惜我们的生命，无论环境、遭遇如何都要坚强地活下去，莺鸟为了生存，可以用嘴巴蜕掉铁星的皮，被强暴的女人也有活下去的理由，为了活下去，我们每个人都要努力。

书中第二部分的主题是女抓捕手。由14个小故事组成：走出白衣、暴雨筛、千年一愿、风的青睐、魔术师的铁钉、美容师的作品、每只小狗都有一个目标、那个女兵17岁、女抓捕手、草原上的猎人树、重剑无锋、翡翠菩提、台灯、雪域灯。

书中第三部分的主题是心轻者上天。由21个故事组成，鱼在波涛下微笑、哑幸福、回头是土、慈悲、柱子的弹性、爱最怕什么、失去四肢的游泳家、危险的花烛、今世的五百次回眸、快乐之奖、教养的证据、幸福和不幸福存在、女思考者、发现维生素、痛苦王子、让我聆听、相信所以确定、伊藻的纠正、看着别人的眼睛、未雨绸缪的女人、心境防割。这一部分主要涉及对生活的思考，使读者心境上升，坦然面对生活，坚信自己的想法。

精彩摘录

一个孩子，就像一颗渐渐长大的珍珠，润泽明媚。人们不是以一位老人的逝世当作新的开端，不是偶然的。当我们面对一个婴儿的降临，总是会以最美好的心态祝福他比以往的任何一代，都更幸运和强大。婴儿和新的世纪，有着密不可分的联系。

常常想，百年前的此刻，当19世纪就要飘落，20世纪叩响门扉的时候，人们在祈盼着什么？

一定不是战争，不是饥馑，不是灾荒，不是毁灭……可这一切，在20世纪都千真万确地发生了。两次惨绝人寰的世界大战，可以让地球崩溃数十次的核武器储备，形形色色的魔教泛滥，一天天污浊的空气和水……

单单只是祈祷和愿望，解决不了根本问题。没有优秀的人，所有的美好都是泡沫。

希望寄托在婴儿身上。他们渐渐长大，就成了儿童、少年和青年……人类明天的家园等待他们亲手建造。

他们健康，新的世纪就欢歌笑语。他们思索，新的世纪就充满睿智之光。他们和平，新的世纪就安宁静谧。他们真诚，新的世纪就阳光灿烂。

当我们祝福新世纪的时候，其实就是在祝福孩子。因为他们的质量，是新世纪的保障。

故事

悲怜生命

在太平洋岛屿中有一种莺鸟，干旱来袭时，食物奇缺，他们靠一种铁星的草籽生存，铁星浑身是坚硬的刺，莺鸟用自己柔弱的喙，啄开一粒铁星，先要把它顶在地上，又咬又扭，然后顶住岩石，上喙发力，下喙挤压，直到精疲力竭才能把外壳拧掉，吃到活命粮草。喙长 11 毫米的莺鸟，就能够嗑开铁星，而喙长 10.5 毫米的莺鸟，就望“星”兴叹，无论如何也叩不开生命森严的大门。0.5 毫米之差，就决定了莺鸟的生死存亡。在如此恶劣环境中，若不是莺鸟的生存渴望强烈，也许他们的家族早已灭绝。

近年来，校园中大学生自杀事件已屡见不鲜。2011 年 1 月 5 日晚 8 时 30 分许，武汉某大学一学院男生宿舍 7 号楼，一名男生从楼顶跳下，当场身亡。死者仰躺在宿舍楼前的草坪上，像是睡了过去。死者身高 1.7 米左右，体型偏瘦。现场已拉起警戒线，多名警务人员正在勘查，大量围观的学生正被学校治理员劝离现场。据了解，事发前，学校一名巡查职员曾发现 7 号楼顶趴着一个人，因天色暗淡，并不能确定，正当他前往细看时，那人已经从楼顶跳了下来。事发后，学校领导带领治理职员迅速赶往现场，发现跳楼者是该校计算机系大四学生。知情者称，该跳楼男生已找好工作单位，准备毕业后就上岗。该生跳楼亦可能与情感有关。生命是脆弱的，是珍贵的，需要我们好好珍惜美好的生命，这样才能去感恩我们的父母、亲人和朋友。

自杀是对生命的不负责任，我想那些饿死的莺鸟在最后时分，倘能思索，一定万分后悔自己为什么没能生就一枚长长的利喙！短喙的莺鸟，是天生的，它们遭到了大自然无情的淘汰。但人类的喙——我们思维的强度、历练的经验、广博的智慧、强健的体力、合作的风采、幽默的神韵……却是可以在日复一日的积累中，渐渐地磨炼增长，成为我们度过困厄的支柱。

人生若只如初见

—安意如—

品读之路

诗词的告白

看到《人生若只如初见》这本书的时候，自然会联想到纳兰性德的诗词“人生若只如初见”，也许你会被这句经典的词所吸引，这不仅是由于词本身的美，更重要的是纳兰性德的气质。安意如在古典诗词经典中，抒发自己的情感，她巧妙地运用纳兰性德《木兰词拟古决绝词柬友》的“人生若只如初见，何事秋风悲画扇”这句话作为全书的点睛之笔。

安意如，原名张莉，1984 年 6 月 20 日出生于安徽宣城，现定居北京，自由作家，喜欢旅行，喜欢更换不同的城市居住。对于身体残疾，她并没有觉得命运不公，她坚强地面对各种困难，以自己的勇气和意志去直面人生。她从小就熟读经典诗词，喜欢在这些经典的诗词中品味人生，2003 年以如冰恋枫为名混迹于新浪网的金庸客栈论坛，2004 年应书商之约写第一部长篇小说《要定你，言承旭》，2005 年 2 月赴京参与动画剧本创作，并写作《看张·爱玲画语》，此后与北京弘文馆建立合作关系，主要创作诗词评赏“浪漫古典情”系列，2006 年 8 月至 10 月天津教育出版社推出她写作的《人生若只如初见》《当时只道是寻常》和《思无邪》。

《人生若只如初见》主要以诗词作为点睛之笔，通过诗人的时代背景、典故和诗词，进而引领读者体味诗人的意境生活和情感。在古代，人们经常用诗词来抒发情感，慨叹哀伤，表达悲欢离合。在本书中，我们可以品味到耳熟能详的经典名句。在诗词变幻中我们可以读到古代英雄美女、才子才女那经典而浪漫的爱情故事。安意如通过精辟易懂的语言来解读精美的诗词，在品味诗词中，感悟人世间的情感，思考人生。

作品概览

本书以中国文化经典诗词中的故事为主题，故事上溯汉高祖与戚夫人，下至清代才子纳兰性德与沈宛，作者用清丽、感性的笔调，配以优雅、飘逸的插图，描绘出一幕幕古典诗词的唯美和动人的历史爱情画卷，引领读者去倾听一段段经典的浪漫往事。在这些缠绵的爱情故事中，有“执子之手，与子偕老”的期盼，有“蓦然回首，那人却在灯火阑珊处”的错过，有“结发夫妻，恩爱两不疑”的坚定，有“衣带渐宽终不悔，为伊消得人憔悴”的柔情，有“二十四桥明月夜，玉人何处教吹箫”的长叹，有“一声和满子，双泪落君前”的悲切。读这本书，你会被那感人的故事、真挚的情感、优美的笔调所吸引，安意如像一个向导，把我们带入诗人内心的世界，让我们体味人生的喜怒哀乐，感受历史的沧桑巨变。

精彩摘录

夜初暮，未见月痕。思念，如孤舟泛水，由远而近驶来。风，空摇，已无花落，只影独伫，不见佳人来，闲倚栏杆，望夜色阑珊。意念念，且听风吟，思悠悠，无言小楼。

风萧萧，似有人夜吹空竹。自别后，情难舍，点点相思，寂寞如我。一页纸笺，闲置半晌，空白依旧，手握淡墨，却无语可赋。

夜渐浓，浓成笔尖的一点墨，月，从云中露出浅浅的一角。

从别后，忆初逢，已无古时长安路，却留相思到如今。看纸上浅浅书痕，尽是伤心事，憔悴如我。遥对月，黯相望，多情自古伤离别，一场心事向谁诉，何处解心结。

曾经，年少不识愁，见一江流水，感年华去无痕。如今，识尽愁滋味，却独抱清商，漠然凄楚，无语，对斜阳。

最初的惬意，如梦幻般的感觉，一颦一蹙，一言一笑，如春风拂面，如霏雨淋浴。那种怦然，那种萌动，似团火焰，燃起了那无边无际的思意。

思意，带有甜与咸的韵味，在那曾经的沧海中，暇念着巫山之云。情海忽变，情丝断矣，有多少的寸断肝肠。离思苦，离愁催人腑，借酒消愁，换来的却只是那酒入愁肠，化作的相思之泪。

故事

万古人间四月天

在成都望江楼公园的茂密竹林里，有一位才女静静地躺在这里，她就是唐朝大诗人薛涛，她姿容美艳，洞晓音律，多才多艺，提起这位美丽的才女，我们就会想到薛涛诗、薛涛笺、薛涛井、薛涛坟，似乎这一个个有情之物都与薛涛有着千丝万缕的关系。到成都的游者都会情不自禁地到浣花溪和望江楼公园去追寻薛涛的踪迹，去回味薛涛诗的韵律，去感悟薛涛的爱恨情愁。

浣花溪是一个诗意盎然的名字，曾有多少文人墨客与她有一段不解之缘，杜甫在这里写下了“安得广厦千万间”的慷慨悲壮之作，薛涛在这里写下了“月高还上望夫楼”的离愁别绪之作。她的爱情是哀怨的，但是就在元和四年三月时候，一个大名鼎鼎、旷世奇才名叫元稹的才子来到了西蜀，他欣赏薛涛的才思，欣赏她的书法文义，同时元稹的才华横溢也深深地吸引了这位迟暮的美女。他们相见恨晚，彼此敬佩、爱恋。薛涛为元稹做了一首《池上双鸟》的诗：

双栖绿池上，朝暮共飞还。
更忙将趋日，同心莲叶间。

这是一段缠绵浪漫的爱恋，可是有情人终不能长相厮守，后来元稹离开了成都，两人从此相隔天涯。元稹离开后，薛涛曾写了很多相思的诗词，来表达对他刻骨铭心的无限思念，可是元稹却从此再也没回来，薛涛终身等待，选择了孤独，以退隐写诗来表达自己对元稹痴情的爱恋。

谈美书简

—朱光潜—

品读之路

其实，生活从来不缺少美

什么是美？一个看似很简单、很基本的问题，却有着很多的答案。其实“美”并没有一个具体的标准，每个人对于“美”都有不同的定义。许多人都认为，看上去舒服的就是美的，也许更深一层，会说心灵美才是美。

下班后抬头仰望天空美轮美奂的云彩，午后无意走进一片树林感受夏日的清凉和静谧。美吗？其实我们在有意和无意之间就可以感受到美的境界。在《谈美书简》中，朱光潜先生给了我们一个关于“美”的答案。也许对于“美”，我们看到的都是片面的，也可以说成是表面的，但看完这本书，我想你对于美定会有一个全新的认识。

很难想象，《谈美书简》是出自一位82岁高龄的老人之笔，朱光潜先生以亲身的经验，回顾了自己的美学生涯和独特的思想。

朱光潜先生笔名孟实、盟石，安徽桐城人。他是第一个在中国广泛介绍西方美学的人，是中国现代美学的开拓者和奠基者之一，是我国现当代最负盛名并赢得崇高国际声誉的美学大师。学界亲切地称他为“美学一代宗师”和“美学老人”。

虽然这只是一本给青年学生入门的美学著作，但却是老先生毕生学术和治学态度的结晶。在书中，朱光潜先生以亲身的经验谈了许多治学为人的道理。朱光潜先生信奉“三此主义”，即此身、此时、此地。“此身应该做而且能够做的事，就得由此身担当起，不推诿给旁人。”“此时应该做而且能够做的事，就该在此时做，不拖延到未来。”“此地（我的地位、我的环境）应该做而且能够做的事，就得在此地做，不推诿到想象中另一地位去做。”这是朱光潜先生不尚空谈、脚踏实地的治学精神的体现。在如此高龄、如此繁忙的情况下，他还抽空为普通读者写美学普及的小册子，有何名有何利？还不是为了美学、美育的理想吗？这本书的本身，就是“美”的体现。这不但因为这是大师的名著，更因为这是“道德文章”，这很值得我们青少年朋友去细细体会。

《谈美书简》让我们明白了什么是美，美是生活中最朴实的现象，“凡是能带给人快乐的东西，都可以上升到美的层面”，凡是能给人带来忧郁的事物同样也可以提升到美的程度，美是心灵的聚集点，美与丑在剔除道德等观念以外，人的主观占据着相当大的部分，只有当美高于生活并具体化的时候，才构成艺术。除了给美学入门者以理论准备外，朱光潜在对美与美学的阐述中有意无意强调了心灵和情感对感受美的重要作用。所以这本书还教育我们应当用一种积极的心态拥抱生活，其实，我们的生活可以用不同的眼光来反映，我们的世界可以从不同的角度来解释，一切的学问，都是在回答这个问题。

有人说，《谈美书简》适合在云淡风轻之日，明窗净几之下，就着茶香细细品味。我们不妨一试，相信会有大大的收获！

作品概览

《谈美书简》全书由十三封书信结集而成。

第一封《代前言：怎样学习美学?》。朱光潜先生首先谈了写作《谈美书简》的动议，在回答“怎样学习美学”这一问题时，说他感触最深的是治学的学风。第二封《从现实生活出发还是抽象概念出发?》。他提倡“从现实出发去研究美学问题”，提倡“正确辨认生活与艺术中的一切丑现象”，认为“自然丑也可以转化为艺术美”，“艺术家有描写丑恶的权利”。第三封《谈人》。朱光潜先生提出作为审美主体的人是“一个整体”。强调把“人的感性活动”

"当作实践去理解"；把人的活动本身理解为"客体的活动"，进而强调"艺术作品必须向人这个整体说话"这一命题。第四封《关于马克思主义与美学一些误解》。在此，朱光潜先生重申他对马克思主义的信仰，郑重提出"我们提倡'解放思想'，但不能从马克思主义思想中'解放'出来"。并强调要想掌握马克思主义的美学体系，就要认认真真地学习马克思主义理论。第五封《艺术是一种生产劳动》。朱光潜先生认定"艺术是一种生产劳动，是精神方面的生产劳动，其实精神生产与物质生产是一致的，而且是互相储存的"。第六封《冲破文艺创作和审美学中的一些禁区》。在朱光潜先生看来，人性是普遍存在的，是人作为人的自然本性，"人性和阶级性的关系是共性与特殊性或全部与部分的关系。部分并不能代表或取消全体，肯定阶级性并不是否定人性"。第七封《从生理学观点谈美与美感》。在这封信里，朱光潜先生向我们介绍了一些生理学知识来使我们更好地认识美与美感。第八封《形象思维与文艺的思想性》。朱光潜先生认为，形象思维与抽象思维的目的都在于获得对事物的更进一步的认识。第九封《文学作为语言艺术的独特地位》。朱光潜认为文学作为语言艺术在艺术门类中占有独特的地位，"文学实际上就是语言学"。第十封《浪漫主义和现实主义》。朱光潜先生反对将"浪漫主义"或"现实主义"这样的本来是特定历史阶段的称呼硬套到其他时代与民族的文艺创作上去，而主张从"浪漫主义的"或"现实主义的"这样的创作方法的角度，对各时代和民族的文艺作出分析。并提出："在伟大的艺术家们身上，现实主义和浪漫主义时常好像是结合在一起的。"第十一封《典型环境中的典型人物》强调典型环境起着决定典型人物性格的作用。第十二封《审美范畴中的悲剧性和喜剧性》介绍悲剧与喜剧是两种不同的艺术体裁，并认为中华民族的喜剧感向来很强，而悲剧感却比较薄弱。其原因之一是我们的"诗的正义感"很强。第十三封《结束语："还须弦外有余音"》。朱光潜先生对来信问到关于学外语和美学问题的朋友们提出忠告："学美学的人入手要做的第一件大事还是学好马列主义"；其次，"掌握一种外语到能自由阅读的程度"，"掌握国际最新资料"；第三，"要随时注意国内文艺动态"，"最好学习一门性之所近的艺术：文学、绘画或音乐，避免将来当空头美学家或不懂文艺的文艺理论家"。

精彩摘录

学习美学的方法是：在运用马克思主义观点的同时，应多结合其他流派的观点考察美学。

艺术也是一种生产劳动，在审美中，人有意识的依据美的规律来创造美和发现美，所以，美也是一种生产劳动。

美是有阶级性的，但同时，美更本质的性质是人性，阶级性是人性中的一部分。这及时地更正了人们关于美的错误意识。

现实主义从客观出发，而浪漫主义从主观出发，并据此认为我们不能容忍一个人因一点小过错而失败，从而产生出悲剧感，惊恐和哀怜是悲剧的情感基础，悲剧更为本质，好的喜剧作品中一定有悲剧性。

崇高是我们由压抑而产生的，它是由恐惧转为振奋的，并在其中体会到一种自尊或愉悦。崇高侧重于对立和冲突，而秀美侧重于平衡和和谐。

故事

爱美的眼睛

我们每天都要接触到大量的事物，对于同一件事物，人们往往都会有几种不同的看法，因为知觉不完全是客观的，所以每个人对事物的认识都带有几分主观的色彩。朱光潜先生在《谈美书简》中曾举过一个例子：对于园里那一棵古松，在木材商、植物学家和画家眼里，却是三种不同的东西——在木材商看来，它不过是一棵做某事用、值多少钱的木料；在植物学家眼里，它是一棵叶为针状、果为球状、四季常青的显花植物；然而画家却认为它是一棵苍翠挺拔的古树。接下来三个人的反应态度也不一致——木材商在心里盘算它是宜于架屋或是制器，思量怎样去买它、砍它、运它；植物学家马上就会想到要把它归到某类某科里去，注意它和其他松树的异点，思量它何以存活这么长时间；而画家却只是在聚精会神地观赏它苍翠的颜色，它的盘屈如龙蛇的线纹以及它的昂然高举、不受屈挠的气概。只有热爱生活，才会享受人生，才能活出精彩，因为生活中并不缺少美，缺少的是发现美的眼睛。

雷强坤出生于毕节市黔西县大关镇常青村的一个农民家庭，是毕节职业技术学院2010级畜牧兽医专业的一名学生，在他5岁时，一场厄运降临在他的头上，他的右手不幸被铡刀铡断，造成右手高位断残。这样的遭遇给他和他的家庭带来了很大创伤，也使他的童年失去很多快乐。但他没有对残酷的现实屈服，他选择了勇于面对困难。

在两年的中专学习中，他一边以超常的意志努力学习专业知识和专业技能，在比别人少了一只手的情况下，要完成同样的专业技能训练，常常要付出超乎常人无数倍的努力；一边利用课余时间，继续学习和钻研书法。因其成绩突出，品学兼优，被毕节职业技术学院推荐保送进入本校大专畜牧兽医专业继续深造。

踏上新的起点后，他更加努力学习、大胆实践，利用所学知识和技能，利用大学生“三下乡”活动，积极为家乡广大养殖户开展“畜禽养殖”“畜禽疾病防治”等技术服务；同时，积极参与学校的各种文化建设活动，他还创建了“龙行天下书画协会”，领着一群群书画爱好者认真地书写描绘着自己的个性、理想、青春和人生，为校园文化增添了光彩。

“路漫漫其修远兮”，雷强坤同学是一个喜欢挑战自己的人，他曾说：要用左手书写自己人生的极限。他用乐观、积极向上的生活态度和坚忍不拔的进取精神书写自己多彩的人生，并影响着周围的人们。

红楼梦

——曹雪芹——

品读之路

山重水复疑无路 柳暗花明又一村

有一本书，《大英百科全书》赞誉它的价值等于整个欧洲。中国历史上哪一本书可以配此殊誉呢？是的，她就是《红楼梦》。《红楼梦》正是这样一本书，尽管你读了多遍，却依然好似雾里看花，只觉得有一种内在美，却又无法表达。其他小说再复杂，读三遍后，基本都能画出结构图，甚至能解释构思意图和设计缘由。唯独《红楼梦》就算能从头到尾复述情节，也只能描述总的框架结构，章回内具体的针法线头至今看不透、说不清。她就是这样一本始终让人有“山重水复疑无路，柳暗花明又一村”之感的书。

“满纸荒唐言，一把辛酸泪。都云作者痴，谁解其中味？”说不尽的《红楼梦》，道不完的曹雪芹。从《红楼梦》成书至今，已有两百余年了，但有关曹雪芹的“言”与《红楼梦》的“味”，却是见仁见智，各家说各家解。少年时读她，你看到的更多是宝玉与林黛玉之间那凄美的爱情故事，就觉得那是最美的；若到而立之年再来品读，大观园中的复杂人事关系仿佛可以亲身体会，犹如自己身边一般人种种作为。而到了耳顺之年，仿佛已把人生这一关打破，一部红楼梦将会愈加看得清楚。《红楼梦》与我们青年学生而言，就像哥德巴赫猜想那“女皇皇冠上的钻石”，一天采不到，就永远是一种朦胧的美。读《红楼梦》，若能在朦胧中感受到内在之美，那感觉就对了。

《红楼梦》，原名《石头记》，是中国古代四大名著之一，是古典长篇章回小说的巅峰之作。

曹雪芹，中国清代伟大的小说家、诗人、画家，名沾，字梦阮，号雪芹，又号芹圃、芹溪。大约1715年（也有说法为1724年）出生于清朝江宁府（今南京）。乾隆二十七年（1762年），幼子夭亡，曹雪芹陷于极度的忧伤和悲痛之中，到这一年的除夕（1763年2月1日），因贫病无医而逝世。

我们暂且不说曹雪芹笔下的众多美人、美景和那美食诱惑。窥一眼其简单的几个词语，雅俗立显。我们说“女孩”，曹雪芹则说“豆蔻”；我们说“女人”，曹雪芹则说“巾帼”；我们说“美女”，曹雪芹则说“红颜”；我们说“老人”，曹雪芹则说“白发”；我们说“白色的眉毛”，曹雪芹则说“秋眉”；我们说“海棠花在春天里静静地开放着”，曹雪芹则说“海棠春睡”；我们说“一个美女一生总是会受很多的痛苦和伤害，命运总是不理想”，曹雪芹则说“红颜薄命”。除了这些具有高度艺术表现力的叙述语言，小说里的诗词曲赋也是美到了极致，不仅能与小说的叙事融成一体，而且这些诗词的创作也能为塑造典型性格服务，做到了“诗如其人”。

诚然，《红楼梦》之所以伟大，当然不是因为这些世俗的场景描写。她的伟大，在于她有着对人生最透骨嶙峋的思考，在于他在站在儒家、道家、佛家各种人生体现之上，对活着的一种深度思考。

作品概览

《红楼梦》是以贾、史、王、薛四大家族为背景，故事情节是由主、次两条矛盾线索构成的。

一条是以贾宝玉、林黛玉的爱情为中心，贯穿全书的主线。它以贾、林争取爱情自由、婚姻自主和个性解放的思想同封建制度、封建礼教之间的矛盾为线索，以贾、林最后对封建制度和封建礼教的彻底背叛和爱情的悲剧结局而告终。这条线索从第三、四两回，林黛玉和薛宝钗接踵来到贾府，与宝玉的爱情纠葛开始形成，并在矛盾中向前开展。直到第九十七、九十八两回，黛玉和宝钗在“哀”“乐”截然不同，“悲”“欢”强烈对比之下，一个

"魂归离恨天"，一个"出闺成大礼"，终成悲剧结局，是主线的高潮，也是实现全书主题的集中所在。后二十一回，则是在高潮的余波中，情节的下降、结尾阶段。在这个阶段里，贾家被抄而又赢得一个回光返照的局面。最后宝玉遁入空门，全书结束。

另一条线索是以宁、荣二府及其社会关系为中心，由一些彼此独立而又互相关联的情节组成的副线。

精彩摘录

满纸荒唐言，一把辛酸泪！都云作者痴，谁解其中味？

——《金陵十二钗》

靠东边板壁立着一个锁子锦靠背与一个引枕，铺着金心绿闪缎大坐褥，旁边有雕漆痰盒。那凤姐儿家常带着秋板貂鼠昭君套，围着攒珠勒子，穿着桃红撒花袄，石青刻丝灰鼠披风，大红洋绉银鼠皮裙，粉光脂艳，端端正正坐在那里，手内拿着小铜火箸儿拨手炉内的灰。

——描述王熙凤的容貌

花谢花飞飞满天，红消香断有谁怜？游丝软系飘春榭，落絮轻沾扑绣帘。闺中女儿惜春暮，愁绪满怀无释处，手把花锄出绣闺，忍踏落花来复去。柳丝榆荚自芳菲，不管桃飘与李飞。桃李明年能再发，明年闺中知有谁？三月香巢已垒成，梁间燕子太无情！明年花发虽可啄，却不道人去梁空巢也倾。

——《葬花吟》(第二十七回)

故事

十八本画册绘满甲子爱情

《红楼梦》用文字首次揭示了中国古代没有婚姻的爱情，也深刻地揭示了没有爱情的婚姻。而今天，91岁老翁饶平如画画出书纪念与妻子的那一段未曾被60余载光阴冲淡的爱情。

"相思始觉海非深"——饶老用画笔，记录着他对亡妻的思念与爱。这是一个真实的爱情故事。饶平如，黄埔军校第十八期学员，崔永元在《我的抗战》第31集《活下去》中有过对他的采访。他参加过抗日战争，又参加过解放战争，后来做过编辑、美编。年近 90 岁的他，在老伴美棠去世后，手绘了十八本画册，以平实幽默的画风，记述了与妻子美棠从初识到别离的近 60 年时光，取名为《我俩的故事》。央视主持人柴静在网上贴出采访手记。饶平如对爱情的执著，感动了众多网友。

见到美棠的第一眼时，饶平如 25 岁。他记得相亲时跟父亲走进女方家，窗口，一位姑娘正在梳妆。他记得她的小镜子、波浪卷、红嘴唇，记得她对镜自揽的模样。那是一个活泼的女孩子，爱唱歌，爱跳舞，是那个年代的摩登女子。

婚后时世动荡，饶平如与美棠两地分居长达 22 年。在这分离的日子里，妻子的信他大多保留着，虽然里面多是枯燥的家长里短、妻子的生气埋怨，他仍珍藏着，错漏残缺都重新抄写补上，贴在画册里。

他说他从不生美棠的气，因为夫妻之间，只有“情”，没有“理”可言。美棠老怪他这也不会做，那也不会做，他仍然乐呵呵地，并把这些画进了画册。

美棠在得病的最后阶段，头脑开始糊涂，情绪不稳定。饶先生的孙女说：“所有人都只当奶奶说胡话的时候，只有爷爷还一直拿她的话当真。有一次奶奶问她那件并不存在的黑底红花的衣裳到哪里去了，爷爷荒谬地说要去找裁缝做一件。”

2008 年 3 月 19 日下午，美棠去世，弥留之际看到丈夫，她的眼角流下了一滴泪。饶平如说：“她知道，我来了。”美棠的最后一滴泪，成了画册的最后一幅画。彼时距离他们 60 年钻石婚的纪念日，只有短短 5 个月。

老伴走后的日子，饶平如凭着记忆，画下他们人生相处的近 60 年时光。快 90 岁的老人了，但他的画笔，挟着刻骨的思念，逆着时光的羽翼，穿透岁月，一点点倒退回去，将这美好，留给他与美棠的后代，也投射到每一个有缘见到这些画册的人心中。

参考文献

[1] 阿尔伯特·哈伯德. 致加西亚的信 [M]. 南京：译林出版社，2011.
[2] 阿尔博姆. 相约星期二 [M]. 吴洪，译. 上海：上海译文出版社，2007.
[3] 安吉丽思. 活在当下 [M]. 黎雅丽，译. 北京：华文出版社，2010 .
[4] 安意如. 人生若只如初见 [M]. 北京：人民文学出版社，2011.
[5] 奥斯特洛夫斯基. 钢铁是怎样炼成的 [M]. 王志冲，译. 上海：上海译林出版社，2001.
[6] 毕淑敏. 今世的五百次回眸 [M]. 桂林：漓江出版社，2011.
[7] 蔡志忠. 漫画菜根谭——人生的滋味 [M]. 北京：三联出版社，1998.
[8] 曹雪芹，高鹗. 红楼梦 [M]. 俞平伯，校. 北京：人民文学出版，2000.
[9] 恩格斯. 社会主义从空想到科学的发展 [M]. 北京：人民出版社，2005.
[10] 费拉尔·凯普. 没有任何借口 [M]. 金雨，译. 北京：机械工业出版社，2004.
[11] 费慰梅. 林徽因与梁思成 [M]. 成寒，译. 北京：法律出版社，2010.
[12] 傅敏. 傅雷家书 [M]. 南京：江苏文艺出版社，2012.
[13] 富兰克林. 富兰克林自传 [M]. 雪子，译. 武汉：长江文艺出版社，2007.
[14] 高尔基. 母亲 [M]. 吴兴勇，译. 北京：光明日报出版社，2013.
[15] 高仲泰. 红色资本家——荣毅仁 [M]. 上海：中西书局，2012.
[16] 郭沫若. 女神 [M]. 北京：人民文学出版社，2008 .
[17] 海伦·凯勒. 假如给我三天光明 [M]. 李汉昭，译. 北京：华文出版

社，2002.
[18] 海明威. 老人与海 [M]. 李继宏，译. 天津：天津人民出版社，2013 .
[19] 韩耀成. 维特："反叛的受难者" [J]. 徐州师范学院学报：哲学社会科学版，1996 (2).
[20] 洪应明. 菜根谭 [M]. 北京：线装书局，2009 .
[21] 胡适. 胡适文存 [M]. 北京：首都经济贸易大学出版社，2013.
[22] 胡哲. 人生不设限 [M]. 天津：天津社会科学院出版社，2011.
[23] 怀特. 夏洛的网 [M] . 任溶溶，译. 上海：上海译文出版社，2009.
[24] 金梅. 傅雷传 [M]. 北京：北京航空航天大学出版社，2009.
[25] 老舍，刘墉，胡适，等. 有一种爱让我们泪流满面 [M]. 北京：中国档案出版社，2006.
[26] 李耳. 道德经 [M]. 北京：金盾出版社，2009.
[27] 联合国教科文组织国际教育发展委员会. 学会生存——教育世界的今天与明天 [M]. 第 8 版. 华东师范大学比较教育研究所，译. 北京：教育科学出版社，2000.
[28] 林清玄. 有一种幸福叫感恩 [M]. 北京：中国华侨出版社，2010.
[29] 凌志军. 成长比成功更重要 [M]. 西安：陕西师范大学出版社，2009.
[30] 鲁迅. 朝花夕拾 [M]. 北京：人民文学出版社，2001.
[31] 鲁迅. 鲁迅全集 [M]. 北京：人民文学出版社，2005.
[32] 路遥. 平凡的世界 [M]. 北京：十月文艺出版社，2013 .
[33] 罗宾. 唤醒心中的巨人 [M]. 北京：中国城市出版社，2011.
[34] 罗广斌，杨益言. 红岩 [M]. 北京：中国青年出版社，2013.
[35] 罗曼·罗兰. 名人传 [M]. 第 4 版. 张贞宜，于海，房天明，译. 武汉：长江文艺出版社，2007.
[36] 马登. 一生的资本 [M]. 万信琼，译. 天津：天津社会科学院出版社，2009.
[37] 马经义. 红楼文化基因探秘 [M]. 成都：四川大学出版社，2010.
[38] 马塞尔·普鲁斯特. 追忆逝水年华 [M]. 李恒基，译. 北京：译林出版社，2012.
[39] 蒙可马利. 绿山墙的安妮 [M]. 广州：世界图书出版公司 2011.

[40] 孟子. 孟子 [M]. 长春：时代文艺出版社，2011.
[41] 苗怀明. 话说红楼梦 [M]. 南京：江苏人民出版社，2012.
[42] 拿破仑·希尔. 思考致富 [M]. 陈丽芳，译. 重庆：重庆出版社 2009.
[43] 纳尔逊. 曼德拉. 勇者曼德拉自传：漫漫自由路 [M]. 谭振学，译. 桂林：广西师范大学出版社，2010.
[44] 祁淑英. 袁隆平传 [M]. 郑州：河南文艺出版社，2008.
[45] 乔斯坦·贾德. 苏菲的世界 [M]. 萧宝森，译. 北京：作家出版社，1999.
[46] 三毛. 撒哈拉的故事 [M]. 北京：北京十月文艺出版社，2011.
[47] 三毛. 亲爱的三毛 [M]. 北京：北京十月文艺出版社，2011.
[48] 史蒂芬·霍金. 果壳中的宇宙 [M]. 吴忠超，译. 长沙：湖南科学技术出版社，2002.
[49] 泰戈尔. 泰戈尔诗选 [M]. 冰心，译. 北京：人民文学出版社，2002.
[50] 王峰. 纯美如诗 慰藉如斯——也说《少年维特的烦恼》[J]. 名作欣赏，1999 (5).
[51] 威尔·鲍温. 不抱怨的世界 [M]. 西安：陕西师范大学出版社，2009.
[52] 沃尔特·艾萨克森. 史蒂夫·乔布斯传 [M]. 管延圻，魏群，余倩，译. 北京：中信出版社，2011.
[53] 杨沫. 青春之歌 [M]. 北京：中国青年出版社，2012.
[54] 伊索. 伊索寓言 [M]. 张弛，孙笑语，译. 北京：中国画报出版社，2011 .
[55] 约翰·沃尔夫冈·歌德. 少年维特之烦恼 [M]. 武汉：长江文艺出版社，2006.
[56] 约翰逊. 谁动了我的奶酪 [M]. 第3版. 魏平，译. 北京：中信出版社，2010.
[57] 珍妮特·沃斯，戈登·德莱顿. 学习的革命 [M]. 第2版. 陈标，许静，译. 上海：上海三联书店，1998.
[58] 中共中央马克思恩格斯列宁斯大林著作编译局. 马克思恩格斯全集 [M]. 北京：人民出版社，1985.

[59] 中共中央文献研究室. 邓小平人生纪实 [M]. 南京：凤凰出版社，2011.

[60] 中共中央文献研究室. 毛泽东诗词集 [M]. 北京：中央文献出版社，1996.

[61] 朱光潜. 谈美书简 [M]. 北京：北京理工大学出版社，2005.